***ACCESO GRATIS** a la Lectura en la Nube*

Para visualizar el libro electrónico en la nube de lectura envíe junto a su nombre y apellidos una fotografía del código de barras situado en la contraportada del libro y otra del ticket de compra a la dirección:

ebooktirant@tirant.com

En un máximo de 72 horas laborables le enviaremos el código de acceso con sus instrucciones.

La visualización del libro en **NUBE DE LECTURA** excluye los usos bibliotecarios y públicos que puedan poner el archivo electrónico a disposición de una comunidad de lectores. Se permite tan solo un uso individual y privado.

Horizontes pedagógicos para la igualdad y la justicia social

Procedimiento de selección de originales, ver página web:
www.tirant.net/index.php/editorial/procedimiento-de-seleccion-de-originales

Vicent Gozálvez
Patrizia Panarello
Coordinadores

Horizontes pedagógicos para la igualdad y la justicia social

tirant humanidades
Valencia, 2025

En caso de erratas y actualizaciones, la Editorial Tirant Humanidades publicará la pertinente corrección en la página web www.tirant.com.

Los autores son responsables de la selección y presentación de las opiniones contenidas en este libro y de las opiniones expresadas en él, que no son necesariamente las de la UNESCO ni comprometen a la Organización.

© TIRANT HUMANIDADES
EDITA: TIRANT HUMANIDADES
C/ Artes Gráficas, 14 - 46010 - Valencia
TELFS.: 96/361 00 48 - 50
FAX: 96/369 41 51
Email: tlb@tirant.com
www.tirant.com
Librería virtual: www.tirant.es
DEPÓSITO LEGAL: V-3503-2025
ISBN: 979-13-7010-501-3

Imagen de portada: Sira Sancho (@sisaco)

Si tiene alguna queja o sugerencia, envíenos un mail a: *atencioncliente@tirant.com*. En caso de no ser atendida su sugerencia, por favor, lea en *www.tirant.net/index.php/empresa/politicas-de-empresa* nuestro Procedimiento de quejas.

Responsabilidad Social Corporativa: *http://www.tirant.net/Docs/RSCTirant.pdf*

A la memoria de Federico Mayor Zaragoza.
Por sus lúcidos consejos, su entrañable amistad y su incansable dedicación a la justicia y la paz mundial.

Índice

Capítulo 1

Educación Global desde el Mediterráneo. Propuestas para la igualdad y la justicia social mundial 13

Vicent Gozálvez

Capítulo 2

Horizontes para una Paideia Cosmopolita 33

Adela Cortina y Jesús Conill

Capítulo 3

¿Queda lugar para la esperanza en educación? Un diálogo con la pedagogía crítica 63

Gonzalo Jover

Capítulo 4

Educando para el sentido y el bien común. Un enfoque humanista y relacional de la educación 87

Maria Rosa Buxarrais

Capítulo 5

Los "Sin Defensa" y la Educación Global: ampliando la mirada de la geopolítica a la innovación didáctica 107

Patricia Panarello

Capítulo 6

Horizontes pedagógicos para la equidad y la justicia social: posibilidades para la praxis decolonial 143

Karen Pashby

Capítulo 7

Igualdad y solidaridad como pilares de las pedagogías de la cooperación. Reflexiones a partir del Informe de la UNESCO de 2022 157

Javier Gracia Caladín

Capítulo 8
Educación por el reconocimiento del otro. Una propuesta pedagógica basada en el diálogo y el pensamiento crítico 169
Isabel Tamarit López

Capítulos 9
La Human Library: Acción educativa para reducir los prejuicios 181
Alessandro Versace

Capítulo 10
Adultez emergente, educación superior y justicia social: una revisión sistemática de la literatura 185
Verónica Riquelme Soto y Bernardo Gargallo López

Capítulo 11
Acción tutorial inclusiva para la justicia social en Formación Profesional de Grado Básico 199
Mª Fernanda Chocomeli Fernández y Anna M. Monzó Martínez

Capítulo 12
Aprendizaje Servicio en la universidad. Ampliando las capacidades del alumnado para el Desarrollo Humano 213
Gemma Cortijo Ruiz y Camila Moldes Ángel

Capítulo 13
Derecho a la Educación y Pedagogía Hospitalaria: La acción inclusiva del voluntariado y las ONGs 227
Patricia Asensio-Ramón

Capítulo 14
¿Cómo combatir a la Extrema Derecha? *Fact Checking* como medida pedagógica en Educación Superior 241
Cristina Pulido-Montes y Javier Molina-Pérez

Capítulo 15
Casos prácticos de cooperación para un aprendizaje sostenible basado en los ODS: una visión multidisciplinar 255
Ana Sales Ten y Javier Serrano Lara

Capítulo 16

La situación educativa de la mujer en Yemen ante el Derecho Internacional y los Proyectos Educativos de Aplicación Internacional 271

Virginia Serrano Cialente y Amanda María Martínez Gutiérrez

Capítulo 17

Alternativas frente a la crisis ambiental: la soberanía alimentaria, el capitalismo verde, el Buen Vivir y el ecofeminismo 285

Ivonne Vergara

Capítulo 18

Promoviendo la Paz, la Interculturalidad y la Sostenibilidad como ejes de una justicia social mundial 301

Patrizia Panarello y Vicent Gozálvez

Capítulo 1

Educación Global desde el Mediterráneo. Propuestas para la igualdad y la justicia social mundial

Vicent Gozálvez
Codirector de la Cátedra UNESCO-UV Educación Global en el Mediterráneo. Estudios para la Paz, la Interculturalidad y la Sostenibilidad

INTRODUCCIÓN: EDUCAR EN UN CONTEXTO GLOBALIZADO

El germen de este libro es un encuentro internacional organizado por la Cátedra UNESCO-UV *Educación Global en el Mediterráneo* en octubre de 2024, justo la semana antes de la llegada de la devastadora Dana que azotó especialmente la zona metropolitana sur de Valencia. Nuestra convocatoria respondía a la necesidad de dilucidar caminos para una justicia social global, en diferentes ámbitos o dimensiones, especialmente mediante la educación. La destrucción provocada por la Dana, inesperadamente, pocos días después de nuestro encuentro, refuerza la idea de que nuestro mundo requiere una nueva mirada amplia, más allá de la perspectiva local o nacional. La red de solidaridad internacional que suscitó el desastre natural, agravado dolorosamente por la ineficacia comunicativa de la administración autonómica en unas horas tan críticas, es buena muestra de la respuesta de las sociedades ante un nuevo escenario de incertidumbres compartidas, de riesgos como el del cambio climático, que a todos nos atañen, que a todos nos afectan y conmueven en una u otra medida.

Si ante problemas comunes y globales ya hay movilización social global, tanto más se puede exigir a los poderes públicos que, junto con las instituciones educativas, han de cultivar una praxis de globalidad, capaz de superar la cortedad de miras de aquellos que viven anclados en su pueblo, su comunidad, su identidad particular, en definitiva, en una mirada que no deja de ser provinciana, insuficiente e inadmisible en pleno siglo XXI. Cada vez son más los problemas que nos exhortan a crear y fortalecer lazos entre sociedades y naciones (quizás la misma organización mental y política llamada "nación" merezca ser profundamente revisada). Y, a pesar del repliegue nacionalista o ultranacionalista que recorre últimamente el planeta, no es menos vigorosa la sensibilidad, la conciencia de vínculo, de identidad y de acción en modo amplio, expansivo, fecundamente global o cosmopolita, que caracteriza a nuestro tiempo, tal como se defiende en este libro.

Nuestro encuentro internacional, y por supuesto el presente libro, discurren por caminos trazados por otras potentes iniciativas anteriores, como la propuesta del Consejo de Europa (2019) de crear pautas para una educación global, y poco después por la Red Europea de Educación Global (GENE), que publica en 2022 su *European Declaration on Global Education to 2050*, siempre en sintonía con las propuestas de Naciones Unidas a favor de una educación para la ciudadanía mundial. Pues tanto lo global como lo mundial son conceptos que no han de ser reducidos a las transacciones e intereses comerciales de empresas que operan por todo el mundo, externalizando la producción y promoviendo expansivamente el consumo, a costa del trabajo miserable y cautivo en tantas partes del planeta, del consumismo desenfrenado en tantas otras, y de la degradación ambiental general que ocasiona un modo de vida a todas luces insostenible.

La educación para la ciudadanía mundial formulada por Naciones Unidas usa indistintamente los adjetivos *mundial* y *global* para referirse a una educación cuyo objetivo es promover un sentido de pertenencia a una humanidad común y ayudar a los estudiantes a convertirse en ciudadanos globales activos y responsables, en agentes que contribuyan con su acción a enfrentar o resolver los retos globales en pro de un mundo más pacífico, tolerante, inclusivo y seguro (UNESCO, 2015).

En nuestro mundo globalizado parece ser que el valor fundamental es el de la *libertad*. Tras la caída del Muro de Berlín (1989) y con la expansión de la economía de libre mercado, podemos constatar el ascenso del liberalismo como ideología dominante no solo en el mundo occidental, tal como afirmaba Kohlberg (1980), sino de un modo u otro también a nivel planetario. Pero ¿dónde quedan valores tan decisivos como la igualdad y la solidaridad? O formulado de otra manera: ¿puede realmente articularse social, política y educativamente un concepto de libertad al margen de estos últimos valores?

En su reciente libro *Capital e ideología*, Thomas Piketty (2021) se dedica precisamente a investigar la cuestión de la desigualdad en el mundo actual, como contrapunto al excesivo optimismo de Steven Pinker en su libro *En defensa de la Ilustración* (*Enlightenment now*), en donde el autor trata de demostrar empíricamente el avance histórico de las libertades, la justicia, el bienestar y la igualdad a nivel global, gracias a la razón, la ciencia y el humanismo.

En contraste, Piketty nos alerta, acudiendo también a numerosas bases de datos y unos años después de la publicación de *Enlightenment now*, del aumento de la desigualdad moderna, que se caracteriza por un "conjunto de prácticas discriminatorias entre estatus sociales y orígenes étnico-religiosos que son ejercidas con una violencia mal descrita en el cuento de hadas meritocrático" (p. 12). Pensemos en las personas sin hogar, o procedentes de barrios (o de países) del hambre, la violencia o la pobreza. O, añadiríamos, en las personas que se ahogan en el mar, en nuestro Mediterráneo... De modo que, continúa el autor, necesitamos un nuevo horizonte universalista e igualitario que enfrente adecuadamente los retos que plantea la desigualdad, el cambio climático y los movimientos migratorios. De lo contrario, añadiríamos con Piketty, todo hace prever el auge de movimientos identitarios, el avance de las identidades asesinas de las que habló Maalouf (2012) y de los discursos del odio, así como la expansión del autoritarismo y los ataques a la misma democracia liberal en lo que ya se conoce como *posdemocracia* (Gozálvez, Buxarrais y Pérez, 2023).

Este fue precisamente el *leitmotiv* de nuestro encuentro internacional organizado por la cátedra UNESCO-UV *Educación Global en el Mediterráneo*: reflexionar en común para apuntalar este horizonte universalista e igualitario a la altura de nuestro tiempo, repensar una y otra vez el significado y vigencia de la igualdad, adentrarnos en el valor de la solidaridad y la justicia social como logros éticos de la humanidad a los cuales de ninguna manera cabe renunciar... Y todo con la mirada puesta en la educación global que, desde el Mediterráneo, se dirige al planeta y sus problemas, abriendo rutas de acción y motivos para la esperanza deseable y razonable.

Nuestro congreso internacional acogió comunicaciones y ponencias a partir de una llamada como la que se ha expuesto. Recibimos resúmenes y organizamos mesas, talleres y conferencias a partir de todas las propuestas recibidas. Tras el encuentro, brindamos la posibilidad de participar en una publicación que no solo recogiera selectivamente lo expuesto, sino que reelaborara las aportaciones más significativas a partir de la posterior reflexión, tras el diálogo y el intercambio de perspectivas. En última instancia, este libro supone una apuesta a favor de la educación global, desde luego sin ocultar las dificultades, contradicciones o complejidades de tal empresa. Pero sin renunciar a su fuerza y validez, a su necesidad y las esperanzas que despierta, a pesar de todo.

ENEMIGOS Y ALIADOS DE LA EDUCACIÓN GLOBAL

Hablar de educación global en nuestros días es articular un proyecto pedagógico, social, ético y político –en definitiva, práctico– que nace de la configuración de un mundo nuevo dado el desarrollo de medios de comunicación y medios de transporte, medios que han facilitado como nunca antes los desplazamientos, el conocimiento del otro, las relaciones humanas, la creación y cumplimiento de esperanzas, la noción de lo digno y lo merecido... tras haber pulverizado las tradicionales nociones del espacio y del tiempo.

En el apartado anterior hemos aludido a los movimientos de instituciones internacionales (UNESCO y Consejo de Europa) a favor de una educación global, o una educación para la ciudadanía mundial, pero no podemos caer en la ingenuidad de pensar que tales movimientos carecen de oposición o de fuerte resistencia. Nombraremos aquí solo algunos de sus enemigos, para defender después su salud y vigencia, además de su fuerza como ideal regulativo. Es decir, hablaremos después de sus aliados.

1. El fantasma del nacionalismo recorre el mundo

El primer gran enemigo de la educación global es el fanatismo nacionalista y el afán territorial que continúa estando detrás de conflictos bélicos tan destructivos como el de Ucrania tras la invasión rusa, el de Oriente Media tras los atentados de Hamás y la despiadada si no genocida respuesta de Israel, o como los conflictos que aún continúan, casi olvidados, en Yemen, Burkina Faso, Somalia, Nigeria, Sudán o Siria. Según Naciones Unidas, la naturaleza de los conflictos y la violencia ha cambiado notablemente desde que se fundó la ONU hace 75 años. Los conflictos son menos devastadores y mortíferos, aunque los homicidios son cada vez más frecuentes en algunas partes del mundo. Por otro lado, también está aumentando el número de ataques por razón de género (Naciones Unidas, 2020). En 2024, el mundo alcanzó el nivel más alto de conflictos bélicos desde la Segunda Guerra Mundial según el Índice de Paz Global (IPG), publicado por el *Institute for Economics & Peace* (IEP, 2024), conflictos que tienen un mayor componente internacional y tras los cuales se esconde el fortalecimiento del negocio mundial en armamento. Según el IPG, a medida que los conflictos se generalizan y se internacionalizan, la creciente complejidad reduce la probabilidad de lograr soluciones duraderas, lo cual enturbia de nuevo la fe en el progreso de la humanidad, especialmente cuando las guerras las sufren de modo inmisericorde las poblaciones civiles, los más desfavorecidos y vulnerables.

2. La razón universal ha muerto: viva la razón diversa

Unido al fanatismo nacionalista, tras el cual crece el militarismo e intereses de poder de distinta laya, cobra protagonismo un argumentario propio de la posmodernidad más perversa: la razón universal ha muerto, no hay posibilidad de establecer valores humanos compartidos, ante lo cual solo queda la defensa de identidades particulares en una vuelta a cierto romanticismo que exalta lo propio frente a lo extraño, que invoca de nuevo la irracionalidad de la vida, el poder incontestable de la emocionalidad, y la entrega a ese calor del establo del que habló Nietzsche, un establo homogéneo y tranquilizador.

Este nuevo impulso posmoderno hacia lo que nos hace diferentes, radicalmente diversos, se ha expresado en la versión multicultural a la hora de gestionar la diversidad cultural en las sociedades del bienestar económico, creando guetos y nuevas minorías que habían de ser atendidas e incluso integradas, sí, pero cada una en su sitio y sin mezclarse demasiado, no sea que se pierda la pureza identitaria de cada grupo o subgrupo cultural. Se diluyen pues los mimbres que unen a todos los humanos al entenderse que esta idea es ya en sí misma un atentado a la riqueza de lo real, incluso un paso previo para el asimilacionismo cultural, el avasallamiento a las minorías, y en definitiva para la anulación de la mirada de la alteridad en su infinito desenvolverse. Este argumentario posmoderno llega incluso a afirmar, con Michel Onfray, que el espíritu de la Ilustración y la Modernidad culmina en el nacionalsocialismo y el Holocausto del III Reich: Adolf Eichmann, responsable del traslado de judíos a los campos de exterminio, se movió, según Onfray, siguiendo la idea kantiana del deber y del imperativo categórico, obedeciendo escrupulosamente órdenes superiores (Onfray, 2021).

Al margen de la simpleza de afirmar que Kant contribuyó a la ideología nazi porque uno de sus altos representantes era admirador del filósofo de Königsberg –algo así como afirmar que Kant, Schopenhauer, Fichte, Hegel o Wagner eran pre o pronazis porque, además de alemanes, fueron leídos por Hitler–, lo bien cierto es que se ha ido difundiendo la sospecha de que la herencia ilustrada ha sido causa de todos los males, desde el mencionado Holocausto hasta la industrialización y el capitalismo explotadores, el colonialismo infame y ominoso, el eurocentrismo soberbio, el heteropatriarcado occidental y toda suerte de miserias habidas y por haber.

Sin embargo y en realidad, todo este argumentario no hace sino renovar la misión de la filosofía y la educación como intentos de la inteligencia en su combate contra la estupidez y la simpleza mental. Independientemente de ideas ilustradas desacertadas, aisladas y sin contexto, lo cierto es que la educación global es en buena medida heredera del espíritu ético de la Ilustración, en su intento por enarbolar la bandera de la dignidad humana, las libertades y derechos fundamentales, los vínculos entre seres humanos como fines en sí mismos (segunda formulación del imperativo kantiano, tan obviada y tan revolucionaria sin embargo), y en suma la posibilidad de mejora personal y social a partir de la buena argumentación y la razón pública –a partir del diálogo celebrado en buena condiciones, según versión actual de Habermas y Apel–.

Ciertamente la racionalidad occidental ha sido interpretada como conjunto de verdades que habían de ser impuestas como una apisonadora, desde la soberbia y la actitud de superioridad de sus portadores. Pero una razón así, dogmática, implacable, insensible a otras perspectivas, sorda e impositiva con respecto a otras formas de vida, no es razón, más bien su contrario. Los hijos de la razón ilustrada como la democracia y los derechos humanos han sido usados discursivamente como justificación para guerras e invasiones ilícitas, del mismo modo que antes se usó la idea de civilización como pretexto para dominar al diferente, considerado salvaje e incluso infrahumano.

Efectivamente, en nombre de la democracia y los derechos humanos se cometen y han cometido tropelías innombrables, lo cual, examinado en profundidad, no es argumento contra la democracia y los derechos, sino contra el uso obsceno que se ha hecho de ellos.

3. Crisis de la democracia o posdemocracia

En este orden de cosas, el descrédito de la democracia va de la mano de la fuerte irrupción de lo que se antes ya mencionábamos como *posdemocracia*, sin duda otro de los grandes frenos o enemigos de la educación global. Con el término posdemocracia se hace alusión al ascenso de nuevas formas de autoritarismo avalado por votaciones, al éxito del populismo nacionalista, a la vuelta a la tribu y el fortalecimiento de fronteras, al anhelo de pureza étnica, tan atávico y estremecedor, a la negación de la razón pública abierta, deliberativa, respetuosa. Se entroniza contrariamente una emocionalidad tribal y nuevos discursos de odio contra el diferente, discursos tan efectivos en tiempos de crisis y que tanta mella hacen en las clases empobrecidas, desesperanzadas, proclives a chivos expiatorios y a la búsqueda de nuevos mesías.

¿No es esta crisis de la democracia uno de los daños colaterales, si no directos, de la mentalidad posmoderna? Exaltar lo propio por encima de todo, defender la homogeneidad nacional son acciones compatibles con defender una uniformidad múltiple, propia de una sociedad mosaico, al estilo de lo defendido por la multiculturalidad. Es una "homogeneidad diversa" muy compatible, paradójicamente, con los nuevos nacionalismos románticos –impulsivos, tradicionalistas, populistas, emotivos– de la nueva era de la democracia, es decir, de la posdemocracia, solo que ahora la sociedad mosaico no crece dentro de las propias fronteras: cada cual a su país de origen, ese es el lema tras asociar la inmigración con la irregularidad, con la delincuencia, con la crisis y todos los males imaginables. Los extranjeros regularizados que apoyan a partidos de extrema derecha se exponen a que el efecto del odio les acabe rebotando, arrollados por la lógica identitaria a la que alimentan, quizás por esconder su origen, por ocultar su pasado.

Y ahora, algunos de los aliados más valiosos del proyecto de educación global.

1. Un cultura política y ética común

En ese nuevo contexto relatado es difícil que prospere el proyecto de una educación global, que celebra sobre todo la heterogeneidad pero que al tiempo establece las bases para la igualdad, es decir, las condiciones para que esta tenga lugar de buena manera: de una manera compatible, a partir del compromiso con esos principios éticos que facilitan el respeto a la diversidad, por ejemplo, los principios de una constitución democrática, los principios éticos de justicia que sostienen la idea de los derechos humanos.

La educación global requiere, para combatir la posdemocracia, reafirmar lo que Habermas (1999) denominó *cultura política común*, es decir, valores o procedimientos fundamentales como el respeto escrupuloso a la división de poderes, el rechazo al maltrato físico o psicológico, la defensa clara del carácter laico de las leyes y normas que rigen la vida social, la igualdad de derechos y responsabilidades cívicas, las libertades para una deliberación pública, que decide a partir de las mayorías parlamentarias pero atendiendo siempre adecuadamente a las minorías. Una cultura política común a diferentes formas de vidas y cosmovisiones, credos religiosos, costumbres y tradiciones, propia de sociedades plurales –no solo múltiples– que son capaces de convivir y no solo de coexistir. Esta cultura política y ética común no puede entenderse al margen de los derechos fundamentales de las personas, de espaldas a iniciativas de organismos e instituciones internacionales que trabajan denodadamente para dar cuerpo a la demanda ética fundamental de considerar a las personas (al margen de la edad, tendencia sexual, origen étnico, identidad, preferencia religiosa...) como fines en sí mismas.

En palabras de Habermas,

> La protección de las tradiciones y de las formas de vida que configuran las identidades debe servir, en último término, al reconocimiento de sus miembros; no tiene de ningún modo el sentido de una protección administrativa de las especies. El punto de vista ecológico de la conservación de las especies no puede trasladarse a las culturas. Las tradiciones culturales y las formas de

> vida que en ellas se articulan se reproducen normalmente por el hecho de que convencen a aquéllos que las abrazan y las graban en sus estructuras de personalidad (Habermas, 1999, p. 210).

Ese es uno de los cometidos de la educación global: convencer con buenos motivos de la importancia de respetar la dignidad humana, ir creando nueva cultura para que arraigue en la estructura de la personalidad de la ciudadanía que vive en un sistema de libertades, vínculos y responsabilidades, creando nuevas tradiciones y costumbres alineadas con la pluralidad y el respeto al otro: educar para ir forjando una nueva identidad que sea dinámica, compatible con otras identidades grupales o culturales. La ley de la selva, la máxima de la supervivencia del más fuerte (Darwin nunca habló de que el más fuerte sobrevive, sino el capaz de adaptarse al medio, a un medio radicalmente cambiante), la ley de la conservación de las especies (entendiendo las culturas y etnias como especies herméticas), todo eso es justamente contra lo que combate la educación global.

2. Los movimientos cívicos internacionales y el avance de la ciudadanía cosmopolita

Evidentemente, no todo son enemigos en el proyecto de educación global: en buena medida, es ya una realidad, históricamente fraguada, que cuenta con muchos aliados. Todas las acciones e iniciativas de organismos internacionales que trabajan con coraje a favor del diálogo entre los pueblos, de la conservación de los patrimonios de la humanidad, de la sostenibilidad del planeta, de la resolución negociada de conflictos, o del cumplimiento de los derechos humanos, inspirados en la idea regulativa kantiana (ilustrada) de la igual dignidad de todas las personas, no son sino diferentes lados del proyecto de la *Global education*, entendida de modo informal y general. Las iniciativas de organizaciones internacionales como Naciones Unidas con la Agenda 2030 para el Desarrollo Sostenible son también una realidad que cabe ir fraguando desde la acción política, económica y ciudadana, a pesar de los obstáculos que encuentra por parte de facciones negacionistas o plegadas a intereses de corporaciones con escasa visión de futuro.

Otro de los grandes aliados de la educación global es la actualización del sueño del cosmopolitismo, que busca reeditar la idea de que a pesar de las infinitas y respetables diferencias, cabe definir al ser humano como ciudadano mundial, pero no desde la abstracción bienintencionada, sino desde la observación de las necesidades particulares de cada cual, tan únicas y tan universales a la vez: la propuesta de Nussbaum (2012) de las capacidades humanas que, en aras de la justicia social, habrían de ser atendidas para cualquier persona, es una buena muestra de defensa del cosmopolitismo cívico, a pesar de la problemática de concretar con contenidos este proyecto. Su mérito –y riesgo– es el de tratar de combinar tradiciones éticas diferentes, la aristotélica y la kantiana. La recuperación de Aristóteles en su teleología o reflexión sobre los fines últimos de una vida humana realizada o fecunda, se cruza con las irrenunciables transformaciones teóricas e históricas propiciadas por la tradición filosófica kantiana, en donde la búsqueda de la vida buena se ha de complementar con la lucha por la vida digna para cualquier persona.

3. Éticas del diálogo, economía ética y comercio justo

En este sentido, las éticas del diálogo constituyen un inmenso y fructífero esfuerzo filosófico a favor de la educación global o cosmopolita, a partir de una renovación de la herencia kantiana pero desde una relectura no monológica, sino abierta a la razón comunicativa, al debate y la reflexión pública, para ir descubriendo en común aquello a lo que no cabe renunciar, al menos si queremos ir haciendo real la noción de la igual dignidad de toda persona, de personas diferentes en contextos sociales o históricos concretos.

Ahora bien, al margen de la discusión o razones de tipo ético, desde una perspectiva más económica, comercial, alusiva no solo a la prosperidad material sino a la mera supervivencia como especie, junto con la preservación de la biodiversidad, desde esta perspectiva diríamos que más realista o egocéntrica (en donde el ego es ahora una especie, la nuestra, que no puede prosperar sin la protección del resto de especies y de las condiciones medioambientales elementales para una vida saludable), desde esta perspectiva, decimos, también podemos encontrar aliados a la educación global, especialmente del lado de la economía ética (Conill, 2017) y de la multitud de acciones ciudadanas para un comercio informado, responsable y justo (Cortina, 2002).

En efecto, un comercio justo, realizado en buenas condiciones, responde a la expansión del interés (personal y común) y las relaciones de contrato que superan a todos los niveles la búsqueda del interés a través de las armas, desde la dominación y la violencia. Como bien nos recuerda Cortina (1998) en alusión al Kant de *La paz perpetua*, se necesita un Estado para poder vivir en paz y en el bien común, desde una ética pública a pesar de que cada cual busque su propio interés. Pero estos intereses individuales no pueden desembocar en lucha o agresión gratuita, en una ley de la selva o ley del más fuerte, pues hasta un pueblo de demonios pactaría la paz, el Estado, con tal de que tengan entendimiento. Ese quizás es el problema, el de la falta de entendederas de tanta mente obtusa con poder, con mucho poder. De ahí la importancia del primer deber ciudadano en democracia: saber bien a quién se vota, elegir bien y desde un buen conocimiento de las propuestas e intenciones de todos los candidatos en competición electoral, no sea que la democracia se convierta en espacio de manipulación emocional, de un nuevo populismo digital alimentado por embustes impactantes, con gran resonancia en redes y en mentes.

Así pues, en la educación global hay que reunir a aliados de distinta índole: desde agencias más teóricas, filosóficas, éticas o racionales (hablamos de una racionalidad crítica, emancipadora dialógica y comprometida con el bien común, local y global), hasta fuerzas más puramente estratégicas, prácticas e incluso supervivenciales: la mera supervivencia de nuestra especie y otras especies transcurre dentro de un camino o destino necesariamente ligado, tras tomar en serio la amenaza del cambio climático, la degradación medioambiental y la desaparición de la biodiversidad.

Solo desde ahí se puede recuperar ese sentido de esperanza en el futuro, en la valía de la educación y la praxis social, económica y política, esperanza a la que pretende contribuir este libro con todas sus aportaciones: una esperanza a favor de la igualdad y la justicia social. En un mundo turbulento, estos referentes éticos se nos ofrecen como horizonte necesario para la educación, validado desde el pensamiento y la acción de tantas personas y pueblos.

ESTRUCTURA Y LÍNEAS TEMÁTICAS DEL LIBRO

A partir de este escenario, el presente libro recoge las aportaciones y debates más relevantes del encuentro organizado por la Cátedra UNESCO-UV Educación Global en el Mediterráneo a través de sus diferentes capítulos. En primer lugar, Adela Cortina y Jesús Conill, en su capítulo *El horizonte para una paideia cosmopolita,* reflexionarán sobre el significado e importancia de forjar un horizonte educativo para una ciudadanía cosmopolita, frente a las tendencias sociales y políticas contrarias a este proyecto, precisamente el que recoge y trata de impulsar este libro. Sus palabras suponen un claro referente y fundamento para una educación global, para su desarrollo teórico, filosófico y práctico en el marco de una ética de la justicia social, del cuidado y el reconocimiento al otro, en clave profundamente democrática e intercultural.

Seguidamente Gonzalo Jover nos invita a repensar la importancia de recuperar la esperanza en un mundo más justo para todos quienes nos dedicamos de un modo u otro a la acción educativa, entrando en diálogo especialmente con la *pedagogía crítica,* cuyo núcleo sigue siendo la propuesta de una acción educativa centrada en capacitar a los estudiantes para reflexionar críticamente sobre su realidad y actuar para cambiarla, a fin de lograr un mundo más justo e igualitario.

A continuación, M. Rosa Buxarrais hace un alegato de la educación para el sentido y el bien común desde una perspectiva humanista y relacional de la educación. Su propuesta aboga por un nueva paradigma educativo adecuado y renovado frente a un contexto poco alentador, como la fragmentación social y el individualismo crecientes, la fragilidad de las relaciones humanas, la crisis de sentido, los nuevos desafíos éticos en un mundo tecnológico, globalizado y con grandes desigualdades socioeconómicas.

Le sigue el capítulo de Patrizia Panarello, codirectora de la Cátedra UNESCO-UV, un espacio en el que reflexiona acerca de los "sin defensa", de las personas más vulnerables y desaventajadas, arrasadas por la violencia en sus diferentes formas, para quienes el proyecto de la educación global supone el resorte para una esperanza basada en una revolución educativa desde un enfoque interdisciplinario, integral, holístico, internacional e intercultural. En este sentido, nos expone diferentes escenarios en los que ocurre esta revolución, desde una óptica global, geopolítica, ética y ecológica.

En su capítulo, Karen Pashby realiza un recorrido crítico de la pedagogía para la justicia social y la igualdad desde la perspectiva de una praxis decolonial, dado el riesgo y las tensiones de plantear grandes horizontes educativos universalistas, pues tras ellos pueden esconderse relaciones de dominio colonial y hegemónico, capaz de anular las voces de los afectados, de los oprimidos, etc. ¿Cómo podemos educar en un horizonte cosmopolita y en una ciudadanía mundial sin caer en eurocentrismo, o en la hegemonía de una cultura (la del Norte global) de dominio y explotación mental y socioeconómica?

Posteriormente, Javier Gracia Calandín analiza en su capítulo el informe de la UNESCO (2022) *Reimaginar juntos un nuevo futuro. Un nuevo contrato para la educación* para detenerse especialmente en las "pedagogías cooperativas y solidarias". Pone de manifiesto los valores éticos que están a la base de dichas pedagogías y se plantea, este otras, estas preguntas: ¿Cómo cabe entender la igualdad en un contexto social y político en el que tanto las diferencias identitarias (individuales y colectivas) como las desigualdades económicas, sociales y culturales son crecientes? ¿Qué quiere decir que la comunidad educativa, y especialmente el profesorado y el alumnado, trabaje de modo cooperativo?

Isabel Tamarit incide en su capítulo en la necesidad de educar en el reconocimiento del otro como clave para una pedagogía crítica basada en el diálogo. La educación así entendida es una herramienta poderosa que saca a la luz las situaciones de injusticia y de discriminación, para favorecer espacios más igualitarios y libres, donde todos puedan ser reconocidos como seres valiosos. La escuela puede convertirse en un ejemplo de este tipo de espacio seguro, un espacio de paz y de libertad.

Seguidamente Alessandro Versace relata sintéticamente la propuesta pedagógica denominada *Human Library*, que supone una metodología innovadora consistente en conocer y reconocer a personas que han sufrido discriminación. Estos "libros humanos" cuentan al "lector", cara a cara, su historia vivida, marcada por experiencias de prejuicios y discriminación. Esto da lugar a diálogos profundamente emocionantes y educativos, y que contribuyen decididamente a la justicia social.

Verónica Riquelme y Bernardo Gargallo analizan en su capítulo los cambios sociales y demográficos de las últimas décadas, que han hecho que la transición a la adultez sea más prolongada y compleja. Los jóvenes dedican más tiempo a la formación académica, especialmente en la educación superior, postergando hitos tradicionales de la adultez, como la estabilidad laboral, la emancipación familiar y la formación de pareja o familia. A pesar de este hecho, y de cara a la justicia social, el apoyo familiar afectivo-emocional en los jóvenes resulta fundamental para el éxito formativo y la estabilidad profesional de los estudiantes universitarios.

Le sigue el estudio de M. Fernanda Chocomeli y Anna Monzó acerca de la inclusión educativa y la equidad como metas cada vez más presentes en los centros educativos, también en aquellos que imparten Formación Profesional. El objetivo principal de la investigación descrita fue valorar la percepción del profesorado de los centros con Formación Profesional respecto de la acción tutorial y la orientación profesional de la Formación Profesional de Grado Básico, valoradas como herramientas fundamentales del proceso de acompañamiento docente hacia la inclusión social del alumnado.

Gemma Cortijo y Camila Moldes profundizan a continuación en una metodología innovadora en Educación Superior: el Aprendizaje Servicio (ApS). En un plano más amplio, el ApS se revela como modelo educativo que no solo promueve el aprendizaje por competencias, sino que también estimula el desarrollo de las capacidades del alumnado universitario, especialmente aquellas que contribuyen a desempeñar éticamente una profesión, acercando la formación universitaria a fines valiosos como el Desarrollo humano.

En su capítulo, Patricia Asensio-Ramón se centra en el papel significativo que, de cara a la inclusión y la justicia social, desempeña el voluntariado en las aulas hospitalarias, con el fin de garantizar el derecho a la educación para los niños, niñas y adolescentes hospitalizado. Los programas de acompañamiento y atención educativa personalizada, llevados a cabo por ONG, no solo proporcionan recursos educativos, sino también apoyo emocional y actividades lúdicas que enriquecen el aprendizaje de los destinatarios.

En un orden de cosas, Cristina Pulido y Javier Molina abordan en su capítulo la alarmante cuestión de lo que se conoce ya como cuarta ola de la derecha radical populista o extrema derecha 2.0, la cual ha utilizado las redes sociales e internet para difundir y normalizar unas políticas en contra claramente de la justicia social y la igualdad. Ante este desafío, es imprescindible fomentar la competencia informacional y crítica en la Educación Superior, promover habilidades para buscar y seleccionar información veraz, sintetizarla y difundirla, permitiendo formar un criterio independiente de la manipulación.

Ana Sales y Javier Serrano dedican un capítulo a compartir los resultados de un proyecto que nació con la voluntad de enfocar la docencia desde el punto de vista del aprendizaje transformador en el ámbito de la cooperación al desarrollo. Una experiencia que se implementa desde un enfoque multidisciplinar, a través del análisis de la Agenda 2030 y los ODS, entendida esta como una agenda de transformación del mundo en que vivimos, pero que requiere tener interconexión de conocimientos, de actores y de principios basados en el respeto a la diferencia y la justicia social.

Virginia Serrano y Amanda Martínez nos exponen en su capítulo la situación de la mujer en Yemen, en particular su acceso a la educación, en un contexto de conflicto armado y de limitaciones estructurales dentro del país. Se analiza la situación educativa de las mujeres en Yemen a través del prisma del Derecho Internacional, evaluando las políticas educativas, los compromisos internacionales y los proyectos de ayuda educativa que buscan mitigar las desigualdades. Además, se exploran los efectos del conflicto armado sobre el acceso de las mujeres a la educación, identificando las barreras sociales, económicas y culturales que perpetúan su exclusión.

Ivonne Vergara nos propone en su capítulo abordar la crisis ecológica y ambiental, la degradación de los ecosistemas, el cambio climático y la pérdida de biodiversidad, acudiendo a iniciativas o modelos de acción como la soberanía alimentaria, el capitalismo verde, el *buen vivir* y el ecofeminismo, propuestas que buscan una solución a los problemas ecológicos y sociales actuales.

Por último, los coordinadores del libro, Vicent Gozálvez y Patrizia Panarello reúnen en su capítulo final una reflexión acerca del Novaceno, esa nueva era de la humanidad en la que estamos entrando según el ambientalista James Lovelock, una era en que la inteligencia artificial sustituirá a la inteligencia humana en la gestión del saber, la toma de decisiones y en definitiva la construcción de la realidad. Una era en donde la humanidad se enfrenta, además, al riesgo de colapso medioambiental global, al resurgimiento del ultranacionalismo y de nuevas formas de colonización, a las guerras por los recursos y a grandes movimientos migratorios por pobreza e incapacidad para vivir dignamente... Un panorama poco edificante, si hacemos caso a las peores distopías. Las acciones de la UNESCO, y por supuesto también las de nuestra cátedra UNESCO-UV *Educación Global en el Mediterráneo*, pretenden aportar su humilde grano de arena, desde el compromiso y la esperanza, a un futuro alternativo, no distópico, centrado en la dignidad humana y la justicia social. A ello esperamos que, en la medida de lo posible y lo deseable, contribuya este libro.

REFERENCIAS

Consejo de Europa (2019). *Pautas para una Educación global.* En https://edoc.coe.int

Conill, J. (2017). *Horizontes de economía ética.* Tecnos.

Cortina, A. (2022). *Por una ética del consumo.* Taurus.

Cortina. A. (1998). *Hasta un pueblo de demonios. Ética pública y sociedad.* Taurus.

GENE (2022). *European Declaration on Global Education to 2050.* En https://www.gene.eu/ge2050-congress

Gozálvez, V., Buxarrais, M.R. y Pérez, C. (2023) Towards a post-democratic era? Moral education against new forms of authoritarianism, *Journal of Moral Education*, 52:4, 474-488, DOI: 10.1080/03057240.2022.2159346

Habermas, J. (1999). *La inclusión del otro. Estudios de teoría política.* Paidós.

IEP (2024). *El Índice de Paz Global revela el mayor número de países en conflicto desde la Segunda Guerra Mundial.* En https://shorturl.at/5UuhL

Kohlberg, L. (1980). The future of liberalism as the dominant ideology of the West. En Richard W. Wilson & Gordon J. Schochet (eds.), *Moral Development and Politics.* Praeger, pp. 55-68.

Maalouf, A. (2012). *Identidades asesinas.* Alianza.

Naciones Unidas (2020). *Forjando nuestro futuro juntos.* En https://www.un.org/es/un75/new-era-conflict-and-violence

Nussbaum, M. (2012). *Crear capacidades. Propuesta para el desarrollo humano.* Paidós.

Onfray, M. (2021). *El sueño de Eichmann. Precedido de un kantiano entre los nazis*. Gedisa.

Piketty, Th. (2021). *Capital e ideología*. Deusto.

UNESCO (2015). *Educación para la ciudadanía mundial. Temas y objetivos de aprendizaje*. En https://unesdoc.unesco.org/ark:/48223/pf0000233876

Capítulo 2
Horizontes para una Paideia Cosmopolita

Adela Cortina y Jesús Conill
Universidad de Valencia[1]

NECESIDAD DE LA *PAIDEIA* EN LA ERA AXIAL

¿Por qué educar, por qué es necesaria la *paideia*? La educación es una necesidad vital y social de los humanos, porque no basta el proceso de la hominización, sino que para desarrollarse como humanos hace falta otro proceso, el de la humanización mediante la educación. Otros animales no lo necesitan, pero el carácter altricial de los humanos lo exige ya desde las bases biológicas (Mariño, 2018), que nos obligan a configurarnos de raíz como realidades bioculturales.

Además de la condición biológica, el horizonte cultural de la educación nos remite a la "era axial" (Jaspers, 2017). Nuestras raíces están principalmente en la cultura hebrea y en la cultura griega, donde se encuentra la "*Paideia*". En los últimos tiempos se ha revalorizado el estudio de Karl Jaspers sobre el tiempo-eje para explicar el nacimiento de una nueva época, en la que surgieron concepciones innovadoras en muy diversos lugares del mundo, que se caracterizan por tener unos rasgos comunes configuradores del imaginario colectivo de la humanidad hasta el momento actual.

---

1 Este estudio se inserta en el Proyecto de Investigación Científica y Desarrollo Tecnológico PID2022-139000OB-C21, financiado por MCIN/ AEI /10.13039/501100011033 y del "Programa Prometeo 2022 para grupos de investigación de excelencia, CIPROM/2021/072" de la Generalidad Valenciana.

La novedad de esta época, a la que Jaspers denominó "era axial", estribaría en que los distintos mundos en los que se produjo (China, India, Persia, Palestina, Grecia) surgió la conciencia de la totalidad del ser, de sí mismo y de sus límites, así como la aspiración a la liberación y la salvación. En esa época se constituyeron las categorías fundamentales con las que todavía se sigue pensando actualmente, mediante las que a partir de la noción de la naturaleza y del *kósmos* se aspira a la universalidad, sea a través de las diversas religiones universales, del pensamiento científico y el filosófico.

El tiempo-eje constituye una "irrupción" (*Durchbruch*) transformadora de la existencia humana, que se detecta especialmente en las circunstancias o situaciones-límite de la vida humana; pues los humanos están siempre en alguna circunstancia o situación concreta y, aun cuando estas situaciones se modifican continuamente, algunas tienen un carácter esencial por ser "últimas", como el vivir, el sufrir y el morir.

Esta interpretación del tiempo-eje es producto de una valoración histórica, en la medida en que nos ofrece un sentido de los acontecimientos. La ordenación del contenido histórico supone una valoración desde la subjetividad humana, es decir, ofrecer una significación para la humanidad. Se trata de una interpretación del significado. En el tiempo-eje se da como fenómeno histórico constatable un paralelismo entre las diversas culturas en distintos lugares del mundo. Jaspers detectó este origen histórico común dentro de la evolución de la humanidad. Su reflexión nos aporta el sentido del tiempo-eje, es decir, el significado universal para la humanidad. Lo que nos importa como humanos es descubrir algo común a la humanidad, que concierne a su propia humanización y que permite la comunicación entre las diversas culturas y religiones universales frente al exclusivismo y al fanatismo, aportando una medida de valor para el entendimiento mutuo desde su origen común hasta el momento actual (Jaspers, 2017, p. 44).

En este contexto de la era axial hay que situar a la filosofía misma como una de sus manifestaciones. La filosofía surge en forma de "fisiología", es decir, estudio de la "*phýsis*", la aplicación de la capacidad del "*lógos*" al estudio de lo que se manifiesta en la experiencia física (el *lógos* de la *phýsis*), la naturaleza de las cosas (de los seres que son por naturaleza: *tà phýsei ónta*) y la totalidad del *kósmos*. Este enfoque naturalista de carácter ontológico empezó con el estudio de los elementos de la naturaleza convirtiéndolos en principio (*arkhé*) unificador de la pluralidad y diversidad que experienciamos.

La primera de las formas históricas que conocemos en nuestro ámbito cultural fue la educación en virtudes en la antigua Grecia con su "*Paideia*" (Jaeger, 1957). La preocupación por educar en la virtud es un tema que proviene de antiguo. Lo que han cambiado son nuestras circunstancias, que son irrepetibles y por eso en cada época hay que volver a plantearse el problema y buscar el modo más apropiado de resolverlo. Pero siempre se puede aprender de cómo se lo plantearon los griegos en su contexto, puesto que su peculiar forma de afrontarlo fue un enfoque biocultural mediante la educación en virtudes.

Esta educación en virtudes forma parte de la educación ética, que forma parte de lo que académicamente se ha denominado "filosofía moral". Cuando se habla de ética en sentido estricto, como disciplina, como pueden ser las Matemáticas, la Física, la Sociología, la Economía, entonces es algo distinto de la moral que vivimos. Igual que para respirar no se necesita saber Medicina, para ser moral, para vivir moralmente, no se necesita en principio saber ética. Pues la ética, en ese sentido, es la reflexión disciplinada sobre la vida moral. Ahora bien, para tratar de vivir mejor, igual que para respirar mejor, sobre todo cuando surgen dificultades, o para poder conocer en profundidad los fenómenos físicos, estudiamos Física o Medicina, del mismo modo para poder tratar mejor de enderezar la cuestión moral, hay que saber ética, sin embargo, en los últimos tiempos, como ha estado de cierta moda, mucha gente habla de ética, pero sin estudiar. Eso es un grave error. De modo que no se sabe qué es peor, que esté de moda o que no. En cualquier caso, si se quiere avanzar en la educación moral, no hay más remedio que estudiar ética.

VIRTUDES MORALES Y NATURALEZA HUMANA

Un primer enfoque para la educación ética proviene del modelo clásico, convertido casi en lo propio del sentido común tradicional, que consiste en basarse en la naturaleza humana. El ser humano por naturaleza es constitutivamente moral y, por lo tanto, para vivir moralmente es necesario educarlo; esto viene de antiguo, es la *paideia* griega; la educación sólo tiene sentido si se presupone una cierta capacidad en el ser humano de poder formarse a sí mismo.

Este primer enfoque está basado en la naturaleza, porque la naturaleza humana nos capacita moralmente en virtud del *lógos* (la razón y el lenguaje). Por naturaleza estamos capacitados por el *lógos* para tener *êthos* y de ahí viene "ética"; la ética como disciplina trata del *êthos*. El ser humano, por naturaleza, tiene la predisposición de hacerse un *êthos*, un carácter, de hacerse a sí mismo, de auto-realizarse. ¿Cómo? Dirigido por el *lógos*, por la razón; por naturaleza el ser humano tiene la predisposición a configurarse dirigido por el *lógos*, según las virtudes del alma. Aquí interviene la razón práctica o prudencia (*phrónesis*), mediante la que deliberamos para elegir (*proaíresis*) en la vida entre las posibilidades efectivas que están a nuestro alcance y dependen de nosotros. No se puede elegir lo imposible, por eso la elección se distingue de la opinión y el deseo.

En este contexto, el alma es el principio vital. El alma es aquello que hace que viva un ser vivo, que yo viva según lo que soy. Y ¿qué es lo que soy? Un ser humano, que tiene como característica suya, además de ser un animal, el *lógos*, por el que puede dirigir su vida. El alma como principio vital de todas mis operaciones hace posible que dirija esas operaciones con el *lógos* y, por lo tanto, configure un *êthos*. Me configuro un carácter, un modo de ser, un modo de vida. Aquí tenemos el primer modelo de la vida moral en que se inscriben las virtudes; las virtudes van a ser las disposiciones activas que están ordenadas hacia el fin más propio del hombre, su bien, que -en este contexto filosófico- es la felicidad (*eudaimonía*).

Las virtudes son las excelencias (*aretai*), tal como también se ha traducido. La virtud es aquello que el ser humano puede cultivar mediante el hábito para configurar su modo de ser, por eso las virtudes son las disposiciones activas al bien. Según Aristóteles, para ser bueno moralmente no es suficiente lo que te viene dado por naturaleza, ni la mera instrucción, sino lo importante es la auto-configuración mediante el hábito de realizar las acciones buenas (la buena *práxis*). Si uno no se habitúa, es muy difícil llegar a ser bueno; igual que una golondrina no hace verano, tampoco hacer un acto bueno quiere decir que por eso se es bueno o virtuoso; puede haberse hecho por casualidad. Y en sentido negativo pasa igual, no porque uno haga una cosa mal, es un vicioso, sino que la virtud y el vicio están configurados por el hábito; las virtudes son hábitos: ni es mera naturaleza, ni mera instrucción, sino que la virtud es algo que tiene que ver con el hábito, sin hábitos no hay virtud. Y son hábitos que se van eligiendo para configurar el propio carácter (*êthos*) y modo de vida.

No obstante, a pesar de que esta concepción se encuentre muy extendida y se haya consolidado tradicionalmente, se ha vuelto problemática, porque la noción de "naturaleza" se ha hecho problemática al cabo de los siglos. Incluso, para algunos, la concepción de naturaleza de la tradición se ha resquebrajado. Esto es un problema que hemos de tener en cuenta, constituye el primer interrogante. La concepción tradicional de la naturaleza tiene mucha fuerza y sobre ella se ha montado la moral tradicional. Algunas instituciones importantes la mantienen con gran fuerza de convicción, pero eso no quiere decir que carezca de problemas, que hay que afrontar según lo exige nuestro tiempo. Hay que pensar a fondo esta cuestión, porque es problemático en nuestro tiempo seguir defendiendo sin más la concepción tradicional de naturaleza. No es fácil seguir defendiendo qué es la naturaleza tal como estaba configurada en los modelos clásicos, sino que es necesario repensar el asunto. ¿Cuál es la concepción de naturaleza humana hoy? He aquí un primer punto ineludible.

Y un segundo punto en relación con la concepción tradicional de las virtudes es el de que en ese modelo clásico al que estamos aludiendo (el griego, sistematizado por Aristóteles), a pesar de que tenían un entronque natural, las virtudes valían para una comunidad concreta, porque el ser humano era un ser que tenía *lógos*, pero éste sólo era verdaderamente *lógos* en esa comunidad (*koinonía*), ya que el *lógos* quería decir la capacidad de compartir el sentido de lo justo y de lo injusto, de lo conveniente y de lo inconveniente, etc., es decir, los valores morales compartidos (como diríamos hoy en día), pero eso valdría en el contexto de una comunidad o de una *pólis*, porque en la *pólis* griega la política no es como en nuestro mundo, sino que es una *koinonía*, una comunidad, y por lo tanto, el ejercicio del *lógos*, y, por consiguiente, de las virtudes, vale en un contexto determinado de una comunidad determinada y particular; por ejemplo, en esa comunidad el sentido de la magnanimidad, o del coraje, o la cobardía, valen para esa comunidad, pero ¿valdrían de manera universal? ¿valdrían para toda cultura, para toda comunidad, para toda *pólis*? He aquí un segundo inconveniente.

Al problema concerniente al concepto de naturaleza se añade ahora el problema del carácter comunitario de las virtudes, es decir, del contextualismo comunitario. La concepción tradicional (basada en el modelo aristotélico) tiene una gran potencia, pero, a la vez, tanto en la vertiente de su carácter "natural" como en la vertiente de su carácter "político" (perteneciente a la comunidad cívica), tiene inconvenientes, que las formas modernas de Ilustración deben afrontar y superar, sin renunciar a sus ineludibles aportaciones.

¿MÁS ALLÁ DE LAS VIRTUDES?

¿Qué nos ha pasado modernamente para que la educación tradicional en virtudes se haya convertido en problemática? Pues, en primer lugar, que a muchos la educación en virtudes les parece que tiene un carácter arcaico, aunque creo que algunas cosas de las que hemos dicho pueden permanecer estructuralmente en el modo de operar la razón moderna y contemporánea, y tampoco es cierto, como a veces se ha afirmado sumariamente, que en la Modernidad se haya ido en contra de las virtudes y que ya no haya ética de las virtudes y que ya no se pueda educar en virtudes. Yo creo que esto no es cierto. Por ejemplo, con tal de que no se distorsionen los textos, se verá que el modelo kantiano también es apropiado para una nueva ética de la virtud. Pues el propio Kant dedica la segunda parte de su *Metafísica de las Costumbres* a la "Doctrina de la Virtud" (Kant, 1989).

En la Modernidad hay diversas tendencias, una de ellas es la que se basa en la razón kantiana. A Kant, que es un ilustrado moderno, lo que le preocupaba primordialmente es cómo es posible una fundamentación ética que logre validez universal. En esta forma de Ilustración se confiaba en el potencial de la razón y Kant intentó responder a las exigencias de su tiempo buscando una razón común y universal, capaz de unirnos para convivir en libertad. Por su parte, la Ilustración escocesa confiaba más en los sentimientos, especialmente Adam Smith (1997) en el de simpatía, al que consideraba presente en todo ser humano.

Pero la vía del Idealismo kantiano, que ofrecía las bases racionales del pluralismo moderno, no ha consolidado un acuerdo suficiente en las sociedades modernas, sino que el predominio del positivismo ha producido un fenómeno peculiar, bastante generalizado, al que en ocasiones se ha denominado "politeísmo axiológico" y ante el que se ha sentido la necesidad de apelar en los últimos tiempos a una educación en valores. Al menos nominalmente se piensa que tiene que haber unos valores que compartimos en nuestras sociedades pluralistas. Incluso oficialmente vivimos de pluralismo moral, porque no todos pensamos lo mismo, no todos sentimos lo mismo, no todos queremos lo mismo y, sin embargo, nos tenemos que respetar, básicamente, en ese tipo de diferencias. Pero, entonces, ¿cómo organizamos la educación para la convivencia, contando con nuestras discrepancias? ¿No educamos en nada? ¿Cada cual que vaya a la suya, como le plazca y apetezca, y basta? Pero las sociedades pluralistas tampoco defienden tal cosa, porque, si son pluralistas, quiere decir que respetan, por lo menos, el pluralismo frente al monismo. Respetar el pluralismo presupone bastante más que el mero politeísmo axiológico (Cortina, 1986, 1990, 1993, 2001, 2007).

Este nuevo enfoque de la educación en valores en nuestras sociedades presuntamente pluralistas se ha conectado con la noción de *ciudadanía*. De lo que se trata ya no es de las virtudes clásicas, ya no es de la posición estrictamente kantiana, sino de aquello que es común a las sociedades pluralistas y se ha venido explicitando a través de la noción de ciudadanía. En lo que hay que educar es en las virtudes cívicas, las virtudes del ciudadano. ¿Cuáles son en estas sociedades pluralistas las virtudes ciudadanas y cívicas en las que tenemos que educarnos?

Si ya no podemos educar basándonos en la noción tradicional de naturaleza, porque no todo el mundo acepta esa doctrina tradicional; si tampoco podemos educarnos en la virtud en el sentido estricto de la concepción kantiana, porque es una concepción filosófica muy determinada, no compartida plenamente como tal, entonces, ¿qué solución se ha ofrecido en las sociedades pluralistas?

Una vía de solución ha sido la de recurrir en nuestras sociedades pluralistas a una noción que se ha recuperado en los últimos decenios del siglo XX, que es la noción de ciudadanía. Vamos a educar a todos como ciudadanos. Pero igual que las propuestas anteriores tienen unas ventajas y unos inconvenientes, lo mismo ocurre con esta última propuesta educativa. Tampoco se solventan plenamente los problemas con sólo decir que se va a seguir esta vía.

Primero, porque el método que al principio se puso en marcha para tratar los valores fue la llamada clarificación de valores. Y la mera clarificación de valores de los ciudadanos no llevaba prácticamente a nada. Pues al final ¿en cuáles hay que educar? Y como, además, había unas discusiones enormes, debido a nuestra trayectoria en la transformación sociopolítica en la última parte del siglo XX y a que se había generalizado la impronta positivista en las mentes de los profesionales, se acrecentó este problema y se llegó a decir que no había que educar éticamente. Y eso ha traído problemas muy graves en las familias, en las escuelas y en los medios sociales que todavía padecemos.

Una segunda vía de solución, la que de entrada mejor podría resolver el asunto, dadas las circunstancias, era el procedimentalismo. El procedimentalismo moral vino a dar una solución mínima al proponer una serie de mínimos exigibles sin los cuales no vamos a poder convivir, ni respetarnos, empezando, por ejemplo, por el pluralismo, porque el pluralismo es ya un valor. Hay que educar en una serie de virtudes para vivir el pluralismo, como el respeto activo, que no equivale meramente a la tolerancia. Tolerar se puede tolerar hasta por motivos estratégicos, como en la estrategia militar. No es lo mismo tolerar que respetar. Puedo tolerar por respeto, y entonces es diferente, pero puedo tolerar también hasta estratégicamente.

El procedimentalismo es un modo de expresar unos cánones a través de los cuales emergen unas virtudes, en las que sí que podemos educarnos todos, porque son aquellas virtudes mínimas sin las cuales no podemos compartir el sentido de ciudadanía. La noción de ciudadanía procedimentalizada a través de ciertas teorías, como la de Rawls, la ética discursiva de Apel y Habermas, la psicología cognitivo-moral de Kohlberg (Gozálvez, 2000), la psicosociología de Mead, es decir, una serie de concepciones que han intentado extraer ciertas virtudes a partir de los procedimientos, unas virtudes en las que hay que educar a todos como ciudadanos. Es un gran paso, pero, a nuestro juicio, tampoco solventa del todo los problemas.

Primero, porque, aunque a través de esta noción de ciudadanía se expresa algo que compartimos, sin embargo, esta vía tiene ciertos inconvenientes. En primer lugar, porque el modelo de ciudadanía tampoco es compartido. El modelo de ciudadanía de una concepción liberal no es el mismo que el de una concepción comunitaria, o que el de una concepción republicana, por aludir a tres tradiciones importantes en pugna contemporáneamente. La noción misma de ciudadanía es múltiple hoy en día, por no remontarnos a otros momentos históricos, como la noción de ciudadanía en Atenas. Por tanto, sigue habiendo un debate sobre la noción de ciudadanía. No es lo mismo la noción liberal de un sujeto abstracto (un yo que cree decidir autónomamente, establecer relaciones y cortarlas cuando quiere), que el sentido comunitario, donde la comunidad es constitutiva de la relación de la persona (ya no hay propiamente individuos, sino personas constituidas por sus vínculos); mientras que la primera concepción parte de átomos, de individuos, hay otras concepciones para las que lo fundamental es la comunidad, o bien, como para la visión republicana, que tiene una concepción de virtud cívica, según la cual sin virtud cívica no es posible una convivencia, no es posible una auténtica libertad. Por tanto, hay que aclarar y debatir más el modelo de ciudadanía en que se cree que debe educarse (Cortina, 1997; Conill & Crocker, 2003).

Otra fuente de dificultades consiste en que, cuando se habla de ciudadanía, habría que educar en las diversas dimensiones de la ciudadanía. Porque no es lo mismo una ciudadanía política, que es la que pensamos inicialmente, que por ejemplo una ciudadanía económica. Aunque normalmente pasa desapercibido este aspecto, es crucial para nuestras sociedades. Normalmente no educamos en los aspectos económicos de la ciudadanía, pensamos solamente en la ciudadanía política y no en la ciudadanía del trabajador en la empresa, ni en la ciudadanía del consumidor (Conill, 2004; García-Marzá, 2004). Pero, si estamos en sociedades de consumo, ¿no resulta ese aspecto crucial? O, si va en aumento la convivencia multicultural, ¿no es necesario educar en la ciudadanía intercultural? (Conill, 2002). Es éste otro aspecto crucial, en el que queda mucho por hacer.

Y, en tercer lugar, hay un problema al que hay que prestar una especial atención, tanto en la sociedad española como en la mundial. Es algo que se suscitó en los años 80 en el mundo académico y que fue formulado mediante la cuestión acerca de si el patriotismo es una virtud. Fue la fórmula de un famoso filósofo moral y político. Pero vamos a contextualizar dicha cuestión, enfocada a lo que primordialmente nos interesa aquí, es decir, saber si, cuando nosotros educamos a ese ciudadano del futuro, educamos en el sentido de la pertenencia o en el de la apertura universal. ¿Qué tendencia es prioritaria? ¿Qué es más importante, la apertura de la persona a la comunidad universal o la ligazón con las comunidades locales concretas? Es un tema no resuelto. Tampoco lo tenemos resuelto en España. Y esto es crucial para ordenar los valores de la convivencia.

Hay equivocaciones hacia un lado y hacia el otro. Porque, si educamos en una comunidad abstracta, que no tiene en cuenta lo concreto, lo local, se llega a propiciar una educación basada en la farsa de quienes se adaptan a las tiranías en su propio contexto y luego dicen estar preocupados por lugares lejanos de África y del resto del mundo. ¡Eso resulta muy cómodo! Por ejemplo, hay quien en el departamento donde trabaja está continuamente armando guerra y machacando a los débiles, y luego es el defensor del "No a la guerra" y los derechos humanos. Como dijeron en su momento algunos compañeros: "No a la guerra...en el departamento". Este es un defecto bastante frecuente. Pero también es grave la otra parte: si se educa exclusiva o prioritariamente para lo local, cerrándose a los que están más allá de la propia comunidad y, radicalizando la noción de pertenencia, se establece una división entre los nuestros (¡nosotros!) y los otros (¡ellos!); entonces se educa en la cerrazón, en el cierre, en la construcción de muros que separan a las personas. ¿Hacia dónde educamos? Habrá que educar en virtudes cívicas que superen estas dificultades. Ya sabemos que es muy fácil de decir y difícil de hacer. Pero no se puede renunciar a buscar una nueva sabiduría que articule estas dimensiones de la vida humana, ya sea mediante las virtudes, los valores o el sentido de la ciudadanía en una sociedad auténticamente pluralista.

Así pues, un asunto central en nuestras sociedades es la noción del pluralismo, y más concretamente del pluralismo moral; y suele decirse que el medio para entenderse en un contexto pluralista es lograr un consenso. Pero hay que precisar inmediatamente que no hay que confundir en el ámbito moral los consensos fácticos con el consenso racional. Cuando la ética discursiva habla del consenso, no apela al consenso fáctico, sino al consenso racional, que sólo puede alcanzarse mediante la práctica de la deliberación (*Gracia, 2025*). Es éste el que sirve para criticar todo consenso fáctico, porque los consensos fácticos en realidad no son auténticos consensos, sino negociaciones. Y ¿quién negocia? Pues el que tiene poder para negociar. Y ¡cuánta gente se queda fuera de tales negociaciones! (Cortina, 2017).

No debería confundirse la facticidad de un consenso con su potencial racionalidad, porque la racionalidad exige que cumpla algunas condiciones normativas. Si no se cumplen ciertas condiciones de validez ideal, si no se cumplen tales criterios, el presunto consenso no tendría validez racional, ni moral. Aplicado al caso del pluralismo, lo que hay que respetar es el hecho de que haya pluralismo, aunque eso no implica aceptar cualquier contenido. Quien defiende el pluralismo moral está defendiendo algo que se opone a otra opción (el monismo), porque cree que tiene un valor superior. ¿Por qué? Seguramente porque está presuponiendo que es la expresión de la libertad. Y el monismo moral, no. Por tanto, si se quiere defender la libertad, lo propio es defender el pluralismo.

Ahora bien, eso no quiere decir que se tenga que aceptar cualquier opinión o posición que se defienda en virtud de las posibilidades que ofrece ese pluralismo, porque, si es pluralismo, unos defenderán una cosa y otros, otra. Y ¿qué hay que hacer? Lo que hay que hacer en una sociedad pluralista es deliberar y argumentar. Algo a lo que no estamos acostumbrados, porque aquí lo más frecuente es pasar del halago (servil) al insulto (cainita). Pero insultar o halagar no es deliberar, no es argumentar. Para aprender a deliberar y argumentar se requiere educación, hasta forjar una virtud, una tarea pendiente de enorme importancia para la convivencia.

HACIA UNA EDUCACIÓN COSMOPOLITA

La situación histórica en que vivimos requiere un enfoque cosmopolita (Cortina, 2019). Ya Karl-Otto Apel en 1972 planteaba con urgencia la necesidad de una ética universal, teniendo en cuenta las consecuencias universales de la ciencia y de la técnica. "La civilización científico-técnica ha confrontado a todos los pueblos, razas y culturas con una problemática ética común [...]. Por primera vez en la historia del género humano, los hombres se encuentran emplazados prácticamente frente a la tarea de asumir la responsabilidad solidaria por los efectos de sus acciones a escala planetaria" (Apel, 1985, p. 344). Más allá o más acá de las tradiciones morales, culturales, propias de cada grupo, nos encontramos enfrentados al reto de una ética planetaria y cosmopolita.

El advenimiento de la globalización en los años noventa, reforzada por la informática y la economía, no ha hecho más que agudizar la situación. La globalización es un proceso económico (financiero) e informático por el que es posible en cualquier lugar del globo estar en conexión con cualquier otro en tiempo real. "La globalización ha aprovechado el desarrollo explosivo de dos sectores, considerados las columnas vertebrales de la sociedad moderna: los mercados financieros y los medios de comunicación" (Estefanía, 2001, p. 15). No obstante, según el enfoque de Amartya Sen (2000), todo depende de hacia dónde se oriente el proceso, es decir, desde qué ética. ¿Desde una ética cosmopolita?

El cosmopolitismo es, en primer lugar, un punto de vista epistemológico, una mirada cosmopolita (como apunta Beck). Ha pasado de los ideales a los hechos, porque es imposible entender el mundo desde una perspectiva nacionalista, porque los países y los acontecimientos son interdependientes. En segundo lugar, es un enfoque ético, en el sentido de Kant y Hegel, porque se trata de dilucidar qué se debe hacer, pero encarnando lo racional en las instituciones legales, políticas y sociales. Y, en tercer lugar, es necesariamente, a la vez, un proyecto educativo y cultural que puede responder a la pregunta: ¿hacia dónde queremos realmente ir?, ¿hacia dónde queremos enfocar nuestra *paideia* en el siglo XXI? Es toda una forma de vida cultural.

De hecho, el cosmopolitismo es un proyecto secular, tiene una larga historia: desde los estoicos griegos y romanos y los cínicos, pero también en cierto modo desde Sócrates. Según Pauline Kleingeld, entre otros, en el cosmopolitismo estoico se percibe la huella de Sócrates, que opta por el universalismo, pero se compromete con las leyes de Atenas hasta el punto de quitarse la vida por cumplirlas. El cosmopolitismo continúa su recorrido en la tradición cristiana, en el iusnaturalismo y en el Renacimiento, cobra un fuerte impulso en la Ilustración y llega hasta nuestros días. Es en los años noventa del siglo pasado cuando una vez más florece con fuerza.

El núcleo del cosmopolitismo consiste en afirmar la doble pertenencia (universal y local), a la que hemos aludido, pero además se le podrían asignar cuatro rasgos comunes: 1) es global, no meramente internacional, 2) incluye elementos de un universalismo normativo, porque todos los seres humanos tienen igual estatus moral y comparten características esenciales, 3) se focaliza en las personas, en los ciudadanos del mundo, y no en las naciones, tribus o pueblos, 4) la comunidad global ha de cultivarse, intentando la comprensión de las culturas diferentes de la propia y convivir con ellas, acogiendo un cosmopolitismo cultural (Cavallar, 2015, p. 4).

Por consiguiente, el cosmopolitismo se dice de muchas maneras y de ahí que se haya empleado una buena cantidad de adjetivos para hablar del cosmopolitismo: imperial, postmoderno, patriótico, discrepante, multicultural, enraizado, élite/no-élite, de izquierdas, consumista, débil, atenuado, comparativo, realmente existente. Beck introduce, además, "banal", "reflexivo" y "cosmopolitización".

DIFICULTADES DEL COSMOPOLITISMO

Hay que ser consciente de las críticas que ha recibido el cosmopolitismo, por considerarlo algo imposible, desarraigado y etnocéntrico (referido a los valores de Occidente), por no ser patriota y carecer de capacidad motivadora.

La constatación de la interdependencia reclama una *solidaridad universal* para resolver los problemas que se plantean universalmente, y a ella apelamos algunos de nosotros en reiteradas ocasiones, recordando que la supervivencia de la especie humana ha sido posible, no tanto gracias a la lucha salvaje por la vida entre enemigos enfrentados, sino al apoyo mutuo. Pero esa solidaridad, que ha funcionado en ocasiones, se ha encontrado con el obstáculo casi insalvable en el nivel macro de que la interdependencia entre los países es *asimétrica*, que unos dependen de otros en bienes esenciales, por ejemplo, en la crisis sanitaria de la pandemia, en productos sanitarios.

Y, ciertamente, la globalización es un fenómeno asimétrico, porque favorece de modo desigual a personas y países y porque la interdependencia entre los distintos países es asimismo asimétrica. Pero además porque desde el *punto de vista político*, no existe un gobierno mundial capaz de controlar los movimientos económicos y sociales, no se ha construido aquel Estado mundial del que hablaba Kant, o aquella confederación de Estados, capaz de garantizar el nacimiento y la supervivencia de una sociedad cosmopolita, tampoco una auténtica gobernanza global. Mientras los problemas económicos y sociales son globales, la política es nacional o, a lo sumo, internacional.

A nuestro juicio, estas experiencias de interdependencia y asimetría que se multiplican diariamente nos obligan a leer la realidad con esa lente, ya canónica, a la que Ulrich Beck llamó "una mirada cosmopolita" en su libro de 2004 *La mirada cosmopolita o la guerra es la paz*. Una mirada necesaria en principio, para comprender la realidad, pero también y sobre todo para actuar en consecuencia.

Ciertamente, ante el proceso empírico de globalización, informática y financiera, se hace necesario como método de investigación un *cosmopolitismo epistemológico*, que supone enfrentarse a la realidad con "sentido del mundo, sentido de la ausencia de fronteras". Sin duda el cosmopolitismo –como añade Beck- ha emigrado de los sueños filosóficos a la pura y simple realidad, a los mundos vitales y a las instituciones. El nacionalismo metodológico se equivoca al creer que sólo pueden existir sociedad moderna y política moderna si se organizan al modo del Estado nacional, mientras que la mirada cosmopolita incluye la nacional, las relaciones internacionales y el modo como las interdependencias influyen en los Estados nacionales.

Qué duda cabe de que la pandemia del coronavirus –o sindemia, como la ha llamado el editor de *The Lancet*, Richard Horton- ha venido a unirse a desafíos globales como el cambio climático, el ciberterrorismo, el posible mal uso de la IA, el aprovechamiento de los bienes comunes, de las materias primas o los bienes sanitarios, exigiendo una vez más adoptar una mirada cosmopolita. Sin embargo, aunque el cosmopolitismo haya emigrado de los sueños filosóficos a la pura y simple realidad, a los mundos vitales y a las instituciones, y se haya convertido en una realidad social, eso no significa que no tengamos que preguntarnos qué tipo de cosmopolitismo debería ser.

A nuestro modo de ver, es en la misma realidad social donde late el impulso de construir una sociedad cosmopolita, un deber ser que a lo largo de la historia se ha ido cargando de un contenido ético, jurídico, político, económico y teológico. Tratar de diseñar esa idea filosófica, recordando con Hegel, que la Idea es el concepto y su realización, es esencial para superar la profunda asimetría que recorre las relaciones de interdependencia entre los países, se trata de leer en la realidad las tendencias más prometedoras, las que tienen *Wirklichkeit*, efectividad. El búho de Minerva alza su vuelo al atardecer. ¿Qué formas de cosmopolitismo son más prometedoras para ayudar a articular con justicia la interdependencia entre los países, incluso en ocasiones entre personas y países, si es que el cosmopolitismo es el marco adecuado?

Proponemos a continuación algunos rasgos de ese modelo de cosmopolitismo, tratando de responder a algunas de las críticas más frecuentes que ha recibido y que se refieren a su viabilidad y su deseabilidad.

(1) El cosmopolitismo no es inviable

En primer lugar, y en lo que hace a la viabilidad, la crítica más frecuente consiste en recordar la dificultad de ir más allá de la soberanía de los Estados nacionales pretendiendo fuerza normativa que no sea sólo moral. En efecto, ya en su artículo seminal "The Problem of Global Justice" de 2005, Thomas Nagel recordó que no hay justicia fuera del

Estado, y que siendo así que no existe un Estado global, tampoco puede haber justicia global. A su juicio, en tiempos de globalización una moral humanitaria inspira obligaciones que van más allá de los límites de los Estados, incluyendo la protección de derechos humanos universales, pero esas obligaciones no pueden convertirse en exigencias de justicia, porque falta el monopolio de la fuerza que sólo se encuentra en manos del Estado. Si Hobbes estaba en lo cierto –llega a decir Nagel–, la idea de una justicia global sin un gobierno mundial es una quimera.

Un orden normativo más allá de un *mínimo humanitarismo moral* surgiría sólo cuando el Estado fortalece reglas en nombre de los que están sometidos a ellas, cuando una autoridad central da fuerza al cumplimiento mediante la coacción en nombre de los que están sujetos a esas reglas; es decir, cuando los individuos están sujetos al imperio de la ley y son ciudadanos en la república. Nagel liga la moralidad política de la justicia igualitaria a esta coautoría de la ley coactiva y, por tanto, confina las exigencias a los coautores. Las exigencias normativas, más allá de ese humanitarismo, sólo emergen con el Estado. *Extra rem publicam nulla justitia.*

Sin embargo, retos globales como el de la pandemia, que afectan a la mayoría de los seres humanos y a la naturaleza, exigen cada vez más una justicia global. Y, a la vez, es verdad que, aunque el Estado nacional esté en crisis en tiempos de globalización, no tiene por el momento alternativa. Sigue siendo el que refuerza las identidades nacionales, y sólo en él reside en la soberanía.

A nuestro modo de ver, si es verdad que un orden normativo sólo puede mantenerse cuando una autoridad central da fuerza al cumplimiento mediante la coacción en nombre de los que están sujetos a esas reglas, ¿no podría decirse que en una democracia de la humanidad todos los seres humanos serían coautores de la ley coactiva y, por lo tanto, las exigencias de justicia se extenderían más allá de los Estados nacionales? El sueño de Rousseau y Habermas de que los destinatarios de las leyes sean de alguna manera sus autores, podría encontrar aquí su cumplimiento.

Y lo bien cierto es que ya se va produciendo esa federación de Estados en uniones transnacionales y supranacionales, que comparten soberanía en ocasiones, y no sólo lazos de amistad. Que contamos, no sólo con las Naciones Unidas, sino también con ese constitucionalismo cosmopolita, del que nos habla, entre otros, Santiago Muñoz Machado. Y, por decirlo con Habermas, la esfera nacional, supranacional y transnacional se van entreverando a través de una suerte de gobernanza global. Una gobernanza que, según Archibugi, debe sustanciarse en cinco niveles: local, estatal, interestatal, regional y global. No se trata entonces de suprimir los Estados nacionales, sino de estratificar la gobernanza.

La puerta para que el cosmopolitismo sea viable queda, pues, abierta, pero debe cumplir unos requisitos, el primero de ellos, ser democrático, pero además responder a otras críticas, como las que comentamos a continuación y que se refieren a su deseabilidad.

(2) El cosmopolita ha de ser un buen ciudadano

Una de las críticas más severas que ha recibido el cosmopolitismo es el de ser indeseable porque cultiva ciudadanos descomprometidos de su comunidad. Es bien conocido el modelo que aducía Fougeret de Mombron en 1751 en *Le cosmopolite ou le citoyen du monde*, según el cual, el cosmopolitismo sería una mezcla de escepticismo antiguo y libertinismo moderno, un individualismo radical que rechaza todo compromiso con la comunidad y trata de satisfacer el propio interés. El cosmopolita diría: "Para mí todos los países son iguales, mientras goce en libertad la claridad de los cielos y pueda conservar convenientemente mi individuo hasta el fin de su término. Dueño absoluto de mis voluntades y soberanamente independiente, cambiando de morada, costumbres, clima a mi capricho, me adhiero a todo y no me adhiero a nada" (Mori, 2006, p. 307). Como recuerda Maurizio Mori, una visión semejante es la del *Dictionnaire* de la Academia en 1762 cuando considera que "un cosmopolita no es un buen ciudadano".

La tentación de contraponer cosmopolitismo y patriotismo ha sido recurrente a lo largo de la historia y ha dado lugar a una abundante bibliografía. Ejemplo de ello es el espléndido artículo de Alasdair MacIntyre, comunitarista malgré lui, *¿Es el patriotismo una virtud?* A juicio de MacIntyre, mientras que para el comunitarista el patriotismo es una virtud, que le lleva a trabajar por la comunidad política desde un sentido de pertenencia y lealtad, para el liberal el patriotismo es un vicio, porque viola el principio supremo de justicia del mundo moderno, que es la imparcialidad. En la toma de decisiones el patriota prioriza a sus conciudadanos y a su país, y relega a las demás personas, lo cual es un vicio para el liberal, que considera los intereses de todos los seres humanos por igual.

La crítica de MacIntyre se centra sobre todo en señalar que el mundo moderno ha hecho de la imparcialidad el principio práctico supremo, lo ha convertido en fuente de todas las normas, como se muestra en la posición original de John Rawls, que prescinde de la lotería natural y social, o en la situación ideal de habla de la ética del discurso de Karl-Otto Apel y Jürgen Habermas. Por eso el mundo moderno habría perdido la fuerza de la motivación para obrar, que estaba entrañada en la tradición comunitarista de las virtudes.

Es verdad que en el caso de Rawls la acusación sería más que discutible, precisamente porque desde *Teoría de la Justicia* y, por supuesto, en *Liberalismo político*, ciñe sus principios de la justicia a la comunidad política concreta y sólo en el *Derecho de Gentes* propone extender el contrato más allá de las fronteras nacionales. Pero, en cualquier caso, la contraposición entre patriotas y cosmopolitas ha alimentado una gran cantidad de textos y congresos desde la década de los ochenta del siglo pasado, cuando MacIntyre publicó *Tras la virtud*, apuntando la necesidad de regresar a las comunidades para recuperar la tradición de las virtudes frente a la de las normas. Pero lo bien cierto es que en estas disputas se enfrentan dos tipos ideales -el patriota y el cosmopolita-, que rara vez se encuentran en estado puro, que normalmente se dan entreverados, sobre todo desde la vertiente cosmopolita.

En efecto, desde los inicios del cosmopolitismo podríamos presentar dos tipos ideales, dos formas de entenderlo. Una de ellas es la de quien utilizó por primera vez el término "*kosmopolités*", ciudadano del mundo, Diógenes de Sinope, el Cínico (s. V-IV a. C.); la segunda, es la de los filósofos estoicos, desde la Stoa Antigua hasta incluir a la romana. Con la expresión "cosmopolita" Diógenes de Sinope expresa más bien su desapego frente a las convenciones sociales, frente a las instituciones y las patrias concretas, y no invita a asumir ningún compromiso ciudadano. Los estoicos, por su parte, consideran que cada ser humano pertenece a dos comunidades, la *pólis* en la que vive y la *cosmó-polis*, de la que forma parte por estar dotado de razón, y que debe comprometerse políticamente en su propia comunidad (a diferencia de los epicúreos que no invitan al compromiso político), pero estar abierto a llevar a cabo su tarea en cualquier lugar del mundo, porque en cualquiera está su ciudad. Según Pauline Kleingeld, entre otros, en el cosmopolitismo estoico se percibe la huella de Sócrates, que opta por el universalismo, pero se compromete con las leyes de Atenas hasta el punto de quitarse la vida por cumplirlas.

La historia del cosmopolitismo tiene un largo recorrido, a través de S. Agustín, Rousseau (la religión del hombre y el ciudadano), cobra un nuevo ímpetu con la Ilustración y llega a nuestros días. Pero a lo largo de ella lo usual es un híbrido de los dos tipos ideales, un compromiso socrático, lo que algunos hemos llamado un *cosmopolitismo arraigado*. Esa forma de cosmopolitismo, constante en la historia de la filosofía y de la vida cotidiana, de quien sabe que su compromiso con los contextos concretos de acción es ineludible, pero está abierto al mundo. El cosmopolitismo sin contexto es vacío, pero el contexto sin cosmopolitismo es ciego.

(3) Motivación cosmopolita

Un tercer obstáculo para considerar que el cosmopolitismo es deseable consiste en la acusación de que adolece de abstinencia emocional. Mientras que el patriota nacionalista goza de una motivación poderosa para comprometerse con su comunidad y siente que su identidad nacional forma parte de su identidad moral, el sentimiento cosmopolita es muy débil, porque su identidad moral se refiere a valores que universalizaría, que trascienden los límites de su comunidad concreta.

En este punto, y para hacer frente a la crítica, quisiéramos distinguir, con Simon Keller, entre dos formas de compromiso. En un interesante artículo sobre motivación cívica y globalización distingue entre un compromiso primario y uno derivado. El compromiso primario se contrae directamente con una comunidad o con un partido político porque son los míos. Es el compromiso propio del patriota. Tiene la ventaja de asegurar la lealtad del ciudadano que lo siente como tal, pero también el inconveniente de ser acrítico con las malas actuaciones de la propia comunidad. Podríamos decir que el patriota nacionalista se encuentra en el nivel convencional en el desarrollo de lo conciencia moral, según el esquema de Kohlberg (Gozálvez, 2000). Por su parte, el compromiso derivado es el que un ciudadano tiene con su Estado porque le parece un instrumento eficaz para realizar valores y principios que el ciudadano aprecia de forma primaria. No considera que su identidad política forme parte de su identidad moral, sino que se identifica con valores y principios morales que el Estado puede ayudar a encarnar, como pueden hacerlo unidades supranacionales. Se trataría de una forma de compromiso que puede ser muy intensa.

En esta línea, compartimos con Keller la convicción de que en un mundo globalizado es insostenible el modelo de ciudadano cuya identidad moral está estrechamente ligada a su país y cuyo compromiso con él es de lealtad primaria, porque las fuerzas que forman nuestras identidades están demasiado internacionalizadas. Un ciudadano maduro en un mundo globalizado tiene una sensibilidad moral humanitaria general, y valora el Estado, no como una fuente profunda de identidad moral, sino como un instrumento vital para servir a las cosas que realmente importan. A fin de cuentas, la identidad moral consistiría en el conjunto de valores éticos por los que tomo decisiones a lo largo de la vida y que son universalizables. El nivel de conciencia moral del cosmopolita es el postconvencional, tiene por justo lo que se atiene a valores universalistas, no parroquianos.

(4) Ciudadanía civil y también social

Por último, mencionaremos dos desafortunadas críticas, tomadas del libro de Martha Nussbaum *La tradición cosmopolita, un ideal noble, pero imperfecto*. En el texto presenta un conjunto de críticas para justificar esa acusación de imperfección, una de ellas, la más sustantiva, consiste en afirmar que la mayoría de los pensadores cosmopolitas sostienen que tenemos deberes estrictos en asuntos de guerra y paz, pero no en asuntos de ayuda material. Nussbaum distingue entre deberes de justicia y deberes de ayuda material. Los primeros se relacionarían con los derechos de primera generación, y los segundos, con los de segunda generación. Según ella, la tradición cosmopolita apenas ha trabajado estos últimos, porque considera que la dignidad de la persona no depende de la igualdad o desigualdad material, vale por sí misma y no precisa de bienes externos. A su juicio, Grocio sí insistió en la ayuda material, pero no Kant.

Sin embargo, la crítica de Nussbaum no da en el blanco, por supuesto, en el caso del cosmopolitismo contemporáneo, pero tampoco en el kantiano, porque a partir de la *Crítica de la razón pura*, de los tratados de filosofía de la historia y de los textos sobre el Derecho cosmopolita, tal como se contienen especialmente en *La Paz perpetua* y en *La Metafísica de las Costumbres*, muy especialmente a partir de las razones que Kant alega para defender el derecho de hospitalidad (Cortina, 2021; Andaluz, 2028, pp. 435-445), se configuran dos esferas de justicia, al menos, por utilizar la afortunada expresión de Michael Walzer.

Una de ellas es de orden civil y político, y se refiere al derecho universal a la expresión pública, que funda una república de la Humanidad. Sería el momento legal-político de lo que se ha ido configurando como derechos de primera generación, muy especialmente la *libertad de expresión*, que forma parte –según Kant- del único derecho innato, que es la libertad (*Kant, 1797, VI, pp. 237-238*). La otra esfera de la justicia es de orden socioeconómico, y tiene su fundamento en la posesión común primitiva de la tierra, cuyo concepto no es empírico:

> Todos los hombres están originariamente (es decir, antes de todo acto jurídico del arbitrio) en posesión legítima del suelo, es decir, tienen derecho a existir allí donde la naturaleza o el azar les ha colocado (al margen de su voluntad)

En lo que hace al *momento legal-político*, es preciso reconocer que entre la viabilidad de la crítica de la razón y el mandato de acceder a una sociedad cosmopolita existe una relación intrínseca. Para detectar esa articulación son necesarios al menos dos pasos.

En primer lugar, comprobar la verdad y la adecuación de las argumentaciones filosóficas exige someter las propuestas al escrutinio del uso público de la razón. En efecto, en la primera Crítica leemos las siguientes palabras:

> La razón pura tiene que someterse a la crítica en todas sus empresas. No puede oponerse a la libertad de esa crítica sin perjudicarse y sin despertar una sospecha que le es desfavorable. Nada hay tan importante desde el punto de vista de su utilidad, nada tan sagrado, que pueda eximirse de esta investigación comprobadora y de inspección, de una investigación que no reconoce prestigios personales. Sobre tal libertad se basa la misma existencia de la razón, la cual carece de autoridad dictatorial. Su dictado nunca es sino el consenso de ciudadanos libres, cada uno de los cuales tiene que poder exponer sin temor sus objeciones e incluso su veto.

El uso público de la razón no es sólo una aplicación de las exigencias racionales al mundo político-moral, sino el núcleo mismo de la filosofía crítica, que entiende la crítica como posibilidad de que los ciudadanos libres presenten sus objeciones. Con ello el uso público-crítico de la razón se convierte en el núcleo mismo de la ilustración y de la filosofía crítica.

Ahora bien, ¿hasta dónde llega el círculo de los ciudadanos que pueden presentar sus objeciones a las propuestas y argumentaciones filosóficas? Cuando se trata de las propuestas de la razón común humana, ¿es un derecho de la humanidad, es decir, cosmopolita? La respuesta de la *Crítica de la Razón pura* es clara una vez más:

> También forma parte de esta libertad el exponer a pública consideración los propios pensamientos y las dudas que no es capaz de resolver uno mismo, sin por ello ser tachado de alborotador o de ciudadano peligroso. Esto entra ya en el derecho originario de la razón humana, la cual no reconoce más juez que la misma razón humana común, donde todos tienen voz.

De estas palabras se desprende que hay *una conexión sistemática entre la crítica de la razón y el cosmopolitismo*. Precisamente porque hay un derecho originario de la razón humana, que no reconoce más juez que la misma razón, donde todos tienen voz, es necesaria una cierta república mundial como condición de posibilidad del uso crítico de la razón, de la superación del dogmatismo. El cosmopolitismo no sería sólo una idea regulativa de la razón en su uso práctico, para cumplir el imperativo "no debe haber guerra (...), porque éste no es el modo en que cada uno debe procurar su derecho", sino también el núcleo mismo de la razón en su uso crítico y argumentativo, el corazón de la crítica teórica y práctica.

Como es obvio, en el siglo XXI esta recomendación ilustrada no puede ser más pertinente. Ante la generalización de bulos, ante la defensa de la "postverdad" y la proliferación de la "postveracidad" (Cortina, 2024), cuando los influyentes dominan las redes (Siurana, 2021), cuando las personas asustadas por graves peligros como la pandemia están dispuestas a obedecer en silencio, cultivar la capacidad personal de servirse de la propia razón y seguirla es una necesidad vital.

En cuanto a la *esfera de la justicia de orden socioeconómico*, asumir como concepto práctico de la razón la idea de la tradición iusnaturalista, según la cual, la tierra es originariamente de todos los seres humanos, de modo que ninguno tiene más derecho que otro a ocupar un determinado lugar, no sólo abre el derecho al *Verkehr* (al comercio y la comunicación), sino también a la exigencia socioeconómica de que todos tengan lo suficiente como para no tener que depender de otros, como para garantizar su independencia.

La propiedad de la tierra se refiere a la propiedad de los medios que hacen posible el ejercicio de la libertad externa, cuya defensa es el fundamento de legitimidad del Derecho Público. Originariamente todos tienen derecho a tomar posesión de una parte de la superficie de la tierra, pero la posesión jurídica de una parcela será unilateral y, por tanto, provisional, mientras no haya sido decidida por la voluntad unida del pueblo. Una voluntad que en este caso no puede ser sólo la que brota del contrato originario de cada Estado, sino de un contrato que se extienda a todo el género humano (de la voluntad unida en una república universal) (Kant, 1797, pp. 83-84).

Como apunta, entre otros, Mª Julia Bertomeu, los principios de libertad, igualdad e independencia reclaman lo necesario para ejercer la libertad externa, que sólo puede lograrse de forma perentoria en una sociedad cosmopolita. La defensa de la libertad externa, que fundamenta el derecho político, exige poner las condiciones para que los ciudadanos puedan ejercerla y la propiedad es esencial para gozar de libertad externa y, por tanto, para el ejercicio de la ciudadanía.

A nuestro juicio, la articulación de estas dos esferas de la justicia, la civil-política y la socioeconómica, se plasmaría en la exigencia de que la ciudadanía cosmopolita se constituyera como una ciudadanía social cosmopolita, es decir, dotada de libertad legal en el ámbito universal, que se expresa en la libre participación, pero también de los bienes materiales que en justicia le corresponden. Ésta es la propuesta que se viene reforzando desde distintos ángulos del cosmopolitismo contemporáneo.

CONCLUSIÓN. RASGOS IRRENUNCIABLES DEL COSMOPOLITISMO Y EN LOS QUE HAY QUE SEGUIR EDUCANDO

A pesar de tantas dificultades, a nuestro juicio, junto con las cuatro características que hemos ofrecido anteriormente, entendemos que hay otros tres adjetivos irrenunciables que también han de determinar al cosmopolitismo: ha de ser democrático, arraigado e intercultural.

1) *Democrático*: el camino que Kant propone para acceder a una sociedad cosmopolita es el de la republicanización, entendida como la democratización de todos los Estados, basada en los principios de la libertad en tanto que personas, la dependencia de todos de una legislación común y la igualdad en cuanto ciudadanos.

   Hoy en día sería necesario asumir los requisitos de la "poliarquía", en el sentido expuesto por Dahl (1989), y añadir los derechos económicos, sociales y culturales, como mínimo. Pero también desde el punto de vista de los valores hay que incluir la libertad, en sus distintas dimensiones, la igualdad política y la reducción de las desigualdades económicas, la solidaridad, el respeto activo hacia los proyectos de vida buena que no se comparten y que no ponen en cuestión los mínimos de justicia, así como la deliberación y el diálogo.

   Sin embargo, justamente la recesión democrática que se ha producido desde los años noventa, en el cambio de siglo, después de la Tercera Ola de la Democratización, de la que habló Huntington, está dificultando todavía más el camino del horizonte cosmopolita.

   Por eso, con el fin de promocionar el ideal cosmopolita, Archibugi (2005) considera que debe prestarse atención a cinco niveles de gobernanza: local, estatal, interestatal, regional y global. Es lo que Michael Mann llama redes de interacción social socioespacial.

2) *Arraigado*: el cosmopolita está abierto al mundo, pero se compromete con el lugar en el que vive. No es un cosmopolita abstracto. El compromiso con el propio entorno en la teoría y en la práctica es misión de la filosofía en toda época, y más en esta tan dolorosa. Pero, como podríamos decir parafraseando a Kant, las grandes propuestas –como la formación de una sociedad cosmopolita– sin implicación en las cuestiones cercanas están vacías, pero las implicaciones concretas sin marcos de largo plazo –como la formación de una sociedad cosmopolita– están ciegas. Hacia dónde queremos y podemos ir es siempre clave.

   La imposibilidad de atender sólo a lo local se hizo patente una vez más desde el comienzo de la crisis precisamente porque la esencia de la globalización, en la que vivimos, nos movemos y somos, consiste en reforzar la interdependencia entre todos los países y lugares de la tierra, de modo que la actuación en uno de ellos repercute en los demás. Los países son interdependientes y hay bienes y males comunes sobre los que se toman decisiones que afectan universalmente.

3) *Intercultural*. No es imperialista, sino dialógico. En vez de establecer valores que sirven para enfrentar a Oriente y Occidente, como la propuesta de la actual China (Esteban Rodríguez & Martín Rodríguez, 2024), Xu Zhangrun, que fue profesor de derecho en la Universidad de Tsinghua, publicó un artículo en 2020, "Viral Alarm: when Fury overcomes Fear", criticando al partido comunista chino y a Xi Jinping. Según el autor, el miedo puede ser superado por lo que en Occidente se llama "justa indignación" y los pensadores chinos consideran como una "humanidad combinada con un sentido de la justicia". Esto –asegura– es lo que Mencio llamaba "el verdadero camino del corazón humano"; se trata de la libertad, de esa sensibilidad innata que nos hace humanos, la inefable "quiddity", la inefable esencia que los chinos -dice- compartimos con todos los demás.

REFERENCIAS

Andaluz, A. M. (2028). La hospitalidad en el cosmopolitismo kantiano. En D. García-Marzá, J. F. Lozano, E. Martínez-Navarro, & J. C. Siurana (Eds.), *Ética y Filosofía política* (pp. 435-445). Tecnos.

Apel, K.-O. (1985). *La transformación de la filosofía*. Taurus.

Archibugi, D. (2005). *La democracia cosmopolita. Una respuesta a las críticas*. Centro de Investigación para la Paz (CIP-FUHEM)

Cavallar, G. (2015). Kant's embedded cosmopolitanism: History, philosophy, and education for world citizens. En M. Baum, B. Dörflinger, & H. G. Klemme (Eds.), *Kantstudien-Ergänzungshefte* (Vol. 183, pp. 4-XX). Walter de Gruyter.

Conill, J. (2004). *Horizontes de economía ética. Aristóteles, Adam Smith, Amartya Sen*. Tecnos.

Conill, J. (Coord.). (2002). *Glosario para una sociedad intercultural*. Bancaja.

Cortina, A. (1986). *Ética mínima*. Tecnos.

Cortina, A. (1990). *Ética sin moral*. Tecnos.

Cortina, A. (1993). *La ética de la sociedad civil*. Anaya/Alauda.

Cortina, A. (1997). *Ciudadanos del mundo. Hacia una teoría de la ciudadanía*. Alianza.

Cortina, A. (2001). *Alianza y contrato*. Trotta.

Cortina, A. (2007). *Ética de la razón cordial*. Nobel.

Cortina, A. (2017). *Aporofobia*. Paidós.

Cortina, A. (2019). *Ética cosmopolita*. Paidós.

Cortina, A. (2021). *Ética cosmopolita*. Paidós.

Cortina, A. (2024). *¿Ética o ideología de la inteligencia artificial? El eclipse de la razón comunicativa en una sociedad tecnologizada*. Paidós.

Dahl, R. A. (1989). *La poliarquía*. Tecnos.

Esteban Rodríguez, M., & Martín Rodríguez, R. (2024). *Introducción a la China actual*. Alianza.

Estefanía, J. (2001). *La nueva economía. La globalización*. Debate.

García-Marzá, D. (2004). *Ética empresarial. Del diálogo a la confianza*. Trotta.

Gozálvez, V. (2000). *Inteligencia moral*. Desclée de Brouwer.

Kant, I. (1797). *Metafísica de las costumbres*. En A. Weischedel (Ed.), *Werke in zwölf Bänden* (Vol. VI, pp. 83-84). Suhrkamp.

Mori, M. (2006). Kant and cosmopolitanism. En M. Cândido Pimentel, C. Morujao, & M. S. Silva (Eds.), *Immanuel Kant nos 200 anos da sua morte* (pp. 307-XX). Universidade Católica Editora.

Sen, A. (2000). *Desarrollo y libertad*. Planeta.

Siurana, J. C. (2021). *Ética para influencers*. Plaza y Valdés.

Capítulo 3

¿Queda lugar para la esperanza en educación? Un diálogo con la pedagogía crítica

Gonzalo Jover
Universidad Complutense, Madrid

INTRODUCCIÓN

El 9 de mayo de 2024, el Papa Francisco convocaba el jubileo de 2025 con la bula *Spes non confundit*, la esperanza no defrauda, título inspirado en un versículo de la Carta a los Romanos de San Pablo (Francisco, 2024). Poco antes, el filósofo surcoreano, afincado en Berlín, Byung-Chul Han, nos instaba en su último libro, *Der Geist der Hoffnung*, a remontar la ola de desesperanza que recorre el mundo, espoleado por las guerras, la crisis climática, las emergencias sanitarias, la miseria, los desplazamientos forzados, el rechazo a los otros, las manifestaciones de odio, etc. (Han, 2024). Que desde la religión y la filosofía se nos exhorte a no perder la esperanza, es signo de que ésta se encuentra en la cuerda floja. Pero es en los momentos en los que la esperanza flaquea, cuando más preciso se hace volver la vista a la educación. Así nos lo recordó hace unos años la escritora, pedagoga crítica y feminista social, Gloria Jean Watkins, conocida como bell hooks, al añadir a su obra *Enseñar comunidad* el subtítulo *Una pedagogía de la esperanza*, y situar en su frontispicio esta frase de Paulo Freire: “Es necesario mantener la esperanza, incluso cuando la áspera realidad sugiere todo lo contrario” (hooks, 2024, p. 11).

La pregunta que guía el viaje que vamos a realizar es: ¿cabe todavía la esperanza en un mundo más justo a través de la educación? La pregunta se sitúa en el ámbito de la Teoría de la Educación, e intentaré responderla en diálogo con la estela que dejó Freire en uno de los movimientos pedagógicos más importantes de las últimas cuatro décadas: la pedagogía crítica norteamericana, iniciada entre los años setenta y ochenta del siglo pasado, por académicos como Henry Giroux o Peter McLaren, entre otros. A pesar de que a lo largo de estos cuarenta años la misma ha tenido distintas variaciones, su núcleo sigue siendo la propuesta de una acción educativa centrada en capacitar a los estudiantes para reflexionar críticamente sobre su realidad y actuar para cambiarla, a fin de lograr un mundo más justo e igualitario. En una especie de *flashback*, el viaje nos llevará a otro importante movimiento norteamericano, el pragmatismo, que tanto influyó en la pedagogía progresista.

RAÍCES DE LA PEDAGOGÍA CRÍTICA

Se acostumbra a situar las fuentes originales de inspiración de la pedagogía crítica en el neomarxismo de la teoría crítica de la Escuela de Frankfurt y en la pedagogía liberadora de Paulo Freire. Acerca de la impronta marxista, se ha señalado que la pedagogía crítica surge en el interior de la evolución de la izquierda marxista norteamericana de los años sesenta y setenta del pasado siglo, estimulada por la deriva neoconservadora en la política estadounidense. Esta evolución representa un giro cultural que, frente a los análisis económicos estructurales de obras como *Schooling in Capitalist America*, publicada en 1976 por Samuel Bowles y Herbert Gintis, en los que la escuela aparece como una caja negra cuyos procesos interiores permanecen ocultos, el acento se traslada a la construcción de las ideologías dentro de la escuela y su poder liberador (Gottesman, 2016, pp. 46-48).

En lo que respecta a la influencia de Paulo Freire, un momento de inflexión fue la publicación en Estados Unidos, en 1970, de su obra *Pedagogía del Oprimido.* La obra surge de las experiencias que Freire venía desarrollando en las campañas de alfabetización de adultos en su Brasil natal. El golpe militar de 1964 le obligó a terminar de escribir aquellas experiencias en su exilio en Chile, donde nacería *Pedagogía del Oprimido*, escrita entre 1967 y 1968. Freire bebe en el libro de una variedad escuelas de pensamiento, como el existencialismo, la fenomenología, el marxismo y el psicoanálisis, y de autores influyentes de la época, como Erich Fromm, Albert Memmi y Franz Fanon, entre otros (Schugurensky, 2011, p. 77). Especialmente, como señala Gottesman, aunque Freire participó del pensamiento marxista revolucionario, su teorización crítica y su énfasis en la liberación estaban filosóficamente fundamentados en la tradición marxista crítica, al tiempo que contribuían a ella. Frente al materialismo mecanicista y el determinismo económico, esta tradición crítica dio gran importancia al pensamiento dialéctico, la conciencia, la comprensión histórica, la ideología y la emancipación (Gottesman, 2016, pp. 10-14).

La fuerte presencia de Freire en la pedagogía crítica americana se vio favorecida por la relación académica que éste mantuvo a partir de los inicios de los años ochenta del pasado siglo con uno de los principales propulsores de la corriente, Henry Giroux, entonces profesor en la Facultad de Educación de la Universidad de Boston (ibid., p. 24). Hasta ese momento, la presencia de Freire en los círculos académicos norteamericanos no había sido demasiado notable, a pesar de la publicación diez años antes de *Pedagogía del Oprimido*. Pero, a partir de entonces, se convirtió en una figura de primer orden, comparable a la de John Dewey, y en una voz de referencia esencial para la pedagogía crítica. Según Gottesman, existen, sin embargo, algunas diferencias importantes entre la perspectiva de Freire y su recepción en la pedagogía crítica norteamericana. No sólo los contextos de referencia eran diferentes, sino que lo es también la propia concepción de la acción política, pues, a diferencia de Freire, que abogó por la lucha revolucionaria hasta comienzos de los años ochenta, "la oleada inicial de estudiosos críticos de la educación se situó en el campo socialista, pero no eran revolucionarios" (ibid., p. 25).

LA ESPERANZA COMO ELEMENTO DE LA PEDAGOGÍA CRÍTICA

La conjunción de las influencias mencionadas, especialmente la de Freire, movió a la pedagogía crítica en una dirección opuesta a las emergentes teorías antiescuela de Illich o Reimer. En el último capítulo de *La sociedad desescolarizada*, Illich acudió a la antigua leyenda de Pandora para ilustrar lo que él llamó la "falacia prometeica", esto es, la suposición de que cualquier anhelo puede ser satisfecho con el correspondiente desarrollo institucional, incluyendo la educación planificada, la *paideia*, lo que supone acabar con la esperanza en el devenir natural, dejándola para siempre encerrada en la caja envenenada con la que Zeus quiso vengarse de la humanidad (Illich, 2020, pp. 166-176). Frente a esta visión desencantada de Illich, Freire propuso una pedagogía de la esperanza en las posibilidades de la acción educativa planificada para lograr una sociedad más justa, dentro de un proyecto abiertamente político. Así, cuando a comienzos de los años noventa quiso reencontrarse con la *Pedagogía del Oprimido* utilizó, precisamente, este título, *Pedagogía de la Esperanza*. Una esperanza que, escribía, no es "'fatalismo liberador' o 'liberación fatalista', vale decir, aquella que vendrá como una especie de regalo de la historia. Aquella que vendrá porque está dicho que vendrá" (Freire, 1993, p. 97). Por el contrario, es una esperanza que implica un compromiso activo con un nuevo orden percibido como posible. Dentro su matriz marxista y católica, Freire no podía ceder el motor de la liberación a las fuerzas impersonales de la historia, pero tampoco a los designios divinos. En *pedagogía del Oprimido*, su lugar es ocupado por el amor. Escribe:

> En un momento determinado de su experiencia existencial, bajo ciertas condiciones históricas, éstos [los opresores] renuncian, en un acto de verdadera solidaridad (por lo menos así lo esperamos), a la clase a la cual pertenecen y se adhieren a los oprimidos. Dicha adhesión, sea como resultante de un análisis científico de la realidad o no, cuando es verdadera implica un acto de amor y de real compromiso (Freire, 1976, p. 213).

Un estudio de las referencias que Freire emplea en la obra para sustentar su concepto de amor (Jover y Luque, 2023), permite descubrir, un tanto sorpresivamente, la presencia tras él de lo que Michael Löwy (2018) ha llamado el mesianismo utópico libertario de la tradición judía, que supone la articulación de una perspectiva religiosa y de un proyecto social revolucionario, y en el que, ya desde la publicación de la magna obra del filósofo judío marxista, Ernst Bloch (2007), *El principio de esperanza*, este concepto juega un papel central. Para Bloch el núcleo de la esperanza es la utopía, como energía generadora de cambios radicales en el ser humano y en su entorno, fuerza inmanente del mundo que abre nuevos horizontes, no en la forma de las idealizaciones abstractas y desconectadas de la realidad de un sueño nocturno, sino en la de las anticipaciones del sueño diurno de lo ya anunciado en la realidad concreta, como un "todavía no" (*Noch-Nicht*). Como señala Lluc interpretando a Bloch:

> A pesar de todas las aberraciones y desviaciones crueles, destructoras e inhumanas que han acompañado a la historia de la humanidad, es en el mundo como concreción de "lo real posible" que ese mismo mundo se ofrece a los humanos como "laboratorio de posible salvación" (*laboratorium possibilis salutis*), en el cual todo se nos ofrece en estado de gestación y todo se halla expuesto a la aventura de futuras determinaciones que, desde el momento presente, son completamente inimaginables (Duch, 2011, p. 62).

En *Pedagogía del Oprimido,* Freire acude a otros dos autores de esta tradición, como fueron Martin Buber y Erich Fromm. Especialmente, Freire estaba muy familiarizado con el humanismo marxista de este último, a quien había conocido por mediación de Illich. La esperanza a la que se refiere Freire se asemeja, así, más a lo que Fromm, en su ensayo *La revolución de la esperanza,* de 1968, llamó alternativismo del mesianismo profético, que a lo que denominó mesianismo apocalíptico determinista:

> El lenguaje profético es siempre un lenguaje de alternativas, de elección y de libertad, y nunca el del determinismo, sea para bien o para mal. La formulación más breve de la opción profética se encuentra en el verso del Deuteronomio: '¡Puse ante ti hoy la vida y la muerte, y tú elegiste la vida!' (Fromm, 2017, p. 28).

Fromm veía resurgir esta visión en algunos movimientos del ala radical de la Iglesia Católica, entre los que cabría adscribir la entonces emergente teología de la liberación, así como en el socialismo humanista (ibíd., p. 29).

La actitud de confianza activa de Freire fue secundada por los teóricos de la pedagogía crítica, que, como él, han hablado de una "pedagogía dialéctica de crítica y esperanza", como ha dicho McLaren (2008, p. 427). Éste cita a Bloch para recordar que toda barbarie oculta un referente de esperanza (McLaren, 1997, p. 211). El propio McLaren se refería, no hace mucho, en una entrevista, a cómo Freire le ayudó a reencontrarse con la fe católica y la teología de la liberación y a no perder la esperanza, y volvía a citar a Bloch para afirmar:

> Las enseñanzas de Paulo me embarcaron en un viaje de ensoñación utópica para un futuro socialista, y siempre traté de tener presente la distinción de Ernst Bloch entre utopías concretas y abstractas y la importancia de una esperanza educada que surge a través de la praxis de los movimientos revolucionarios, entre las organizaciones de base. Paulo me enseñó a centrarme en el pensamiento utópico concreto en lugar de en las utopías abstractas, que a menudo son proyectos concebidos por intelectuales burgueses para ponerlos en práctica en algún momento lejano del futuro. El pensamiento utópico abstracto suele estar desconectado de las luchas de los inmisericordes, los empobrecidos y los desheredados (De Paula y Lohaus-Reyes, 2021, p. 128).

Para Giroux, la recuperación de la memoria y la esperanza, que él experimentó todavía en las duras condiciones sociales de su infancia, es imprescindible en una era, como la que vivimos en pleno siglo XXI, en la que la conciencia crítica acerca de las perversiones de la política de la *desechabilidad* está amenazada por el velo del silencio (Giroux, 2025). La cuestión es hasta qué punto puede apelarse a una pedagogía de la esperanza en el contexto líquido del posmodernismo tardío, de la posverdad y el metaverso, en el que la utopía contenida en la realidad concreta, de la que hablaba Bloch, se evapora en multitud de discursos fragmentados, sin un referente normativo que pueda servir de faro.

LA SENSACIÓN DE CRISIS

Como ha señalado Byung-Chul Han, la esperanza tiene una estructura narrativa, presupone un pasado y un mañana con sentido (Han, 2024, p. 49). "La narrativa consta de contextos que definen lo que es bueno, bello y valioso, lo que tiene sentido y lo que merece la pena" (ibid., p. 69). La narrativa de la esperanza es la espera. Y se espera siempre algo, por muy indefinido que sea. Ese algo no surge por necesidad. La duda es consustancial a la esperanza. No hay esperanza donde la espera consiste en aguardar lo que necesariamente ha de suceder. En el cierre total de la espera no hay esperanza. Pero tampoco la hay en la apertura total, porque la espera de la esperanza implica un elemento valorativo. No se espera cualquier cosa. Cuando se espera con esperanza se anticipa algo bueno que se anhela que suceda. Donde no hay horizonte de sentido, criterio de valor que marque la espera, no puede haber esperanza. El propio Bloch lo anunció cuando decía: "La filosofía tendrá que tener conciencia moral del mañana, parcialidad por el futuro, saber de la esperanza, o no tendrá ya saber ninguno" (Bloch, 2007, vol. 1, p. 5).

Para Bloch, a partir de Marx, ya no era posible ninguna indagación seria o posición en el mundo que pudiese eludir el contenido de la esperanza (ibid.). En la pedagogía crítica esta asociación fue tan potente que el colapso de los regímenes comunistas europeos, que llevó a anunciar el final de la historia, la sumió en una profunda sensación de crisis. Giroux y McLaren hablaban en los noventa de "la crisis actual de la pedagogía crítica descrita como una incapacidad de ir más allá del lenguaje de la crítica y la dominación" (Giroux y McLaren, 1998, p. 18). Es como si la pedagogía crítica hubiese quedado paralizada en sí misma, encerrada en una la crítica sin esperanza, incapaz de alumbrar el exterior. Giroux y McLaren consideraban, en especial, un lastre que ésta no hubiese sido capaz de desarrollar una teoría ética que les proporcionase "visión":

> Atrapados dentro de la paradoja de exhibir indignación moral sin el beneficio de una teoría de ética y moral bien definida, no hemos podido pasar de una postura crítica a una visión sustantiva (ibíd., p. 20).

La sensación de crisis ha sido amplia y persistente. Poco antes de fallecer, en diciembre de 2008, Joe L. Kincheloe, fundador de *The Paulo and Nita Freire International Project for Critical Pedagogy*, indicaba que, en su andadura en el siglo XXI, la pedagogía crítica se encontraba atrapada entre "una roca ideológica y una dura superficie hegemónica, y con un público relativamente escaso" (Kincheloe, 2008, p. 67).

Esta situación, decía Kincheloe, pone a la pedagogía crítica en la encrucijada intelectual de iniciar una nueva fase abierta a las "lógicas múltiples", a un "bricolaje" conceptual, desde donde hacer frente al "eurocentrismo" (ibid., pp. 31 y 39) y al sueño de que pueda haber "respuestas sencillas y aplicables universalmente para estas cuestiones que nos obsesionan sobre la justicia, el poder y la praxis" (ibid., p. 34). Para el autor, la emancipación por la que lucha la pedagogía crítica supone, así, liberarse de los resortes de una racionalidad instrumental, como postularon los representantes de la teoría crítica, pero exige también desligarse en cierta manera de ésta, abandonar el error de quienes utilizan el término crítica "para designar la libertad que logra un individuo abstracto cuando accede a la razón occidental, esto es, cuando se vuelve razonable" (ibid., p. 42). Abogaba, en consecuencia, por una reconceptualización de la razón (ibid., p. 65), que la abriese a otros discursos, el feminismo crítico, el postestructuralismo, el poscolonialismo, etc. Sobre todo, veía necesario, dentro del propio enraizamiento de la pedagogía crítica en la propuesta de Freire, la apertura decolonial al conocimiento de los oprimidos (ibid., p. 37).

LA VUELTA A LOS FUNDAMENTOS

En la búsqueda de alternativas a la sensación de crisis, la pedagogía crítica ha ensayado también otros caminos. Así, Peter McLaren ha insistido en la necesidad de avanzar hacia una pedagogía crítica *revolucionaria*, que ahonde en la dimensión intrínsecamente política de la educación, asentada en la recuperación de la tradición marxista de la lucha de clases y del Freire militante, y no la versión domesticada que se practica hoy en las aulas llamadas progresistas y se enseña en los programas de formación del profesorado (McLaren, 2008, pp. 406-407). Como Freire, McLaren, que se convirtió al catolicismo a los 30 años, al mismo tiempo que profundizaba en su afiliación marxista, ve una sintonía entre el mensaje de Marx y una forma socialmente comprometida de entender la religión (McLaren y Jandrić, 2017). Esta vuelta a los fundamentos, no le impide estar abierto a otras aportaciones críticas, como el feminismo interseccional de bell hooks, cuyos análisis, dice, nos recuerdan que la pedagogía crítica es una práctica dialéctica asentada en las realidades concretas, y "amplía nuestra comprensión de la praxis para que sea más 'crítica', 'reflexiva' y comprometida con la búsqueda de la equidad en las relaciones étnicas, raciales y de género" (Jaramillo y Mclaren, 2019, p. 19). Pero este foco en la experiencia vivida en la realidad concreta, añade citando a Freire, debe insertarse pedagógicamente con el otro polo de la dialéctica, en una perspectiva de "totalidad" que invita a "salir de la inmediatez de la experiencia personal y entrar en el ámbito de la acción crítica" (ibid., p. 25). En este movimiento dialéctico, resulta fundamental la apelación a la clase social, en un sentido político más que cultural, lo que supone considerar las relaciones de producción como categoría primaria a la hora de analizar "los determinantes estructurales de la opresión de raza, género y clase" (ibid., p. 28). Este no es siempre el caso en esas aportaciones críticas, lo que colabora a la naturalización de las relaciones sociales basadas en el capital (ibid., p. 26).

La perspectiva de totalidad vuelta hacia la política hace a McLaren tomar distancia con respecto a lo que podríamos llamar las pedagogías de la fragmentación, según él mismo enuncia: el posmodernismo, el multiculturalismo y el poscolonialismo (Biesta y Miedema, 1998, p. 227).

El posmodernismo ha supuesto un reto radical para los distintos paradigmas que durante décadas llenaron la escena del conocimiento de la educación, lo que se vino en llamar el paradigma técnico, el práctico y el crítico. Desde el punto de vista postmoderno, la perspectiva práctica o ética del educador reflexivo, y la crítica o política del educador transformativo fracasan como alternativa al positivismo de la racionalidad tecnológica, "al compartir con él gran parte del pedigrí conceptual y retórico del realismo", como ha dicho Parker (Parker, 1997, p. 122). La conciencia creciente de este hecho tal vez sea lo que hizo que teóricos de la pedagogía crítica, como McLaren, que a comienzos de los años noventa todavía se manifestaban simpatizantes de un "postmodernismo de resistencia", que sirviese de contrapeso al "posmodernismo lúdico" (McLaren, 1993) se declarasen al final de la década abiertamente opuestos a las ilusiones del discurso postmoderno:

> Como proyecto de teoría social el 'postmodernismo' es excesivo; en el ámbito del discurso (que funciona como un universo paralelo) no conoce límites. Pero en el universo social, el mundo real (que para nosotros incorpora el 'discurso'), individual y colectivo, lo que encontramos son limitaciones estructurales en nuestra forma de vida; limitaciones puestas por el capital y las relaciones sociales (Rikowski y McLaren, 1999. p. 2).

McLaren y Giroux, adoptan, así, distancia con respecto a las teorías posestructuralistas y desconstruccionistas, y "la sobredeterminación del lenguaje en la producción del sujeto social" (Giroux y McLaren, 1998, p. 31). Aprecian la aportación de estas teorías a la hora de comprender que no hay práctica social neutra o apolítica, pero consideran la debilidad de la anti-referencialidad de cara a la acción social:

> El mundo de las relaciones sociales concretas y de la distribución inequitativa del poder y los privilegios que las moldean, no son simplemente textos que deben analizarse, sino formaciones que deben resistirse, fracturarse y transformarse (ibid., p. 40).

Frente a las limitaciones prácticas de los discursos posmodernos, que en su resistencia se llevan todo por delante, sin capacidad de distinguir lo que puede ser o no valioso, McLaren aboga por un redescubrimiento del Freire políticamente comprometido con la acción en la realidad concreta. Freire comparte con los postmodernistas la voluntad de liberarse de los discursos de la modernidad, "que domestican tanto el corazón como la mente", pero se distingue de ellos en que no se conforma con quedarse en el plano de las ensoñaciones, donde todo y nada vale, "sino que se siente obligado a llevar su pedagogía crítica a las calles de lo real" (McLaren, 2008, pp. 415-416). McLaren no duda en calificar de *moderno* este compromiso con la realidad social situada (ibid., p. 415).

Con respecto al multiculturalismo, éste está instalado en el corazón de la educación actual. Para McLaren, tal como se suele entender y practicar, el mismo apunta, sin embargo, en una dirección incorrecta. Su crítica tiene origen en su propia experiencia como maestro, durante la segunda mitad de los años setenta, en escuelas públicas de Toronto con estudiantes de más de 30 nacionalidades diferentes, y que plasmó en su primer libro *Cries from the Corridor* (McLaren, 1980). Allí experimentó lo que más tarde no dudaría en calificar como las limitaciones de su propia acción, producto de su formación humanista liberal previa a su compromiso con el marxismo. Pensaba entonces que su objetivo para con los estudiantes desfavorecidos era "mejorar la imagen que tenían de sí mismos y forjar en su interior un optimismo por tener la voluntad que les permitiría afrontar los obstáculos crecientes para alcanzar logros en la sociedad norteamericana" (Biesta y Miedema, 1998, p. 225).

Aquella experiencia le ayudó a entender cómo las políticas capitalistas y neoliberales recolonizan el multiculturalismo, al postular la autonomía de los actos culturales, pasando por alto que éstos forman también parte de las relaciones coercitivas de la política (McLaren, 1998, pp. 8-9). Frente a esta reducción, McLaren propone un multiculturalismo crítico o, como también lo ha llamado, revolucionario, que recupere el sentido de la crítica, volviendo a poner en primer término los análisis materialistas de clase, y su capacidad explicativa en interacción con los condicionantes de raza, etnia y género, dice en un guiño al feminismo interseccional de hooks (McLaren, 2008, pp. 399-400).

La crítica al multiculturalismo liberal obliga, finalmente, a McLaren a tener que vérselas con el decolonialismo o poscolonialismo (utilizo aquí ambos conceptos como equivalentes, sin entrar en sus diferencias). Las alianzas entre la pedagogía crítica y la pedagogía decolonial fueron frecuentes hasta comienzos de los años noventa, cuando se separan ante lo que muchos consideran el declive de "la utopía revolucionario-marxista blanco-mestiza" (Walsh, 2013, p. 30) y el empoderamiento en Iberoamérica y en otros lugares del movimiento indígena y afrodescendiente. Como señala Catherine Walsh, a partir de ese momento el sentido de la reivindicación cambia:

> La lucha no es simplemente o predominantemente una lucha de clases sino una lucha por la descolonización liderada, organizada y visionada en mayor parte por los pueblos y las comunidades racializadas que han venido sufriendo, resistiendo y sobreviviendo la colonialidad y dominación (ibíd., pp. 30-31).

Desde el marxismo, se cuestiona que, al resaltar el carácter distintivo de los contextos culturales y cuestionar la universalidad de categorías como las de clase o explotación, los teóricos poscoloniales socavan las aspiraciones progresistas a un mundo más justo (Dhawan, 2018). McLaren, que se declara universalista, se alinea con esta crítica, aunque evitando, al mismo tiempo, caer en un universalismo ajeno a las circunstancias diversas en las que se mercadea con la vida. Apelando, de nuevo, a Freire, escribe:

> Somos universalistas, sí, porque luchamos por los derechos humanos universales, por una justicia económica mundial, pero partimos de algún lugar, de los espacios y lugares concretos en los que se forjan y comercializan las subjetividades (y donde también, o al menos eso esperarnos, se descomercializan), y en los que la acción crítica se desarrolla en formas particulares y distintivas (McLaren, 2008, p. 411).

Uno de los referentes de McLaren es el filósofo neomarxista y crítico cultural esloveno Slavoj Žižek (p. ej., McLaren y Farahmandpur, 2006), que, en la última década, ha ejercido una dura oposición al poscolonialismo (Giuliano, 2020). Para Žižek, reamar la democracia frente al impulso de la globalización liberal, hace irrenunciable seguir pensando en términos universalistas, aunque de un universalismo que huye de una concepción estática, apriorística o muerta, para adoptar una visión de la universalidad como algo vivo, que se redefine continuamente en la renegociación de sus exclusiones. En sus palabras:

> Al criticar el prejuicio y la exclusión ocultos de la universalidad, nunca deberíamos olvidar que ya estamos haciéndolo dentro del terreno abierto por la universalidad: una crítica adecuada de la 'falsa universalidad' no la pone en duda desde el punto de vista del particularismo preuniversal, sino que moviliza la tensión inherente a la universalidad misma (Butler, Laclau y Zizek, 2017, p. 110).

McLaren adopta esta misma perspectiva tensional, que él ha denominado "hibridismo poscolonial" o "pedagogía fronteriza", una pedagogía abierta a "la tensión entre las múltiples etnicidades y las políticas de justicia universal" (McLaren, 1998, p. 12). Desde esta perspectiva, postular el universalismo no implica sucumbir a una actitud colonial, sino aprender a moverse en el espacio fronterizo entre dos mundos. Su apuesta por encima de epistemológica es política, es la apuesta por el espacio de la periferia social, donde habitan quienes son empujados a los márgenes, los marginados, y donde todavía hay lugar para la esperanza. Matiza al sociólogo decolonial peruano Aníbal Quijano para afirmar que:

> Reflexionar sobre la alteridad periférica de los pobres, de los "condenados de la tierra", relativiza la colonialidad del poder (Quijano) ejercido por los que más se benefician de la cultura de la dominación, y revela que dicha cultura es contingente y susceptible de cambio a través de la praxis proscrita de los marginados, de los oprimidos (De Paula y Lohaus-Reyes,2021, p. 138).

Así, contra quienes, desde el poscolonialismo, vaticinan el declive de los grandes referentes del mundo occidental o, como los ha llamado Carol Azumah Dennis, los "padres fundadores" europeos blancos (Dennis, 2018, p, 198), McLaren se niega a considerar que Marx haya muerto, o que haya que relativizarlo. Más bien, su estrategia es la contraria, reforzar la vertiente marxista que nutrió en sus orígenes la pedagogía crítica. Cierra su aportación al libro *Pedagogía crítica: de qué hablamos, donde estamos*, con estas palabras:

> Todos aquellos y aquellas que tenéis oídos: escuchad cómo Marx se lamenta desde la tumba; es terco, y se niega a morir del todo, porque su misión sigue sin completarse. Sus adversarios se empeñan en proclamar su muerte a los

> cuatro vientos, y sólo consiguen que él golpee desde la cripta con el puño, cada vez con más fuerza, para recordarnos que el capitalismo no descansa nunca: nosotros y nosotras tampoco deberíamos descansar hasta que hayamos terminado nuestro trabajo, que consiste precisamente en sepultar al capitalismo (...) La pedagogía crítica, qué duda cabe, sigue siendo una fuente de esperanza y posibilidad para los educadores y educadoras implicados en las luchas contra la opresión desde las aulas. Ha llegado el momento de que los profesores y profesoras y los educadores y educadoras tomen la pedagogía crítica con un interés renovado, con una sensación de urgencia (McLaren, 2008, pp. 424 y 425).

McLaren es consciente de que identificarse hoy como un pensador marxista significa exponerse al escarnio desde muchos sectores, incluyendo algunos de la izquierda, que lo tacharán de utópico romántico aferrado a un patriarca antediluviano (McLaren, 2003, p. 8). Pero, para él, no cabe la resignación ante el imperio de la dominación y la desigualdad. En consecuencia, en sus últimos trabajos vuelve a apelar a Marx como salida del actual "fascismo posdigital", auspiciado por las redes sociales, en el que viene situando actualmente su mirada crítica. En este sentido, en la charla que dio en septiembre de 2024 en la Universidad Complutense, señalaba:

> Al igual que los proletarios de Marx, que poseen los medios para convertirse en los sepultureros del capitalismo, podemos negarnos a participar en el fascismo digital no retirándonos a las regiones remotas de un futuro menos posdigital, sino creando un universo social donde quienes contribuyen a la producción del fascismo no solo sean identificados, sino que rindan cuentas. Si nos tomamos en serio la democracia, tenemos que avanzar en este tema ahora. No tenemos tiempo que perder (McLaren, 2024)

LA VÍA MEDIA DEL PRAGMATISMO

Llegados a este punto, la pregunta inicial se ha transformado en esta otra: ¿necesitamos resucitar a Marx, o cualquier otra narrativa fuerte del pasado, para poder seguir manteniendo el ideal educativo de la esperanza en un mundo más justo? Es verdad que, como apuntan los análisis de Kincheloe, los nuevos lenguajes de la educación nos hacen recelar de las visiones monolíticas y hegemónicas. Pero es también cierto que, como sugiere Mclaren, necesitamos algún punto de referencia que nos proporcione visión ética. La vía media, parece, por tanto, imponerse también aquí. Una de estas vías medias es la que recorre el pragmatismo americano. Me basaré en él, en un intento de salir del punto en el que nos ha dejado la pedagogía crítica.

William James, uno de los iniciadores del pragmatismo, lo llamó "pluralismo radical", para significar que, en él, el mundo no pretende ser una totalidad ordenada, sino una maraña de fenómenos y acontecimientos. En ese mundo, el tiempo no es eterno, sino histórico, es el mundo "de los seres con historias que intervienen en nuestra historia, a quienes podemos ayudar en sus vicisitudes, así como ellos pueden ayudarnos en las nuestras" (James, 2009, p. 39). El neopragmatista, Richard Rorty enunció esa misma visión del mundo como realidad inconclusa, propia del pragmatismo, caracterizándolo como una filosofía en la que la esperanza tiene prioridad sobre la certidumbre (Rorty, 2001).

En *La condición humana*, recordaba Hannah Arendt cómo para los griegos la fe y la esperanza no eran relevantes, situando a ésta en la caja de Pandora entre los males de la ilusión que ciegan a la humanidad (Arendt, 1993, p. 266; Han, 2024, p. 59). Rorty invierte esta relación: es la esperanza la que nos permite ver y actuar en un mundo sin certezas. Vivir en un mundo incierto no nos obliga a perder la esperanza, a la que es consustancial la duda. Por el contrario, nos obliga a cogerla en nuestras manos, a asumir, como expresó James, que el destino de la humanidad depende de nosotros, y que somos capaces de aceptar esa responsabilidad (James, 2010, pp. 185-187). El pragmatismo se niega, así, dice Rorty, a que las esperanzas utópicas en un futuro humano autoconstruido sean sustituidas por la nostalgia de la inmediatez y la esperanza de ser salvados a través de un poder no humano (Rorty, 2001, p. 53; traducción cotejada con Rorty, 1995, p. 70).

Rorty ejemplifica esta postura en el también pragmatista y pedagogo progresista John Dewey, referente él mismo de la pedagogía crítica (Gottesman, 2016, pp. 88-89) quien nos "insta a que la búsqueda de la certeza sea sustituida por un reclamo a la imaginación" (Rorty, 2001, p. 27). Tanto Dewey como Marx bebieron de Hegel, y para ambos lo importante no era comprender el mundo sino transformarlo. Pero mientras Marx, apunta Rorty, pensó que podía ver el plan de la historia y concebir el presente como una etapa de transición entre el feudalismo y el comunismo, Dewey cambió el reino de lo necesario por el de lo probable y plural, y se contentó con ver el presente como una etapa de transición hacia algo indefinido que podría ser mejor (Rorty, 2001, p. 20; traducción cotejada con Rorty, 1995, pp. 30 y 31). La esperanza que nos muestra Dewey no es, por tanto, "la esperanza de que uno puede reconocer una estructura eterna detrás de un contenido transitorio" (Rorty, 2001, p. 41). Más bien, lo que él tenía en mente era la esperanza en la capacidad de hacer un mundo renovado para que nuestros descendientes vivieran en él, un mundo con más variedad y libertad, cuyos rasgos no podríamos aún precisar (Rorty, 2001, p. 42, traducción cortejada con Rorty, 1995, p. 52).

Un mundo abierto a un futuro con más variedad y libertad es lo que Dewey entendió como un mundo en el que prevaleciese la democracia, de la que él hizo el eje de su empeño filosófico. Entre los textos que el pragmatista americano dedicó a la democracia, hay uno de especial valor, la pequeña conferencia *Creative democracy: the tasks before us*, escrita por Dewey en 1939 con ocasión de la celebración de su octogésimo aniversario. En el trasfondo de sus palabras estaban el auge del nacismo y los acontecimientos que llevaron al comienzo de la segunda guerra mundial.

En su escrito, Dewey desarrollaba la noción de la democracia como una forma de vida. Por mucho que esta formulación de la democracia le pareciese más adecuada que otras que la entienden sencillamente como un instrumento de gobierno, aclaraba que la misma puede seguir quedando como un puro mecanismo externo si se pierde de vista que se trata de una "forma *personal* de vida individual" (Dewey, 1996, p. 201, énfasis en el original), es decir una manera personal de ser que se expresa en las actitudes y comportamientos cotidianos. El acento en la dimensión "personal" de la democracia podría indicar que en 1939 Dewey estaba alerta a los riesgos de disolución del yo que poco más tarde analizaría Erich Fromm en *El miedo a la libertad* (1941), quien partía, precisamente, del diagnóstico que Dewey hacía aquel mismo año de 1939 en su obra *Freedom and Culture*:

> La amenaza más seria para nuestra democracia no es la existencia de los Estados totalitarios extranjeros. Es la existencia en nuestras propias actitudes personales y en nuestras propias instituciones, de aquellos mismos factores que en esos países han otorgado la victoria a la autoridad exterior y estructurado la disciplina, la uniformidad y la confianza en el 'líder'. Por lo tanto, el campo de batalla está también aquí: en nosotros mismos y en nuestras instituciones (Dewey, 1939, citado por Fromm 1974, p. 27).

Para Dewey, una democracia que quiera evitar este riesgo debe poner empeño en dos condiciones: la fe en las posibilidades de la persona común de pensar y actuar inteligentemente, y la libertad de comunicación y diálogo como la que se da en las reuniones espontáneas de vecinos y en las conversaciones de los amigos (Dewey, 1996, p. 203). Se trata, en definitiva. de dotar de valor a la experiencia cotidiana de la gente "común".

Si en los albores de la situación trágica que se avecinaba para el mundo cuando Dewey escribió este texto, todavía era posible la esperanza, también debería serlo hoy o, al menos, es la actitud que no podemos dejar de tener como personas empeñadas en la educación. Creo que, con independencia de que se compartan o no sus presupuestos, esta es la gran lección que nos sigue dando hoy la pedagogía crítica: la lección de no desfallecer.

CONCLUSIÓN: CONDICIONES DE LA ESPERANZA

A partir del análisis realizado, cabe extraer tres condiciones que sostienen la esperanza a través de la educación. La primera, como ha dicho McLaren, es "la creencia en la capacidad de bondad del ser humano", que a él le transmitió Freire (De Paula y Lohaus-Reyes, 2021, p. 130), cuyo mensaje revolucionario, como hemos visto, fue el de la reconversión de los opresores por amor. En esta bondad se basó el escritor Edward Bellamy, en su influyente obra utópica de contenido social *Looking Backward 2000-1887*, tan apreciada por John Dewey (Lawson, 1975, p. 34). En la obra, uno de los personajes clama, recordando la miseria del tiempo pasado, felizmente superada en la ficción del futuro al que se ha llegado:

> ¡Ay, amigos míos! créanme, no es ahora en esta feliz época cuando se pone a prueba la divinidad que guarda la humanidad en sí misma. Era más bien en aquellos días aciagos cuando ni siquiera la lucha por la vida de unos con otros, la pelea por la mera existencia, en que la compasión era un disparate, pudo hacer desaparecer totalmente la generosidad y la bondad de la tierra (Bellamy, 2014, p. 254).

La segunda condición es la confianza en la capacidad de mejora, lo que Bloch llamó las fuerzas inmanentes del mundo, o Bellamy la divinidad contenida en la humanidad en sí misma. Con Bellamy, el pragmatismo nos insta a poner esas fuerzas en manos humanas. Su sentido inmanente fue subrayado por Dewey cuando decía que el crecimiento no consiste en llegar a algún sitio previamente definido; el crecimiento es crecer. El crecimiento válido es el que permite más crecimiento, el que promueve avanzar en la línea que él mismo abre. Como recordaba también McLaren, citando al poeta español, "no hay camino, se hace camino al andar" (McLaren, 2008, p. 420). No hay una clara meta final que marque la senda, pero, una vez que el camino ha sido trazado, no se permite la vuelta atrás. Para algunos, puede ser un criterio insuficiente, pero ya es mucho a la vista de la sensación que se vive hoy de retroceso en múltiples logros de la convivencia.

Unida a la anterior, la tercera condición de la esperanza es, también con Bloch, la mirada puesta en lo concreto, o la fe en la experiencia común de la que hablaba Dewey. Como explica el teólogo alemán, recientemente fallecido, Jürgen Moltmann, en la escatología cristiana la esperanza se mueve en la contradicción entre la vida vivida y la vida esperada (Moltmann, 2006, p. 23). Esto no significa prescindir de las esperanzas puestas en el aquí y el ahora, sino que éstas se consideran logros provisionales y precursores de un *novum ultimun*, como meta final de la esperanza verdadera (ibid., 42-43). Pero la vida vivida puede contener ella misma el germen de la esperanza, en la forma de revolución, como sucede en Freire o McLaren, o en la de progreso, como en el pragmatismo. Este nos invita, con Rorty, a rebajar el anhelo de un fin sólo alcanzable en una vida tras la vida, y considerar el ideal de hermandad humana como un proceso de ajuste en el que se renueva la especie, más que "como la imposición de algo no empírico sobre lo empírico, ni de algo no natural sobre lo natural" (Rorty, 2001, p. 91). Un proceso de ajuste con la realidad que nos compromete, no tanto en la búsqueda de una perfección moral que nunca terminaremos de alcanzar, sino en "intentar tomar más en cuenta que antes las necesidades de las personas" (ibid. p. 94).

La esperanza del pragmatismo coincide con la del marxismo en que es una esperanza *prometeica*, esto es basada en el hacer, por usar la metáfora de Illich, antes que él empleada, entre nosotros, por Laín Entralgo (Laín Entralgo, 1993, p. 128). Se distingue de ella, sin embargo, en lo que constituye su fin. Para los marxistas, hay un final claro de la esperanza: aquel en el que se consuma la sociedad sin clases. Este punto causó la fricción de Bloch con el marxismo ortodoxo, porque para él ese final no podía ser el último. "Como la necesitan el judío y el cristiano –escribió magistralmente Laín Entralgo- el marxista Bloch necesita íntimamente la certidumbre de una victoria sobre la muerte y su aguijón" (ibíd., p. 133). El pragmatismo, en su trato con la incertidumbre, no necesita de un final terrenal, como en el marxismo, ni de la victoria sobre la muerte de Bloch. Pero tampoco es incompatible con estas miradas. Ha habido pragmatistas marxistas, al igual que ha habido pragmatistas profundamente religiosos. Como filosofía abierta a la pluralidad del mundo, el pragmatismo no pretende la exclusividad de la esperanza. Lo importante en él es que nos ayuda a cambiar el foco de atención y centrarla en los pequeños logros de un permanente caminar.

Estas tres condiciones que he señalado se resumen en una única idea con la que quisiera concluir, y que condensa todo lo que de interés haya podido decir aquí: pensar en la esperanza en un mundo mejor, como postularon los teóricos de la pedagogía crítica, nos compromete, en tanto educadores, a no esperar que la salvación venga de otro lado, y preguntarnos: ¿qué puedo hacer yo en mi trabajo diario con quienes estoy formando para conseguir que ellos y ellas sean algo más felices y el mundo un poco más habitable? Es una tarea ardua que nos obliga a esforzarnos diariamente, con nuestras acciones y actitudes cotidianas dirigidas a cada cual concreto, para hacer desaparecer de nuestros entornos de trabajo educativo el más mínimo atisbo del cartel "¡Perded toda esperanza los que entráis!", que Dante situó en las puertas del infierno.

REFERENCIAS

Arendt, H. (1993). *La condición humana.* Barcelona, Paidós.

Bellamy, E. (2014). *Mirando atrás.* Madrid, Akal.

Biesta, G. y Miedema, S. (1998). Utopías provisionales en un mundo poscolonial: entrevista con Peter Mclaren. En: McLaren, P. (Ed.) *Multiculturalismo Revolucionario.* México, Siglo XXI, pp. 224-237.

Bloch, E. (2007). *El principio esperanza.* Madrid, Trotta, 3 vol.

Butler, J., Laclau, E., y Zizek, S. (2017). *Contingencia, hegemonía, universalidad. Diálogos contemporáneos en la izquierda.* Ciudad de México, Fondo de Cultura Económica

De Paula, L. y Lohaus-Reyes, M. (2021). Entrevista con Peter McLaren: Discusiones radicales y esperanzadora en tiempos de conservadurismo brutal. Caminos de lucha y transformación a la luz de Paulo Freire. *Revista Enfoques Educacionales,* 18(2), 120-145.

Dennis, C.A. (2018). Decolonising Education: A Pedagogic Intervention. En: Bhambra, G.K.; Gebrial, D. y Nişancıoğlu, K. (Eds.) *Decolonising the University.* London, Pluto Press, pp. 190-207.

Dewey, J. (1939). *Freedom and Culture.* New York, G. P. Putnam's Sons.

Dewey, J. (1996). Democracia creativa: la tarea ante nosotros. En: Dewey, J. *Liberalismo y acción social y otros ensayos*. Valencia, Edicions Alfons el Magnànim, pp. 199-205.

Dhawan, N. (2018). Marxist Critique of Post-Colonialism. *Krisis. Journal of Contemporary Philosophy*, 2.

Duch, L. (2011). Ernst Bloch: un heterodoxo del siglo XX, *Ars Brevis*, 17, pp. 47-68.

Francisco (2024). *Spes non confundit. La esperanza no defrauda. Bula del Jubileo ordinario del año 2025*. Madrid, San Pablo.

Freire, P. (1976). *Pedagogía del oprimido*. Madrid, Siglo XXI

Freire, P. (1993). *La pedagogía de la esperanza. Un reencuentro con la pedagogía del oprimido* México, Siglo Veintiuno.

Fromm, E. (1974). *El miedo a la libertad*. Buenos Aires, Paidós.

Fromm, E. (2017). *La Revolución de la esperanza*. Ciudad de México, FCE.

Giroux, H. (2025). *The Burden of Conscience. Educating Beyond the Veil of Silence*. London, Bloomsbury.

Giroux, H. y McLaren, P. (1998). Escrito desde los márgenes: geografías de identidad, pedagogía y poder. En: McLaren, P. (Ed.) *Multiculturalismo Revolucionario*. México, Siglo XXI, pp. 17-42

Giuliano, F. (2020). Del monólogo eurocéntrico a la enseñanza de la diferencia colonial: el debate Žižek/Mignolo. *Revista Ciencia e Interculturalidad,* 27(2), 80-93.

Gottesman, I. (2016). *The Critical Turn in Education: From Marxist Critique to Poststructuralist Feminism to Critical Theories of Race*. New York, Routledge.

Han, B.C. (2024). *El espíritu de la esperanza*. Barcelona, Herder.

hooks, b. (2024). *Enseñar comunidad. Una pedagogía de la esperanza*. Manresa, Bellaterra Edicions.

Illich, I. (2020). *La sociedad desescolarizada y otros textos sobre educación*. Madrid, Morata.

James, W. (2009). *Un universo pluralista*. Buenos Aires, Cactus.

James, W. (2010). *El significado de la verdad*. Barcelona, Marbot.

Jaramillo, N.E. y Mclaren, P. (2009). Borderlines: bell hooks and the Pedagogy of Revolutionary Change. En: Davidson, M.G. y Yancy, G. (Eds.) *Critical Perspectives on bell hooks*. New York, Routledge, pp. 17-33.

Jover, G. y Luque, D. (2023). "The Wolf Shall Dwell with the Lamb": Traces of Prophetic Judaism in the Concept of Love in Pedagogy of the Oppressed. En: Bruno-Jofré, R.; Attridge, M. e Igelmo, J. (Eds.) *Rethinking Freire and Illich: Historical, Philosophical, and Theological Perspectives*. Toronto, University of Toronto Press, pp. 104-124.

Kincheloe, J.L. (2008). La pedagogía crítica en el siglo XXI: evolucionar para sobrevivir. En: McLaren, P. y Kincheloe, J.L. (Eds.) *Pedagogía crítica: de qué hablamos, dónde estamos*. Barcelona, Graó, pp. 25-69.

Laín Entralgo, P. (1993). *Esperanza en tiempo de crisis*. Barcelona, Círculo de Lectores.

Lawson, A. (1975). John Dewey and the Hope for Reform. *History of Education Quarterly*, 15(1), 31-66.

Löwy, M. (2018). *Redención y utopía. El judaísmo libertario en Europa central. Un estudio de la afinidad electiva*. Santiago de Chile, Ariadna Ediciones.

McLaren, P. (1980). *Cries from the Corridor*. Toronto, New York, Methuen.

McLaren, P. (1993). Multiculturalism and the postmodern critique: Towards a pedagogy of resistance and transformation. *Cultural Studies*, 7(1), 118-146.

McLaren, P. (1997). *Pedagogía crítica y cultura depredadora*. Barcelona, Paidós.

McLaren, P. (1998). Adaptación de *los olvidados* en la era de la razón cínica. En: McLaren, P. (Ed.) *Multiculturalismo Revolucionario*. México, Siglo XXI, pp. 1-15.

McLaren, P. (2003). Pedagogía crítica en la época de la resignación. *Barbecho, Revista de Reflexión Socioeducativa*, 2, 8-12.

McLaren, P. (2008). El futuro del pasado: reflexiones sobre el estado actual del imperio y de la pedagogía. En: McLaren, P. y Kincheloe, J.L. (Eds.) *Pedagogía crítica: de qué hablamos, dónde estamos*. Barcelona, Graó, pp. 393-429.

McLaren, P. (2024). Surplus Fascism and the Post-Digital Apocalypse in the Age of Anti-Woke Terrorism. *3er Congreso Internacional de Educación Crítica e Inclusiva: Hacia una práctica inclusiva y comprometida socialmente*. Universidad Complutense, Madrid, 27 de septiembre de 2024.

McLaren, P. y Farahmandpur, R. (2006). *La enseñanza contra el capitalismo global y el nuevo imperialismo. Una pedagogía crítica*. Madrid, Editorial Popular.

McLaren, P. y Jandrić, P. (2017). From liberation to salvation. Revolutionary critical pedagogy meets liberation theology. *Policy Futures in Education,* https://doi.org/10.1177/1478210317695713

Moltmann, J. (2006). *Teología de la esperanza.* Salamanca, Sígueme.

Parker, S. (1997). *Reflective Teaching in the Postmodernity World.* Buckingham y Philadelphia, Open University Press.

Rikowski, G. y McLaren, P. (1999). Postmodernism in Educational Theory. En: Hill, D.; McLaren, P.; Cole, M. y Rikowski, G. (Eds.) *Postmodernism in Educational Theory. Education and the Politics of Human Resistance.* London, Tufnell Press, pp. 1-9.

Rorty, R. (1995). *L'Espoir au lieu du savoir. Introduction au pragmatism.* Paris, Albin Michel.

Rorty, R. (2001). *¿Esperanza o conocimiento? Una introducción al pragmatismo.* Ciudad de México, FCE.

Schugurensky, D. (2011). *Paulo Freire.* London, Bloomsbury.

Walsh, C. (2013). Lo pedagógico y lo decolonial. Entretejiendo caminos. En: Walsh, C. (Ed.) *Pedagogías decoloniales. Prácticas insurgentes de resistir, (re) existir y (re)vivir.* Quito, Ediciones Abya-Yala, vol. 1, pp. 23-68.

Capítulo 4

Educando para el sentido y el bien común. Un enfoque humanista y relacional de la educación

Maria Rosa Buxarrais
Universitat de Barcelona

INTRODUCCIÓN: LA NECESIDAD DE UN NUEVO PARADIGMA EDUCATIVO

En la actualidad, la educación enfrenta desafíos que trascienden la simple transmisión de conocimientos técnicos. Vivimos en una era marcada por la globalización, el avance de la tecnología y una competencia feroz. Los avances científicos transforman la manera en que trabajamos, aprendemos y nos relacionamos. Sin embargo, estos cambios también generan desafíos que impactan en los sistemas educativos, poniendo en evidencia la necesidad de adoptar un enfoque educativo que forme no solo profesionales eficientes, sino ciudadanos comprometidos con la justicia social y la democracia.

Entre los desafíos más relevantes que destacan la necesidad de una educación para la justicia social están los siguientes:

Individualismo creciente. La lógica del individualismo ha ido ganando terreno en nuestras sociedades, donde el éxito personal, la competitividad y el logro de las metas individuales suelen anteponerse al bien común y a las relaciones humanas, lo que puede llevar al aislamiento y la desconexión emocional, desdibujando la importancia de potenciar valores como la solidaridad y la empatía.

Crisis de sentido. En un mundo sobresaturado de información, pero carente de reflexión profunda, muchas personas, y especialmente las jóvenes, enfrentan una «crisis de propósito» en la vida. Según William Damon, sin un propósito claro, las personas pueden sentirse perdidas y sin la energía necesaria para avanzar (Damon, 2008). Pero lamentablemente, según un texto reciente, lo que se observa a nivel general es una tendencia opuesta, una «infantilización culturalmente inducida» de los adultos o de la sociedad en su conjunto (Hayward, 2024). Todo esto hace evidente la necesidad de una educación que ayude a los estudiantes a encontrar un propósito que promueva su madurez, dándoles dirección y significado.

Desafíos éticos y sociales. La globalización ha generado mayor complejidad en la toma de decisiones, por lo que temas como el cambio climático y la desigualdad requieren de una ciudadanía con una conciencia ética capaz de reflexionar sobre el impacto de sus acciones en el entorno y en los demás. Análogamente, la emergencia y convergencia de nuevas tecnologías (genómica, robótica, inteligencia artificial, nanotecnologías, realidad aumentada, etc.), a menudo invasivas y escasamente reguladas, plantea retos sociales inéditos y de profundas consecuencias, que exigen repensar o reimpulsar urgentemente la educación moral o en valores (Buxarrais y Farías, 2020). Como menciona Edgar Morin, la educación del futuro debe enseñar una ética del género humano (Morin, 2000) para que las futuras generaciones sean capaces de enfrentar estos retos de manera responsable y comprometida.

Fragmentación de las relaciones humanas. La omnipresencia de la tecnología y las redes sociales ha transformado profundamente la forma en que nos relacionamos, a menudo sustituyendo las relaciones profundas por interacciones superficiales. Este fenómeno contribuye a una creciente desconexión emocional, afectando la capacidad de los individuos para desarrollar empatía y comprender al otro. Nel Noddings subraya que la educación debe cultivar el cuidado mutuo y fortalecer las relaciones interpersonales como parte esencial del desarrollo humano (Noddings, 1984).

La fragilidad en las relaciones humanas se refiere a la vulnerabilidad inherente que tienen estas relaciones debido a la complejidad y a los múltiples factores que las afectan. Este concepto se puede entender como la facilidad con la que las relaciones interpersonales, sean familiares, amistosas, profesionales o amorosas, pueden quebrarse, sufrir tensiones o deteriorarse. Esta fragilidad puede surgir por factores como la falta de comunicación, la desconfianza, las expectativas no cumplidas, los conflictos de valores, entre otros. En esencia, refleja la delicadeza y el dinamismo que caracterizan las conexiones humanas.

Un autor que ha trabajado sobre temas relacionados con la fragilidad en las relaciones humanas es Zygmunt Bauman, particularmente en su obra *Amor líquido: acerca de la fragilidad de los vínculos humanos* (2003). En este texto, Bauman analiza cómo en la sociedad contemporánea, caracterizada por la rapidez, el cambio y la incertidumbre, las relaciones humanas tienden a ser más superficiales y efímeras. Bauman describe un tipo de amor «líquido» que es volátil y fácilmente disoluble, en contraste con las relaciones más sólidas o comprometidas de épocas anteriores. Para él, esta fragilidad se acentúa en un contexto de modernidad líquida, donde las personas priorizan la individualidad y la flexibilidad sobre el compromiso duradero. Otros autores que han trabajado temas relacionados con la fragilidad en las relaciones, aunque desde perspectivas distintas, incluyen a Emmanuel Lévinas (1998), quien explora la vulnerabilidad del «otro» en las relaciones éticas, y Hannah Arendt, que trata el tema de la fragilidad de la acción humana y las interacciones en el espacio público.

Desigualdades socioeconómicas. En muchas partes del mundo, la educación sigue siendo un privilegio para algunos en lugar de un derecho universal. Las desigualdades educativas perpetúan las brechas sociales y económicas, generando una mayor polarización. En este contexto, es necesario un enfoque educativo que no solo promueva el acceso equitativo al conocimiento, sino que también fomente la solidaridad y el respeto por las diferencias, preparando a los estudiantes para convivir en sociedades cada vez más diversas.

Pierre Bourdieu, en su teoría de la *reproducción social* (2011), argumenta que el sistema educativo contribuye a perpetuar las desigualdades sociales, ya que el capital cultural (conocimientos, actitudes, habilidades) que se espera en las escuelas suele coincidir con el que poseen las clases más privilegiadas. Así, los estudiantes de clases bajas, que no tienen el mismo capital cultural, están en desventaja.

A la luz de tan desafiante panorama, nos decantamos entonces por un enfoque humanista y relacional que coloque al ser humano y sus relaciones en el centro del proceso educativo, promoviendo la autodeterminación, el cuidado mutuo y la acción para el bien común.

EL SENTIDO DE LA VIDA: MÁS ALLÁ DEL CONOCIMIENTO TÉCNICO

Frente a estos desafíos, se hace indispensable una educación que no solo forme técnicamente a los estudiantes, sino que también los eduque para la construcción racional y autónoma de sus valores y para que aboguen por el bien común, permitiéndoles encontrar un propósito, desarrollar una conciencia ética y asumir su responsabilidad como ciudadanos en la construcción de un mundo más justo y equitativo. Tal como lo expresa Paulo Freire, «la educación no cambia el mundo, cambia a las personas que van a cambiar el mundo» (Freire, 1997).

Cada individuo tiene un valor inherente y debe ser tratado con dignidad y respeto, por lo que la educación humanista además de impartir conocimientos técnicos enfatiza el fomento del desarrollo integral de la persona, abarcando aspectos como los valores, las emociones y el pensamiento crítico (dimensiones afectiva, cognitiva y volitiva de la personalidad moral).

En su obra *Pedagogía del Oprimido* (1997), Freire destacó que la educación debe ser un acto de liberación, donde los estudiantes no sólo aprendan información, sino que desarrollen una conciencia crítica sobre las estructuras de poder que perpetúan la opresión y la desigualdad.

Por lo tanto, hay que preparar a la futura ciudadanía para cuestionar las injusticias sociales y actuar en favor de una sociedad más justa y equitativa, convirtiéndose en agentes de cambio comprometidos con la justicia social. En este orden de ideas, la noción de desarrollo moral y el sentido de la justicia social tienen múltiples puntos de contacto (Nucci & Ilten-Gee, 2021, 2022).

La educación, como institución clave en la formación de individuos, ha estado tradicionalmente orientada hacia el desarrollo de habilidades técnicas y académicas, necesarias para el funcionamiento en la sociedad moderna. Sin embargo, en las últimas décadas ha surgido una inquietud: ¿es suficiente preparar a las personas solo para el mercado laboral o para el éxito académico? Cada vez más, se reconoce la *necesidad de una educación que fomente la búsqueda de un propósito y el sentido de la vida.* Esta inquietud responde a una crisis existencial cada vez más palpable, donde muchas personas, aunque exitosas en términos materiales, se sienten desorientadas y vacías en lo que respecta a su sentido de existencia.

En nuestra sociedad moderna, el sentido de la vida se ha vuelto un tema periférico en los sistemas educativos. El enfoque utilitario que prima en las escuelas y universidades enfatiza competencias técnicas y productivas, lo cual, si bien es importante, deja de lado una parte crucial del desarrollo humano: la necesidad de encontrar un significado en la vida.

El concepto de educar para el sentido de la vida no es nuevo. Los grandes filósofos, desde Sócrates hasta Viktor Frankl, han discutido la importancia del propósito y del significado en la vida humana. Sócrates afirmó que «una vida sin examen no merece ser vivida», subrayando la importancia de la reflexión personal como un componente crucial del sentido de la vida. Kierkegaard y Nietzsche también exploraron la importancia de enfrentar las preguntas existenciales más profundas.

Por su parte, Viktor Frankl, psiquiatra y superviviente del Holocausto, en su obra *El hombre en busca de sentido* (1946/2004), destacó que el propósito es lo que permite al ser humano sobrellevar el sufrimiento y las dificultades. Según Frankl, el sentido de la vida es fundamental para la salud psicológica; sin un propósito, las personas caen en el *vacío existencial*, una sensación de desorientación y desesperanza que afecta a muchos en la sociedad contemporánea.

Integrar estos enfoques filosóficos en la educación implica un cambio fundamental en la manera en que enseñamos. No se trata solo de impartir conocimientos, sino de guiar a los estudiantes en el *autoconocimiento,* en la reflexión crítica y en la búsqueda de respuestas a las preguntas fundamentales de la vida. Se trata de que construyan su propio yo de forma consciente, de este modo, la escuela debe ser un espacio para el *autodescubrimiento* y la *reflexión sobre el propósito de la vida.* Se trata de plantear una educación holística, es decir, proponer una formación que abarque todos los aspectos del ser humano: intelectual, emocional, espiritual y físico.

La alienación social por falta de propósito tiene consecuencias serias tanto para los individuos como para la sociedad en su conjunto. Desde problemas de salud mental, como la ansiedad, la depresión, y múltiples formas de adicción, hasta la desconexión social y la crisis de identidad, la falta de sentido puede afectar todas las dimensiones de la vida humana. Por ello, es crucial que la educación, la cultura y las instituciones sociales fomenten la reflexión sobre el sentido de la vida y proporcionen herramientas para que las personas puedan encontrar y construir su propio propósito. Sin esta orientación, corremos el riesgo de caer en una sociedad cada vez más alienada y fragmentada.

El filósofo Edgar Morin, en *La cabeza bien puesta* (2000), argumenta que la educación del futuro debe afrontar la complejidad de la vida, enseñando a los estudiantes a pensar críticamente sobre los problemas sociales y actuar de manera responsable en sus comunidades.

Martha Nussbaum destaca que la educación debe cultivar la capacidad crítica, la empatía y la imaginación moral (proceso mediante el cual las personas desarrollan la capacidad de ponerse en el lugar del «otro», comprendiendo sus emociones, necesidades y circunstancias de vida, lo que les permite tomar decisiones éticas y justas en la vida cotidiana). Tal como lo afirma en su libro *Sin fines de lucro*: «La educación que se orienta hacia el bien común fomenta la capacidad de pensar desde la perspectiva del otro y de comprometerse con el mundo en sus aspectos más profundos y complejos». (Nussbaum, 2010). La imaginación moral es crucial para el buen funcionamiento de una sociedad democrática. Las decisiones políticas y sociales justas solo pueden tomarse si quienes están en posiciones de poder pueden imaginar las vidas y experiencias de aquellos que se ven afectados por esas decisiones, especialmente los más desfavorecidos.

Desde otra perspectiva, se ha investigado sobre la capacidad de educar para el propósito y el sentido en la vida de los estudiantes. Los trabajos de William Damon y Anne Colby resultan fundamentales a ese respecto. Según Damon, el propósito es «una intención estable y a largo plazo de realizar algo que es significativo para uno mismo y que tiene consecuencias más allá del propio interés» (Damon, 2008, p. 33). Este concepto está directamente relacionado con la capacidad de los estudiantes para vincular sus intereses personales con el bien común. Damon argumenta que la educación debe ayudar a los jóvenes a descubrir un propósito en sus vidas, ya que esto les permitirá sentirse conectados con algo más grande que ellos mismos. Este argumento se basa en un estudio empírico previo, llevado a cabo junto a Anne Colby sobre el desarrollo de personas moralmente ejemplares (Colby & Damon, 1992). Los aportes de estos autores recalcan que una educación que se centra en el propósito fomenta ciudadanos comprometidos y responsables, dispuestos a contribuir al bienestar social y ético de sus comunidades.

El desarrollo del propósito en los estudiantes no es solo una cuestión individual, sino un componente esencial de la construcción de una ciudadanía democrática. Una ciudadanía basada en el respeto, como sugiere Kirsi Tirri, implica que los estudiantes no solo deben ser educados en conocimientos, sino también en valores morales que les permitan interactuar de manera ética y empática con los demás. Tirri subraya la importancia de integrar el desarrollo del propósito moral en los currículos escolares, ayudando a los estudiantes a articular sus valores y ponerlos en práctica en sus vidas cotidianas (Tirri, 2011), así como la importancia de incorporar ese tema a la formación de nuevos docentes (Tirri, 2021). Este enfoque no solo fomenta la reflexión crítica, sino también el respeto por los otros, una cualidad fundamental en la vida democrática.

LA EDUCACIÓN PARA EL BIEN COMÚN: UN ENFOQUE RELACIONAL

En la actualidad, los sistemas educativos tienden a centrarse en el desarrollo de habilidades individuales, destinadas principalmente a garantizar el éxito personal en el mercado laboral. Sin embargo, en un mundo marcado por desafíos globales como el cambio climático, la desigualdad social y las crisis de salud pública, surge la pregunta: ¿es suficiente una educación que prioriza únicamente el crecimiento individual? Cada vez más, se reconoce la necesidad de una *educación para el bien común*, una educación que forme individuos no solo como entes autónomos, sino como *seres relacionales* con responsabilidades hacia los demás y hacia la sociedad en su conjunto.

Se trata pues de promover un enfoque integral de la educación, que no se limite a transmitir conocimientos técnicos, sino que permita a los estudiantes desarrollar una conciencia ética y encontrar su propósito en la vida. No se trata solo de enseñar conocimientos, sino de educar para la vida. Esto nos lleva al segundo gran pilar: la educación para el bien común.

EL CONCEPTO DE «BIEN COMÚN»

El bien común puede definirse como aquello que beneficia a toda la sociedad y a cada uno de sus miembros. Es un principio que abarca no solo el bienestar material, sino también la equidad, la justicia, la paz y la sostenibilidad. Históricamente, filósofos como Aristóteles y Tomás de Aquino desarrollaron la idea del bien común como el fin último de la política y la vida en sociedad. Este concepto ha evolucionado y ahora se ve también como un marco importante en la educación, pues el aprendizaje no puede ser entendido en aislamiento, sino como una actividad que afecta y es afectada por el tejido social.

El bien común en la educación implica el diseño de sistemas y procesos que no solo favorezcan el éxito individual, sino que cultiven en los estudiantes el *sentido de responsabilidad* hacia los demás y hacia la comunidad global. Esto significa que el propósito de la educación debe ir más allá de la preparación para el trabajo, hacia la formación de ciudadanos que contribuyan al bienestar de su sociedad.

La educación es un acto eminentemente social y ético. El filósofo canadiense Charles Taylor hablaba de la importancia de una «ética del reconocimiento" en la que el ser humano solo puede desarrollarse plenamente a través de relaciones de reciprocidad y respeto mutuo. Taylor enfatiza que la identidad y la dignidad humana se forjan en relación con los otros, lo que significa que educar implica también aprender a convivir y contribuir al bien colectivo (Taylor, 1992).

LA EDUCACIÓN RELACIONAL: UN MARCO PARA EL BIEN COMÚN

Si añadimos el adjetivo relacional a la educación es porque creemos que debemos poner el foco en la dimensión afectiva y moral, como lo plantea Nel Noddings en su teoría de la ética del cuidado. Según Noddings, la educación debe basarse en el establecimiento de relaciones de «cuidado mutuo» entre docentes y estudiantes, ya que «el objetivo final de la educación es crear personas capaces de preocuparse por los demás, tanto individualmente como a nivel social» (Noddings, 1984).

La *educación relacional* pone en el centro de su enfoque las relaciones interpersonales y comunitarias. Según esta perspectiva, el aprendizaje no es simplemente un proceso individual de adquisición de conocimientos, sino que está profundamente influenciado por el contexto social en el que ocurre. El ser humano se desarrolla en comunidad, y las relaciones que establecemos con los demás son fundamentales para nuestra identidad, valores y sentido de propósito.

Principios clave de la educación relacional:

- **Interdependencia:** El bienestar de los individuos está ligado al bienestar de los demás. La educación debe enseñar a los estudiantes a comprender y valorar su interdependencia con los demás, desde sus compañeros de clase hasta la sociedad global.
- **Empatía y cooperación:** El proceso educativo debe fomentar la empatía y la capacidad de colaborar con los demás, enseñando a los estudiantes a trabajar juntos para alcanzar metas comunes.
- **Ética del cuidado:** Inspirado en el concepto desarrollado por la filósofa Carol Gilligan (1982), este enfoque sugiere que la educación debe nutrir el cuidado y la atención hacia los otros como un principio ético central. Los estudiantes deben aprender a cuidar y preocuparse por el bienestar de los demás, tanto en su entorno inmediato como en la sociedad en general.

Este enfoque afirma que el éxito de un estudiante no se mide únicamente por su rendimiento académico o logros individuales, sino también por su capacidad para relacionarse de manera ética, respetuosa y constructiva con los demás.

Esta teoría tiene raíces en una crítica hacia las concepciones tradicionales de la ética que priorizan la justicia sobre el cuidado. Noddings argumenta que la ética del cuidado ofrece una alternativa más adecuada para las relaciones humanas, especialmente en contextos educativos, donde las relaciones entre docentes y estudiantes pueden influir en el desarrollo emocional y moral de los estudiantes. En este sentido, el enfoque de Noddings (1984, 2002a, 2002b, 2013, 2016) se basa en la responsabilidad relacional, donde el docente no solo enseña contenido académico, sino que también participa activamente en el bienestar emocional y social de sus estudiantes.

La ética del cuidado nos invita a ver el aula como un espacio de diálogo y compromiso emocional, donde el respeto y la empatía son fundamentales, y hace énfasis en las relaciones humanas como base del proceso educativo. Noddings, en múltiples ocasiones y formas, sostuvo que el verdadero objetivo de la educación es desarrollar personas morales capaces de preocuparse por los demás, tanto a nivel individual como colectivo.

El cuidado no se limita a una dimensión afectiva, sino que es también un principio ético y político en la educación, esencial en todas las esferas de la vida, incluida la educación tal como lo plantea Joan Tronto, en su obra *Moral Boundaries: A Political Argument for an Ethic of Care* (1993). Tronto sugiere que el cuidado no solo debe ser visto como una virtud individual, sino como una responsabilidad social compartida.

Este enfoque resuena con la idea de John Dewey, quien también defendió que la educación es un medio para construir una sociedad más justa y equitativa, donde los ciudadanos aprendan a colaborar y a preocuparse unos por otros (Dewey, 1938). Esto es esencial en la construcción de una ciudadanía que no se limite a ser «ciudadanía de derechos», sino que también sea una «ciudadanía de responsabilidades y de cuidado hacia el prójimo».

En este contexto, la ética del cuidado se convierte en un pilar fundamental para el desarrollo de una ciudadanía comprometida y reflexiva. Según Virginia Held, en su obra *The Ethics of Care* (2006), el cuidado debe ser entendido como una práctica que involucra tanto el afecto como la acción, y su implementación en el ámbito educativo es esencial para fomentar una ética de responsabilidad que vaya más allá de los intereses personales.

Por tanto, la educación basada en el cuidado no solo promueve el bienestar emocional, sino que también contribuye al desarrollo de la conciencia social y ética de los estudiantes. Esta perspectiva relacional ayuda a preparar a los jóvenes para enfrentar los desafíos de un mundo cada vez más interconectado, donde la empatía y la solidaridad son fundamentales para la convivencia pacífica y justa.

En conclusión, una educación centrada en el cuidado y el bien común permite no solo el desarrollo académico de los estudiantes, sino también su crecimiento como individuos empáticos, responsables y comprometidos con el bienestar de los demás. Al integrar el desarrollo del propósito, la ética del cuidado y el bien común, como lo proponen los autores a los que hemos pasado revista, se fomenta una ciudadanía comprometida con el respeto, la empatía y la solidaridad, valores imprescindibles para enfrentar los retos del siglo XXI mediante una educación orientada a la creación de una sociedad más justa y equitativa.

¿CUÁL ES EL ROL DEL DOCENTE?: MEDIADOR DEL SENTIDO, FACILITADOR DEL DIÁLOGO Y PROMOTOR DEL CUIDADO Y DEL PROPÓSITO

En este modelo educativo, el docente no es solo un transmisor de información, sino un mediador que acompaña a los estudiantes en la construcción de su propósito personal y social. Retomando a Freire, el pedagogo brasileño nos decía que «enseñar no es transferir conocimiento, sino crear las posibilidades para su producción o construcción» (Freire, 1997). El papel del docente, por tanto, es el de *facilitar espacios de diálogo y reflexión* donde el estudiante pueda descubrir su lugar en el mundo.

En línea con la propuesta de William Damon, el papel del docente es fundamental en la *ayuda a los estudiantes para descubrir un propósito que trascienda lo meramente personal y se oriente hacia el bienestar colectivo*. Según Damon, los jóvenes que desarrollan un sentido de propósito son más propensos a comprometerse con su educación y con la sociedad en general (Damon, 2008). Los docentes, en este sentido, son *catalizadores del desarrollo de ciudadanos conscientes y comprometidos, capaces de reflexionar sobre sus acciones y su impacto en la comunidad.*

Los educadores juegan un papel crucial como *facilitadores de la búsqueda de sentido.* No deben ser solo transmisores de conocimiento, sino guías que acompañen a los estudiantes en su camino hacia el autodescubrimiento. Una manera de hacerlo es fomentar el diálogo y la reflexión en clase, permitiendo que los estudiantes expresen sus dudas y busquen sus propias respuestas.

Además, como señalan Colby y Damon, los docentes tienen la *responsabilidad de inculcar no solo conocimientos, sino también valores éticos y morales* que permitan a los estudiantes vivir de acuerdo con sus propósitos y actuar de manera responsable hacia los demás (Colby & Damon, 1992). Esta tarea implica crear un *ambiente de aprendizaje* donde los estudiantes se sientan apoyados en su búsqueda de sentido y en su crecimiento como seres humanos éticos.

De igual manera, la visión de Kirsi Tirri sobre la educación moral y el desarrollo del propósito es clave para entender cómo los docentes pueden *ayudar a los estudiantes a identificar sus valores y ponerlos en práctica en su vida cotidiana.* Tirri argumenta que la educación del propósito moral debe ser una *parte esencial del currículo,* ya que ayuda a los estudiantes a tomar decisiones éticas y a contribuir al bien común (Tirri, 2011). De este modo, el docente no solo enseña contenidos, sino que *fomenta una ciudadanía moral basada en el respeto, la empatía y el cuidado por los demás.*

Los educadores deben actuar como *«modelos de humanidad»,* mostrando empatía, apertura y disposición para el aprendizaje mutuo. Esto es esencial para fomentar una «comunidad de aprendizaje», donde los estudiantes se sientan parte de algo más grande que ellos mismos.

Esta visión está profundamente conectada con la noción de «ciudadanía democrática» defendida por autoras como Amy Gutmann (1999), quien sugiere que la educación debe formar ciudadanos activos que valoren la justicia y el cuidado mutuo como principios clave de una sociedad pluralista. En *Democratic Education* (1999), Gutmann defiende que *la educación debe preparar a los estudiantes para participar en la deliberación pública*, contribuyendo al desarrollo de una sociedad más inclusiva y equitativa. El diálogo en el aula, por tanto, no solo es una herramienta pedagógica, sino una práctica democrática en sí misma, que permite a los estudiantes aprender a escuchar, respetar opiniones diversas y tomar decisiones colectivas. Noddings y Brooks (2017) plantean argumentos muy parecidos, aportando además ejemplos y orientaciones prácticas sobre cómo abordar los temas más controversiales de nuestro tiempo.

El filósofo Emmanuel Levinas acentúa aún más la dimensión ética de la relación educativa. Para Levinas, la educación es un acto de responsabilidad hacia el otro, donde el rostro del otro nos llama a reconocer su singularidad y su necesidad de ser acogido y escuchado (Levinas, 1998). Esta idea nos obliga a reimaginar la educación como un espacio de encuentro y cuidado mutuo.

Los docentes deben cultivar un entorno de aprendizaje basado en el diálogo y el respeto mutuo, donde los estudiantes puedan descubrir su lugar en el mundo y sentirse parte de algo más grande. Esta responsabilidad va más allá de la enseñanza académica, abarcando también el cuidado ético y emocional de los estudiantes.

CONCLUSIÓN: HACIA UNA NUEVA EDUCACIÓN PARA EL SIGLO XXI

Una vez más, la educación del siglo XXI debe superar el enfoque técnico y de empleabilidad, para convertirse en un proceso integral que eduque para el sentido y el bien común. Debe permitir a los estudiantes encontrar un propósito que trascienda lo individual y fomente el respeto, la solidaridad y la responsabilidad colectiva. Como bien lo afirma Martha Nussbaum, una democracia próspera necesita ciudadanos capaces de pensar críticamente, ponerse en el lugar de los demás y participar en un debate informado (Nussbaum, 2010). Todo esto a escala global, pero entendiendo lo global no solo en el sentido de promover un crecimiento económico a escala mundial, sino como un esfuerzo igualmente amplio por asegurar también la justicia social, la protección del planeta, la diversidad social y cultural, y la educación por la paz (Noddings, 2005).

Es nuestra tarea como educadores sembrar las semillas de esta ciudadanía activa, comprometida y de alcance verdaderamente global. A continuación, y por último, un breve listado de estrategias particularmente prometedoras para ese fin:

Integrar la educación en valores en el currículo. La educación en el bien común debe ser parte integral del currículo escolar, no un añadido aislado. Esto implica la incorporación de temas como la «justicia social», los «derechos humanos», la «solidaridad» y la «responsabilidad cívica» en las distintas áreas del conocimiento, tanto en materias de ciencias sociales como en el enfoque ético de otras disciplinas. Desde las matemáticas hasta las ciencias naturales, se pueden explorar cuestiones sobre cómo el conocimiento y las decisiones pueden impactar el bienestar colectivo.

Fomentar la reflexión ética y el pensamiento crítico. Es fundamental enseñar a los estudiantes a «reflexionar críticamente» sobre las consecuencias de sus acciones, tanto en el plano personal como en el social. Los dilemas morales, debates éticos y el análisis de casos son herramientas pedagógicas poderosas que permiten a los alumnos pensar en cómo sus decisiones afectan a la comunidad y al bien común. A través de la discusión y la reflexión, los estudiantes pueden entender que las acciones basadas en la empatía y la justicia son fundamentales para la cohesión y el bienestar social.

Aprendizaje-servicio (*service-learning*). El aprendizaje-servicio es una metodología educativa que combina el aprendizaje académico con el servicio comunitario. A través de proyectos en los que los estudiantes identifican problemas en su comunidad y trabajan para resolverlos, experimentan directamente cómo sus acciones pueden contribuir al bien común. Esta metodología no solo ayuda a los estudiantes a adquirir conocimientos y habilidades, sino que también fomenta un sentido de responsabilidad social y de compromiso con los demás.

Promover el trabajo cooperativo y la solidaridad. Una forma concreta de educar en el bien común es mediante la creación de oportunidades para el «trabajo cooperativo». En lugar de fomentar la competencia individual, el trabajo en equipo permite que los estudiantes aprendan a colaborar, compartir responsabilidades y comprender que los logros colectivos son tan importantes como los personales. La cooperación en proyectos o tareas escolares enseña la importancia de unir esfuerzos por un objetivo común, favoreciendo la interdependencia positiva y la solidaridad.

Educación para la ciudadanía global. En un mundo globalizado, educar en el bien común requiere que los estudiantes comprendan su papel no solo en sus comunidades locales, sino también como ciudadanos globales. Es fundamental enseñar a los estudiantes a ver más allá de sus intereses inmediatos y a considerar el bienestar de las personas en otros contextos, promoviendo valores de paz, equidad y justicia global. Esto puede lograrse a través del estudio de los Objetivos de Desarrollo Sostenible (ODS), el análisis de problemas globales como el cambio climático, la pobreza, y los derechos humanos.

Modelar comportamientos éticos. Los educadores y las instituciones deben ser «modelos de conducta» para los estudiantes. El comportamiento de los maestros y el ambiente escolar son fundamentales para crear una cultura de respeto, solidaridad y justicia. Los valores del bien común deben ser practicados por toda la comunidad educativa, desde la toma de decisiones institucionales hasta la forma en que se resuelven los conflictos o se celebran los logros colectivos.

Crear un entorno escolar basado en la participación democrática. La participación democrática dentro de las escuelas es esencial para enseñar a los estudiantes sobre el bien común. Esto implica darles voz y la oportunidad de participar en la toma de decisiones que afectan a la comunidad escolar. A través de experiencias prácticas de democracia participativa, como los «consejos estudiantiles», los estudiantes aprenden a negociar, a valorar el consenso y a comprender cómo las decisiones colectivas pueden beneficiar a todos.

Fomentar la empatía y la compasión. La empatía es un componente esencial para educar en el bien común. Los estudiantes deben aprender a ponerse en el lugar del otro, a reconocer las necesidades y sufrimientos de los demás, y a sentir el impulso de actuar para mejorar las condiciones de vida de todos. La empatía se puede enseñar a través de historias, literatura, películas y proyectos que expongan a los estudiantes a realidades diversas, permitiéndoles conectar emocionalmente con los desafíos que enfrentan otras personas.

Educar en la sostenibilidad y el cuidado del entorno. El bien común no se limita a las relaciones humanas, sino que incluye también el cuidado del medio ambiente y la promoción de un desarrollo sostenible. Educar en la importancia de proteger los recursos naturales y actuar de manera responsable con el entorno es una parte crucial de la enseñanza del bien común. Los estudiantes pueden participar en proyectos ecológicos, como el reciclaje, la reforestación o el cuidado de espacios comunes, que les ayuden a comprender que el bienestar colectivo también depende de un entorno saludable.

Evaluar el impacto de las acciones en la comunidad. Los estudiantes deben ser capaces de «evaluar el impacto de sus acciones» en su entorno inmediato y en la sociedad en general. Esto puede lograrse a través de proyectos en los que se examine cómo las decisiones individuales o grupales afectan a otros, o a través de la participación en actividades comunitarias. Esta evaluación fomenta una mentalidad reflexiva que conecta las decisiones personales con el bienestar común, reforzando la idea de que todos somos responsables del bienestar de la comunidad.

REFERENCIAS

Bauman, Z. (2003). Amor líquido. *Acerca de la fragilidad de los vínculos humanos*. Fondo de Cultura Económica.

Bourdieu, P. (2011). Las estrategias de la reproducción social. Siglo XXI.

Buxarrais, M. R., y Farías, L. (2020). La educación moral y ciudadana ante las tecnologías emergentes. *Revista Transdigital 1*(1). https://doi.org/10.56162/transdigital18

Colby, A., & Damon, W. (1992). *Some Do Care: Contemporary Lives of Moral Commitment*. Free Press.

Damon, W. (2008). *The Path to Purpose: How Young People Find Their Calling in Life*. Free Press.

Dewey, J. (1938). *Experience and Education*. Kappa Delta Pi.

Frankl, V. (1946/2004). *El hombre en busca de sentido*. Herder.

Freire, P. (1997). *Pedagogía del Oprimido*. Siglo XXI.

Gilligan, C. (1982). *In a Different Voice: Psychological Theory and Women's Development*. Harvard University Press.

Gutmann, A. (1999). *Democratic Education*. Princeton University Press.

Hayward, K. (2024). *Infantilised: How Our Culture Killed Adulthood*. Constable.

Held, V. (2006). *The Ethics of Care: Personal, Political, and Global*. Oxford University Press.

Levinas, E. (1998). *Ética e Infinito*. Amorrortu.

Morin, E. *La Cabeza Bien Puesta: Re-pensar la Reforma, Reformar el Pensamiento*. Nueva Visión, 2000.

Noddings, N. (1984). *Caring: A Feminine Approach to Ethics and Moral Education*. University of California Press.

Noddings, N. (2002a). Educating Moral People. A Caring Alternative to Character Education. Teachers College Press.

Noddings, N. (2002b). *Starting at Home: Caring and Social Policy*. University of California Press.

Noddings, N. (2005). Global Citizenship: Promises and Problems. In Nel Noddings, (Ed). *Educating Citizens for Global Awareness* (pp. 1-21). Teachers College Press.

Noddings, N. (2013). *Caring: A Relational Approach to Ethics and Moral Education*. University of California Press.

Noddings, N. (2016). *Philosophy of Education*, 4th Ed. Westview Press.

Noddings, Nel & Laurie Brooks (2017). *Teaching Controversial Issue: The Case for Critical Thinking and Moral Commitment in the Classroom*. Teachers College Press.

Nucci, L., & Ilten-Gee, R. (2021). *Moral education for social justice*. Teachers College Press.

Nucci, L., & Ilten-Gee, R. (2022). Connecting moral development with critical pedagogy: A reply to Winston Thompson. [Extended Book Review Response]. *Journal of Moral Education*, 51(1), 99-103. https://doi.org/10.1080/03057240.2021.1992219

Nussbaum, M. (2010). *Sin fines de lucro: Por qué la democracia necesita de las humanidades*. Katz Editores.

Nussbaum, M. (2011). *Creating Capabilities: The Human Development Approach*. Harvard University Press.

Taylor, C. (1992). *Multiculturalismo y la política del reconocimiento*. FCE.

Tirri, K. (2011). *Moral and Purpose Development in Adolescence: A Case for Educational Action*. Peter Lang.

Tirri, K. (2021). *Contemporary Teacher Education: A Global Perspective*. MDPI.

Tronto, J. (1993). Moral Boundaries: A Political Argument for an Ethic of Care. Routledge.

Capítulo 5

Los "Sin Defensa" y la Educación Global: ampliando la mirada de la geopolítica a la innovación didáctica

Patricia Panarello
Università degli Studi di Messina (Italia)

Yo soy Violencia, el sabor amargo de la desesperación, ese regusto a metal y ceniza que impregna cada respiro, la sensación que raspa la lengua. Soy el vacío inconmensurable, una ausencia insoportable, el dolor gritado hasta romper el aliento, la lengua incapaz de pronunciar palabra, la mano invisible que golpea sin piedad.

Me alimento del poder abusado, de la desesperación. Soy la opresión del acoso laboral, la brutalidad sexista que doblega la dignidad humana, la persecución, el miedo y el chantaje. Soy la humillación silenciosa, la injusticia que se convierte en norma.

Soy el hambre que cava en los cuerpos y la sed que agota las almas. Soy un cáncer que se extiende, la corrupción de las fuerzas del orden, la bala que quiebra vidas inocentes, el abuso de un poder desmesurado escondido tras un distintivo. Soy la arrogancia de quienes se creen por encima de todo, de quienes usan el miedo como arma para oprimir, controlar, mandar, para hacerse más fuertes, más feroces.

Soy la corrupción que se filtra en cada rincón de las instituciones, donde el dinero compra el silencio y el poder determina la verdad. Soy un código de silencio, las colas saltadas, la mano que se extiende para recibir el soborno. Me alimento de puertas giratorias, habitaciones oscuras y rituales secretos con los que se deciden los destinos de quienes no tienen voz.

Soy imposible de erradicar. Como plantas invasoras vivo en las calles donde la vida vale menos que nada. Soy la sombra que se alarga en cada barrio pobre, los edificios de mala fama, donde la esperanza es una utopía, donde cada día es una lucha por la supervivencia. Soy el grito silenciado de las víctimas, los ojos de los niños que crecen demasiado rápido, el odio que se acumula como veneno en un corazón que nunca ha conocido otra cosa que esto.

Yo soy Violencia, esa fuerza estructural y sistémica que se introduce en cada célula, en cada órgano de la sociedad, haciendo imposible la redención. Soy el destino que condena a generaciones enteras, el mal que, perpetuándose, apaga toda luz. Soy la discriminación y la resignación, el peso de la injusticia que aplasta sin piedad.

Soy el rostro oscuro de la humanidad, la marca indeleble de un mundo que ha perdido su alma, conmigo no hay salida.

1. LA EDUCACIÓN NECESARIA

"Strade Maestre"

¿Quién de nosotros, al menos una vez, sentado en los pupitres de la escuela y mirando por la ventana, no soñó con abrirla de par en par y echarse a volar? Sobrevolar la verja, las casas, para aterrizar en un prado, respirar aire fresco, pasear, correr y sentirse libre. Hay un grupo de jóvenes que desde 2024 recorre Italia a pie, acompañados por guías-profesores. Se adentran en los bosques, recorren la vía francígena, observan las plantas para entender cómo funciona la fotosíntesis, miran el cielo estrellado por la noche, antes de dormir, fuera de la tienda de campaña. Y así pasan un año escolar en camino, encontrando personas y visitando todo lo que cada viajero desearía conocer: ciudades, pueblos, montañas, campos, ríos, lagos, sitios arqueológicos, museos, espectáculos, talleres artesanales, fábricas. Los viajeros hacen escuela caminando 240 días al año. En este viaje-peregrinaje, las prácticas informales y formales se unen al descubrimiento de las maravillas del mundo. Este proyecto revolucionario se llama "Strade Maestre", y es una iniciativa de la cooperativa italiana "Camminamenti", que une el aprendizaje con la práctica de caminar. Se trata de un tipo de escuela que no se enfoca en el currículo, sino en los saberes y las competencias con los que construir la propia felicidad poniéndose al servicio de la comunidad.

La iniciativa, aunque recién creada, ya ha generado un gran interés en toda Italia, y cientos de profesores se han sumado al proyecto. Esto demuestra que hay un verdadero deseo de cambio y que, cuando las personas se encuentran en las condiciones adecuadas, se esfuerzan por mejorar.

El derecho a una educación de calidad es el privilegio de unos pocos

Cientos de libros hablan de combinar el aprendizaje con la práctica, pero al final, en la escuela tradicional, siempre prevalece el programa académico, la rutina diaria, la burocracia y la absurda carrera por terminar el día. Al final, gana el sistema. Y la meta se pierde.

Qué maravilloso sería si la escuela no fuera solo un lugar físico: los pupitres, la pizarra, los pasillos, las aulas, el gimnasio y, para los más afortunados, el patio. La escuela debería ser una experiencia única que regale momentos extraordinarios, como la clase de vulcanología en el Monte Etna o la narración de la vida de Giovanni Verga en Aci Trezza, que los chicos de Strade Maestre tienen el privilegio de vivir.

La educación no puede ser una obligación sin alma, una experiencia reducida a 80 centímetros de pupitre y cinco horas de silla, todos los días, todo el año, durante trece años. Existe una emergencia silenciosa: no basta con ir a la escuela; el problema es la calidad de la educación que nuestros jóvenes no reciben. ¿Qué sentido tiene pasar tantos años en un edificio, para luego graduarse sin haber desarrollado competencias reales? La escuela tradicional sigue siendo el legado de un sistema obsoleto que arrastra y fracasa, un tiempo perdido, el desperdicio de talentos, una promesa traicionada.

Para marcar la diferencia en la educación, hay que revolucionarlo todo, salir de la tradición y romper este viejo paradigma. La escuela no puede ser solo un edificio, un conjunto de cemento, hierro y ladrillos; debe ser la comunidad educativa en su totalidad, una comunidad formada por personas y profesores que crean entornos especiales, donde los niños aprenden con pasión, curiosidad e implicación. La escuela, a pesar de las buenas intenciones, no es un terreno fértil para el cambio, donde los jóvenes puedan encontrar inspiración para construir su propio camino. Más bien, es un lugar de aburrimiento y obligaciones estériles, lleno de asignaturas e información inútil que se suceden día tras día, apagando la vitalidad y la curiosidad natural de los estudiantes.

La educación debe ser una promesa de esperanza, no un sueño roto

La escuela debe ser un proceso lúdico, divertido, innovador, enriquecedor, de descubrimiento y construcción del yo. Aprender debe ser una experiencia que deje huella: cada lección una oportunidad para despertar la curiosidad, cada proyecto una ocasión para crear un futuro mejor. En un mundo donde muchos estudiantes abandonan la escuela sin haber adquirido las competencias básicas, nuestro sueño es realizar un proyecto-escuela en el que la formación integral del alumno sea verdaderamente importante.

Para marcar la diferencia hay que ir más allá de las disciplinas, navegar por el mundo entero, romper las barreras del programa ministerial que nos obliga a estudiar ciertas cosas y no otras. Pero para cambiar verdaderamente, la escuela debe revolucionar el currículo de tres maneras: enfoque interdisciplinario para una educación integral, aprendizaje más allá de los pupitres para una educación holística e intercambios internacionales para una educación intercultural. La combinación de estos cambios constituye el objetivo último de la educación para la ciudadanía global.

La educación global es, por tanto, un enfoque interdisciplinario, integral, holístico, internacional e intercultural. A todo esto, hay que sumar una palabra: "glocal", que denota una educación capaz de pensar globalmente y actuar localmente, para afrontar los retos mundiales actuales.

Internet y los profesores en carne y hueso

Internet y las nuevas tecnologías pueden ser herramientas fundamentales para permitir la transición de un modelo obsoleto de educación a uno actualizado. Pero no olvidemos a los profesores. Los jóvenes más privilegiados son los que pagan altas sumas para asistir a escuelas privadas que funcionan como campus completos: con piscina, teatro, enfermería, comedor, capilla, campo de fútbol, pádel, autobuses, etc. Aparte de un ambiente de aprendizaje donde evidentemente no les falta nada, tienen el privilegio de estar en contacto diario con maestros de carne y hueso, no solo con programas informáticos a distancia. Profesores preparados, motivados y apasionados son guías valiosas, modelos a seguir que hacen amar las llamadas "materias" escolares. Y hacen mucho más: marcan la diferencia en la vida de sus alumnos porque los apoyan y los guían. Como las flores, los hacen florecer.

Para lograr la revolución educativa en todas las escuelas, también en las públicas, hay que apostar por la educación global, es decir, por un enfoque interdisciplinario, integral, holístico, internacional e intercultural. Por ello, es fundamental que toda la sociedad participe en el proceso de cambio. No basta con las reformas desde arriba, implementadas por los ministerios o las administraciones; el cambio debe surgir también desde las familias, las comunidades locales, las asociaciones culturales y, sobre todo, desde los propios estudiantes. Cada uno de estos actores tiene un papel clave en la creación de una educación que inspire, transforme y prepare a los jóvenes para enfrentar los retos de un mundo en constante evolución.

Imaginemos una escuela donde las asignaturas no estén divididas en compartimentos estancos, sino que se relacionen entre sí: aprender matemáticas mientras se estudian los patrones de la naturaleza, comprender la historia a través del arte, explorar la física mediante proyectos de ingeniería práctica. Este enfoque interdisciplinario no solo enriquece el aprendizaje, sino que también refleja cómo funciona el mundo real, donde los problemas no vienen etiquetados según materias, sino que exigen soluciones integrales y creativas.

Además, el aprendizaje debe salir de las aulas y extenderse al aire libre, a los parques, a los museos, a las calles de nuestras ciudades. La experiencia directa es un maestro incomparable. ¿Qué mejor forma de entender la biodiversidad que visitando una reserva natural? ¿Cómo apreciar la historia si no es caminando por las calles de antiguas ciudades, tocando las piedras que han sido testigos de siglos de vida humana, cruzando los Alpes como Aníbal, general cartaginés durante la Segunda Guerra Púnica?

Pero no debemos detenernos ahí. La educación también necesita mirar hacia lo que está al otro lado del mundo. En un planeta interconectado, los estudiantes deben ser ciudadanos globales. Los intercambios culturales son esenciales para abrir sus horizontes. Aprender de sus pares en otros países, enfrentarse a perspectivas diferentes, entender los desafíos globales, como el cambio climático o las desigualdades sociales, desde una perspectiva compartida: estas experiencias transforman a los jóvenes en agentes de cambio capaces de liderar el futuro. Sin embargo, de momento, los viajes interculturales están reservados a pocos estudiantes privilegiados, aquellos que pueden permitírselo pagando, por lo que no son para todos.

Formar seres humanos para cambiar el mundo

Por último, es crucial recordar que, aunque el sistema educativo debe modernizarse y adaptarse, hay valores fundamentales que nunca deben perderse. La empatía, el respeto, la solidaridad y la capacidad de trabajar en equipo son pilares de cualquier comunidad que aspire a construir un futuro mejor. La educación no solo debe enseñar contenidos, sino también formar seres humanos íntegros, comprometidos y conscientes de su papel en la sociedad.

Para que esta visión se haga realidad, necesitamos inversión, tiempo y, sobre todo, una voluntad colectiva. Inversión en infraestructura, para garantizar que todos los estudiantes, sin importar su origen, tengan acceso a espacios dignos y bien equipados. Inversión en formación para los profesores, para que puedan adaptar sus métodos a esta nueva era de la enseñanza. Y tiempo para experimentar, equivocarse y aprender en el camino, porque el cambio profundo no ocurre de la noche a la mañana.

Estamos en un punto de inflexión. Si continuamos por el camino actual, corremos el riesgo de perpetuar un sistema que no prepara a nuestros jóvenes para el futuro. Pero si nos atrevemos a soñar con una educación diferente, con una escuela que inspire y transforme, entonces podemos construir una sociedad más justa, más inclusiva y esperanzadora. Porque, al final, como decía Nelson Mandela, "la educación es el arma más poderosa que podemos usar para cambiar el mundo".

2. LOS DERECHOS DE TERCERA Y CUARTA GENERACIÓN

Antropoceno y Novaceno

El Patrimonio material e inmaterial de la humanidad se enfrenta a una crisis medioambiental sin precedentes. La rapidez del deshielo es impresionante y la desaparición de los glaciares preocupa los científicos de todo el mundo, porque significa, entre otros problemas, menos agua para el consumo de la población, menos capacidad para generar energía hidroeléctrica y menos disponibilidad para el regadío. A estos escenarios, en el horizonte contemporáneo se suman nuevos desafíos. Ya es bien conocido el fenómeno del "acaparamiento de tierras", que consiste en apropiarse de tierras vírgenes, ricas en materias primas, arrebatándoselas brutalmente a los pueblos indígenas que siempre las han habitado. En los mejores casos, esto significa que, en lugar de sistemas locales de subsistencia, se implanta un tipo de agricultura masiva e industrial, concebida a gran escala para satisfacer la demanda de exportación. Y ello implica la deforestación, la plantación de monocultivos y la explotación incontrolada de la tierra mediante el uso de productos químicos, como fertilizantes.

La pérdida de biodiversidad, la deforestación y la violación de los derechos humanos son problemas interconectados que requieren evidentemente un enfoque local y global a la vez, una acción coordinada, en la que todos los ciudadanos participen activamente. Las siempre más rápidas adquisiciones informáticas a escala planetaria demuestran lo importante que es la conexión entre la dimensión local y la global. Según James Lovelock (2021), el creador de la teoría de Gaia, después de trescientos años el Antropoceno se está convirtiendo en el Novaceno, una era muy compleja en la que el género humano, si quiere sobrevivir y prosperar, tiene que aprender a interactuar con los sistemas de inteligencia artificial como aliados, no como enemigos. Para abordar cuestiones emergentes como éstas, es útil utilizar una perspectiva educativa sistémica, ecológica y poscolonial, focalizando la atención en los derechos humanos de tercera y cuarta generación.

Pensar global y actuar localmente

Los escenarios globales actuales nos proporcionan instrumentos útiles para entender los cambios importantes que están amaneciendo en el horizonte contemporáneo. Terminando el primer cuarto del siglo XXI, entendemos que la carta de derechos humanos de Naciones Unidas es una maravillosa realización histórica para una ética global y una ciudadanía intercultural, que necesita profundización operativa y ampliación en lo que se conocen derechos de tercera y cuarta generación. Estos derechos incluyen aspectos relacionados con las siempre más rápidas adquisiciones tecnológicas e informáticas a escala planetaria, el derecho a la paz y a vivir en un medio ambiente sano, el derecho al acceso a la información, a la participación ciudadana y al desarrollo de los pueblos indígenas. Y para ello podría ser útil también centrar la atención en realidades que, recuperadas de tiempos remotos, pueden ayudar hoy al desarrollo de la dimensión ecológica, intercultural, espiritual y tecnológica de los derechos humanos. Pero ¿sería suficiente mirar a los logros conseguidos, sin hablar de la lista interminable de los retos que nos quedan por hacer?

Los derechos humanos de tercera y cuarta generación abordan nuevas dimensiones de los desafíos globales. Especialmente los de tercera generación se centran en los derechos colectivos o de solidaridad, y están relacionados con la protección del bienestar de grupos, comunidad y la humanidad en su conjunto, en lugar de individuos. Incluyen derechos como el derecho a un medio ambiente saludable, el derecho a la paz, el derecho al desarrollo y el derecho a la autodeterminación de los pueblos. Los derechos de cuarta generación son aún más recientes y buscan abordar desafíos contemporáneos en un mundo cada vez más conectado y dependiente de la tecnología. Se refieren a todas las cuestiones emergentes relacionadas con la era digital, la información y la comunicación.

La Declaración Universal de los Derechos de la Tierra

La Constitución de Ecuador, que entra en vigor en 2008, y la de Bolivia, en 2009, regulan los derechos de la naturaleza, convirtiéndola por primera vez en sujeto jurídico. Una nueva página en la historia del derecho se abre con la Declaración Universal de los Derechos de la Tierra, presentada en la Asamblea General de la ONU en 2008.

El preámbulo de esta Declaración expresa gratitud a la Madre Tierra por el don de la vida, "porque nos nutre y nos proporciona todo lo que necesitamos para vivir bien". También subraya la urgencia de establecer sistemas que regulen la conducta humana, reconociendo los derechos inalienables de la Madre Tierra y todos los seres que la habitan. En concreto, el artículo 2 establece el derecho fundamental de la Madre Tierra a existir de forma persistente y a mantener sus ciclos, estructuras y procesos vitales para la vida. Los artículos 4 y 5 protegen a los animales frente a la tortura, la crueldad del confinamiento y el alejamiento de su hábitat. Finalmente, el artículo 8 destaca el papel de la educación, que debe fomentar el amor a la Madre Tierra, la compasión, la comprensión, la tolerancia y el vínculo entre todos los seres humanos y con los demás seres.

La Ley de los Derechos de la Madre Tierra en Bolivia

Durante la Conferencia Mundial de los Pueblos sobre el Cambio Climático y los Derechos de la Madre Tierra, celebrada en Cancún en 2010, Evo Morales, presidente indígena de Bolivia, presentó la Ley 071 de los Derechos de la Madre Tierra, promulgada como complemento a la Constitución Política del Estado de 2009. Esta Ley establece un marco legal para implementar los derechos de la naturaleza, incluyendo medidas para prevenir la contaminación, promover la sostenibilidad y fomentar prácticas respetuosas con el medio ambiente, especialmente en un país que ha sufrido la explotación de sus recursos. En específico, reconoce a la Madre Tierra como sujeto jurídico colectivo de interés público y establece que los recursos naturales son auténticos dones. Entre sus aspectos clave se incluyen:

1. La responsabilidad de los seres humanos en su protección.
2. Un enfoque holístico y comunitario.
3. La regulación de actividades humanas para preservar el equilibrio ambiental.

El artículo 2 vincula la defensa de estos derechos con seis principios fundamentales: armonía, el bien colectivo, la regeneración de la Madre Tierra, el respeto y la defensa de sus derechos, la no comercialización de sus funciones ambientales y la interculturalidad.

El artículo 7 detalla los derechos fundamentales de la Madre Tierra, como el derecho a la vida, a la diversidad, al agua, al aire limpio, al equilibrio y a la restauración de los ecosistemas afectados por las actividades humanas. Además, establece que la Madre Tierra debe vivir libre de contaminación.

La Ley 071 ha tenido un impacto significativo en la política ambiental de Bolivia y ha contribuido a la conciencia global sobre la importancia de reconocer los derechos de la naturaleza. Esta Ley concibe a la Madre Tierra como un sistema vivo y dinámico, interrelacionado y con un destino común para todos los seres vivos. Como sostiene Vandana Shiva en su libro-entrevista de 2016 con Lionel Astruc *"La Tierra tiene sus derechos"*, los pueblos indígenas de todo el mundo siempre han considerado la naturaleza como fuente de derechos ya que, desde su cosmovisión, la Madre Tierra es sagrada. De ellos podemos aprender a reconocer y respetar los derechos de tercera generación.

3. LOS "SIN DEFENSA"

¿Quiénes son los "Sin Defensa"?

Al hablar de los derechos humanos, debemos evitar un optimismo que nos impida reconocer las formas actuales de violencia estructural. Miles de personas, grupos y comunidades sufren en todo el mundo la vulneración de sus derechos fundamentales: mujeres, niños, migrantes, refugiados, discapacitados, minorías, pueblos indígenas y civiles desprotegidos. Muchos de ellos ni siquiera saben que tienen derechos. Para abordar la violencia contemporánea, necesitamos una nueva perspectiva que relacione de forma más profunda derecho, poder, comunicación, educación, economía y dominación. Si solo nos centramos en escenarios globales o locales sin tener en cuenta la violencia estructural, corremos el riesgo de no entender la raíz del problema.

El concepto de "Sin Defensa" se refiere a dos grupos interrelacionados pero opuestos: aquellos que sufren violencia, es decir, personas o colectivos vulnerables sin medios para protegerse, y aquellos que la ejercen, individuos o grupos involucrados en actos que generalmente no son denunciados.

"Sin Defensa" refleja una condición de vulnerabilidad frente a una amenaza. "Sin" indica la ausencia de protección o recursos, y "defensa" se refiere a la capacidad de resistir o repeler una agresión, ya sea mediante recursos propios, apoyo externo o el ejercicio de derechos. La combinación de estos dos elementos señala que el sujeto carece de los medios necesarios para enfrentar una situación de violencia o riesgo. El término también adquiere especial relevancia al abordar la violencia estructural, que no solo incluye agresiones físicas, sino formas más sutiles de opresión como la discriminación, la corrupción y la marginación. En este contexto, se refiere tanto a la fragilidad de quienes no tienen los recursos para resistir la violencia, como a la paradoja de quienes ejercen violencia, pero también están atrapados en un sistema de poder que los convierte en protagonistas de una dinámica destructiva. Esta categoría incluye a ambos, ya que tanto las víctimas como los perpetradores se encuentran atrapados en el mismo sistema.

La idea de "Sin Defensa" también tiene profundas implicaciones sociales y políticas. Denota una asimetría de poder donde quienes carecen de protección están en desventaja, mientras que quienes tienen recursos pueden ejercer violencia sin ser cuestionados. Esta desigualdad se refleja en diversas esferas sociales, desde el acceso a la justicia hasta la explotación económica, afectando directamente la percepción de los derechos humanos. Por tanto, "Sin Defensa" no solo describe una vulnerabilidad física, sino una condición estructural que afecta a individuos y grupos en contextos de opresión y violencia sistemática. La semántica del término resalta no solo la falta de protección, sino también las dinámicas de poder que perpetúan esa ausencia. Este análisis revela que ser "Sin Defensa" es mucho más que una simple carencia de protección: es una denuncia de las estructuras que permiten la violencia y la desigualdad, y un llamado a la acción para crear una sociedad más equitativa y consciente de las vulnerabilidades ajenas.

Las topografías de la violencia contemporánea

Para descifrar las nuevas topografías de la violencia contemporánea, que abruma porque actúa contaminando global y localmente, necesitamos asumir una posición crítica y atenta. Un exceso de positividad hacia la defensa de la paz y los derechos humanos podría dejar a los oprimidos sin defensas inmunitarias hacia la violencia que reciben, y a los opresores libres de ocultar la violencia que perpetran.

Es importante destacar que hoy en día esta relación bipolar entre amigo y enemigo, bueno y malo, oprimido y opresor, no siempre funciona. El proceso de globalización ha acelerado la desaparición de las fronteras y las diferencias. Y con ello ha cambiado también la estructura de la violencia. Dispersándose de forma viral puede actuar incluso de una manera invisible. Puede tener más caras, ser a la vez amigo y enemigo, bueno y malo, oprimido y opresor. Y diluyendo la distancia con el enemigo, la violencia incluso puede adoptar formas de conflictos interiores, físicos y psíquicos, que roban a sus víctimas toda posibilidad de resistencia y actuación. La privación de recursos en las regiones del sur del mundo crea un ejército de víctimas acostumbrado a la ineficiencia, la precariedad y la exclusión de los procesos de progreso y desarrollo. Vivir así implica aceptar la desventaja, la invisibilidad y la connivencia con sistemas de poder secretos y corruptos. Este fenómeno de "estancación estructural", está asociado a problemas como el desempleo, la emigración y la criminalidad organizada, que perpetúan una estructura económica y política injusta. Para entender estos mecanismos, es necesario cuestionar y deconstruir también la retórica cultural que sustenta este tipo de sistema.

Cuando la violencia se hace menos directa y más psíquica, se desplaza, esconde, interioriza e invisibiliza. Según Byung-Chul Han, este es uno de los desplazamientos topológicos fundamentales de la violencia actual: "muta de visible en invisible, de frontal en viral, de directa en mediada, de real en virtual, de física en psíquica, de negativa en positiva, y se retira a espacios subcutáneos, subcomunicativos, capilares y neuronales, de manera que puede dar la impresión de que ha desaparecido" (Han, 2016: 9). Es así por lo que las personas o grupos implicados en la violencia, aunque ocasional y virtualmente la ejerzan a otros, pueden asimismo sufrirla o haber sido víctimas de otro tipo de violencia quizás menos visible. Están así subyugados al círculo de la violencia. De algún modo, adolecen también de defensa... incluso para atajar el problema del ejercicio de la violencia.

Cuestiones geopolíticas abiertas

Hoy en día, tenemos que saber cómo y dónde se desplaza y se esconde la violencia. El mundo está cambiando por completo. Nos enfrentamos no sólo al problema climático, sino también a nuevos retos sociales, geopolíticos y tecnológicos. Los cambios que se están produciendo en el presente apuntan al auge de una Asia dorada, la región con inmensos recursos naturales, en la que se prevé el mayor crecimiento. Se calcula que Asia contiene más de la mitad de todas las reservas de petróleo y gas natural. Aparte de los recursos, cabe destacar la ambición de países como China, Rusia, Turquía, Israel e Irán, que están intentando con eficacia encontrar la forma de prepararse para el futuro.

En cambio, el futuro de África es incierto, concentrando muchos conflictos armados que involucran a diversas potencias internacionales. En 2024, los principales conflictos se encuentran en países como Etiopía, Sudán del Sur, la República Democrática del Congo, Mali, Nigeria y Chad. En un continente como este, tan marcado por una historia centenaria de explotación, dominación, conquista y esclavitud, la resolución pacífica de conflictos y el desarrollo sostenible del territorio para garantizar la seguridad y el bienestar de todos siguen siendo los objetivos más importantes. Por lo tanto, resulta aún más doloroso e inmoral saber que, además de estas violencias impulsadas por intereses geopolíticos y la lucha por el control de los recursos naturales, se suman nuevas formas de violencia.

Las superpotencias como Estados Unidos, China, Rusia, Francia, Reino Unido, Turquía, Arabia Saudita, India y la Unión Europea están involucradas en conflictos en África, por una combinación de intereses económicos y geopolíticos. Cada superpotencia tiene prioridades diferentes, pero el acceso a recursos como los minerales y las rutas de transporte internacionales está a menudo en el centro de estas guerras. Por esta razón, algunas cuestiones importantes quedan abiertas al observar el plan global de los corredores intercontinentales, donde tenemos, por un lado, los corredores chinos y, por otro lado, los corredores europeos y estadounidenses.

En territorios vulnerables, donde muchas personas dependen cada día de la asistencia humanitaria para satisfacer sus necesidades más urgentes, ¿implementarán las potencias mundiales proyectos útiles para la población, o se trata sólo del enésimo plan de dominio geopolítico y explotación de territorios ricos en materias primas? ¿Serán estas nuevas infraestructuras y las mega inversiones globales una oportunidad de desarrollo sostenible, en defensa de los pueblos oprimidos y la protección del planeta? O, al contrario, ¿estamos asistiendo a una reorganización geopolítica del mundo, a nuevas divisiones y a un nuevo plan global de explotación de los recursos naturales, lo que causará nuevas guerras?

4. LOS CINCO ESCENARIOS MUNDIALES. DESAFÍOS MEDIOAMBIENTALES Y GEOPOLÍTICOS

Veamos ahora los nuevos escenarios mundiales que, a partir de futuras relaciones comerciales y económicas, ofrecen nuevas oportunidades para la cooperación y el intercambio cultural fructífero, en sentido amplio. Son escenarios propiciatorios para el desarrollo humano, al menos potencialmente. Pero asimismo pueden ocultar a los "Sin Defensa" y gestar nuevas formas de violencia, contrarias diametralmente a la cultura de la paz. Pues ese es justamente el reto: el de estimular el movimiento desde el círculo vicioso de la violencia al círculo virtuoso de la paz.

Según Peter Frankopan (2019), casi todos los países han desarrollado planes económicos que tienen en cuenta las oportunidades y los desafíos a corto y medio plazo. Proyectos como la nueva "Ruta China de la Seda", la Ruta Polar, la Build Back Better World, el IMEEC (Corredor Económico India-Medio Oriente-Europa) y el Corredor Transafricano entran en esta categoría. Estos proyectos van a ser estratégicos desde el punto de vista político y económico en muchos países, incluso Namibia, rica en diamantes, uranio y otros minerales, que debería convertirse en un centro energético regional y mundial de energías limpias. Pero hay muchos más. En los últimos cinco años, diferentes países han desarrollado planes integrales para el futuro, como: el "Plan Visión" 2030 del gobierno de Arabia Saudí; la "Unión Económica Euroasiática" de Rusia, Bielorrusia, Kazajistán, Armenia y Kirguistán; la iniciativa "Camino Brillante" de Kazajistán; la iniciativa "Dos Corredores, un Círculo Económico" de Vietnam; el proyecto del "Corredor Medio" de Turquía; la iniciativa "Ruta del Desarrollo" de Mongolia; los "Planes de Desarrollo" de Laos, Camboya y Birmania; y los planes políticos en la India como "Acción en Oriente", el proyecto de la autopista "Trilateral", la estrategia "Hacia Occidente" y el plan "Primero el Vecindario".

Primer escenario: La Antigua Ruta de la Seda, Patrimonio Mundial de la Humanidad

Utilizando unas gafas de lejos y unas de cerca, podemos focalizar la atención sobre todo en algunos de estos corredores intercontinentales. Al ver planes tan ambiciosos, surgen dudas y preguntas: ¿Se trata de una transformación de la forma en que el comercio y la influencia geopolítica se articulan en estas vastas regiones, o más bien de prácticas consolidadas de dominio neocolonial?

Del 10 al 25 de septiembre de 2023, el Comité del Patrimonio Mundial de la UNESCO, compuesto por 21 Estados Miembros, se reunió en Riad (Arabia Saudita) para añadir nuevos sitios a la Lista del Patrimonio Mundial. Con las nuevas incorporaciones, la lista total de sitios asciende a 1199 en 168 países diferentes. Entre ellos destaca el corredor que va de las zonas de Tayikistán y Uzbekistán dónde está el río Zarafshan, siguiendo los antiguos caminos de caravanas que cruzaban el desierto de Karakum en Turkmenistán. Este corredor de 866 kilómetros de longitud pasaba por escarpadas, montañas, fértiles valles fluviales e inhóspitos desiertos. El interés histórico y cultural de este corredor consiste en ser parte de la antigua Ruta de la Seda china, es decir, una de las dos rutas principales de la extensa red que, durante la antigüedad y la Edad Media, conectaba Oriente y Occidente, el Este y el Oeste (China, Asia Central y Oriente Medio con Occidente y África). Mientras que la Ruta del Sur atravesaba el Tíbet, esta ruta pasaba a través de Asia Central. Por eso es conocida como la Ruta Norte.

Desde el siglo II a.C. hasta el siglo XVI d.C., el corredor Zarafshan-Karakum desempeñó un papel en la difusión de la civilización y el comercio en todo el mundo antiguo, facilitando el intercambio de una gran variedad de mercancías como especias, gemas, pieles, metales, cerámica, productos agrícolas, perfumes, maderas ornamentales, algodón y textiles de lana, vidrio, vino, ámbar, alfombras, etc. Pero también la Ruta de la Seda compartió el arte, la religión, la filosofía, la tecnología, el conocimiento. Pueblos de todo el mundo viajaron, se asentaron, conquistaron o fueron derrotados a lo largo de esta ruta comercial. Por eso, Xi Jinping, el actual presidente de la República Popular China, define la antigua Ruta de la Seda una ventana de intercambio amistoso entre pueblos y personas, con la cual se escribió un capítulo fundamental en la historia del desarrollo y el progreso de la humanidad.

Otros Corredores Inscritos en la Lista del Patrimonio Mundial

Casi diez años antes, en 2014, el Corredor Chang'an-Tianshan, 5.000 km de la extensa red de las Rutas de la Seda que atravesaba China, Kazajstán y Kirguistán, había sido inscrito en la Lista del Patrimonio Mundial. Este corredor era famoso porque incluía capitales, palacios de varios imperios y reinos de Khan, asentamientos comerciales, templos de cuevas budistas, senderos antiguos, secciones de la Gran Muralla, fortificaciones y edificios religiosos.

Son muchas las razones por las que la Ruta más larga de la humanidad se considera Patrimonio tangible e intangible de la UNESCO. No solamente por su comercio global que se desarrollaba en más de 35.000 km de corredores, sino también por el intercambio, las interconexiones y el diálogo intercultural entre civilizaciones tan diversas como China, India, Persia, Arabia y Europa, lo que contribuyó al desarrollo económico de los países y el enriquecimiento mutuo de las civilizaciones.

Su preservación es un objetivo de importancia global para las generaciones futuras, también por el Arte y la Arquitectura, pues en los distintos corredores se desarrollaron ciudades, mezquitas y otros importantes monumentos históricos que reflejan la rica historia y diversidad cultural de las regiones. El patrimonio de la Ruta de la Seda incluye también paisajes y tradiciones culturales distintas, y eso lo convierte en un legado muy especial para la humanidad. Es fundamental la cooperación internacional en la preservación de la Ruta de la Seda, siendo el patrimonio material e inmaterial un recordatorio de la diversidad cultural y antropológica de las regiones que conectaba.

El peligro de extinción de la antigua Ruta de la Seda se debe a una variedad de factores como la urbanización, el turismo masivo y el tráfico ilícito de antigüedades que han llevado a la degradación y pérdida de sitios históricos y culturales, artefactos, monumentos y estructuras antiguas. Pero también los conflictos armados y la desestabilización política de territorios inscritos en la Ruta de la Seda ponen en peligro la seguridad y la preservación de su rico patrimonio. Por último, el cambio climático puede afectar negativamente a los sitios históricos. Para afrontar estos retos, las políticas y la protección del patrimonio tendrán que integrarse en la gestión Medioambiental. La UNESCO ha organizado un Estudio Integral de las Rutas de la Seda, que incluía cinco expediciones para cartografiar las antiguas rutas por tierra y por mar (Las Rutas de la Seda: Carreteras de Cultura y Comercio, 2000). El objetivo de este Estudio es mejorar la sensibilización de las comunidades locales, especialmente la juventud, fomentando el diálogo y el entendimiento mutuos a través de la educación y las nuevas tecnologías de la comunicación. Así, el patrimonio puede transformarse en un legado viviente que cada generación preserva y transmite a las generaciones futuras.

Segundo escenario: La Nueva Ruta de la Seda: el "Cinturón-Ruta del Siglo XXI"

China es ampliamente reconocida como "el gigante de la exportación". Con un crecimiento económico impresionante en las últimas décadas, se ha convertido en el mayor exportador de bienes del mundo, que incluyen una amplia variedad de productos: electrónicos, textiles, maquinarias, manufacturas, etc. Este estatus se debe en gran parte a su mano de obra abundante y relativamente económica, así como a su infraestructura de fabricación altamente desarrollada. En 2014 China superó a Estados Unidos por lo que se refiere al poder económico y a la infraestructura, que es de primera clase mundial.

En 2013, el presidente Xi Jinping quiso empezar la revitalización de la antigua Ruta de la Seda, transformándola en el "Cinturón-Ruta" comercial del continente Euroasiático, que llamó One Belt-One Road (OBOR). Esta empresa masiva que involucra programas de inversión por valor de trillones de dólares, destinados a conectar Asia y Europa por mar, ferrocarril y carreteras, ahora se ha convertido en la llamada Belt and Road Initiative (BRI). Es comparable al Plan Marshall después de la segunda guerra mundial, aunque a una escala mucho mayor. La principal crítica a la Nueva Ruta de la Seda se ha denominado la "trampa de la deuda", que consiste en convencer a los países en desarrollo para que pongan en marcha proyectos demasiado ambiciosos financiados con préstamos que no pueden devolverse salvo vendiendo activos importantes (puertos, minas, recursos y territorios).

El acuerdo de la Nueva Ruta de la Seda ha sido firmado por 149 Estados y 32 Organizaciones Internacionales, con inversiones multimillonarias, por valor de más de 932.000 millones de dólares, para promover un mayor comercio entre los continentes construyendo infraestructuras de transporte fluidas, seguras y eficientes. Se trata de un proyecto económico a largo plazo muy ambicioso, compuesto por un plan de dos rutas, fundamentales para celebrar el ascenso de China como superpotencia:

a) La ruta terrestre, que pasa por los países de Asia central, incluye la modificación de las infraestructuras de transporte de pasajeros, mercancías, hidrocarburos y alta tecnología, para asegurar el crecimiento económico y los suministros de energía y minerales.

b) La ruta marítima, también conocida como la Ruta de la Seda del siglo XXI, cuenta con siete puertos chinos, que aparecen entre los diez puertos más grandes del mundo. China ha establecido relaciones comerciales con países de todos los continentes y pretende ser un actor clave en la economía global sobre todo a través de dos rutas marítimas. La primera, a través del Mar del Sur de China, tiene la pretensión de establecer un control estratégico de las islas Spratly, del Estrecho de Malaca y de toda la zona Indo Pacífica, incluyendo el Golfo de Bengala, para llegar al corazón de Europa. La segunda ruta marítima atravesará el Mar del Sur de China para dirigirse hacia los puertos del Pacífico Sur. Con ello, China también controlaría las rutas de las imprescindibles materias primas que le llegan de los países hispanoamericanos.

Tercer escenario: la "Ruta Polar de la Seda"

En los últimos 20 años el Ártico se ha convertido en una región de creciente importancia. Debido al cambio climático y al progresivo deshielo del casquete polar, se habla de la apertura de una nueva ruta marítima y de la disponibilidad de nuevos recursos naturales. Invertir en el control de esta ruta no sólo comporta nuevas posibilidades de comunicación del tráfico internacional de mercancías, sino también promover la pesca y el turismo, desarrollando la extracción de enormes recursos inexplorados, como petróleo, gas, minerales y combustibles no fósiles, que son cada vez más accesibles.

Por no ser un país ártico, China no puede ser miembro del Consejo Ártico, un foro intergubernamental que se estableció en 1996 con el objetivo de promover la cooperación, la tutela del medioambiente, la investigación científica, el transporte marítimo y la seguridad de la zona. En estrecha colaboración con organizaciones no gubernamentales, el Consejo Ártico reúne a ocho naciones, Canadá, Dinamarca (incluyendo Groenlandia y las Islas Feroe), Finlandia, Islandia, Noruega, Rusia, Suecia y Estados Unidos, y las comunidades indígenas del Ártico, en calidad de participantes permanentes. No obstante, China es un observador sin derecho a voto del Consejo Ártico, lo que le permite participar en las discusiones y actividades, además de la investigación científica y la cooperación.

En 2018, China anunció su intención de desarrollar la "Nueva Ruta Polar de la Seda", un proyecto de interés geoeconómico, geopolítico y estratégico en el Ártico que pretende unir la ruta Marítima del Norte con la Nueva Ruta de la Seda. En el libro blanco sobre su política en el Ártico, China se compromete a fortalecer las relaciones comerciales con varios países de la región, sobre todo con Rusia. La principal ventaja de la Ruta Marítima del Norte es que permite reducir considerablemente el tiempo de transporte de las cargas, en comparación con las rutas del sur, a través de los canales de Suez o Panamá.

Hoy en día un viaje desde los puertos del norte de China hasta Rotterdam, a través del Canal de Suez, dura 48 días. En cambio, esta nueva ruta permite atravesar las vías marítimas polares libres de hielo durante algunos meses al año. Sobre todo, durante el verano, los grandes cargueros pueden llegar allí donde, hasta hace pocos años, la gruesa capa de hielo hacía imposible la navegación. De este modo, un petrolero ruso del Ártico sería capaz de llegar de Noruega a Corea del Sur en tan solo 15 días, es decir, tres veces más rápido. Por estas razones, China se ha convertido en uno de los actores protagonistas de los transportes en el Ártico. Sin duda, la Nueva "Ruta Polar de la Seda" tiene importantes repercusiones en el tablero mundial. Pues el control del Ártico es el tercer escenario de la geopolítica mundial que los países se disputan por controlar. Un escenario que se podría convertir en una guerra por la hegemonía del siglo XXI.

Cuarto escenario: El plan verde "Build Back Better World"–B3W

Los participantes en el G7 de 2021, los líderes de las siete naciones más industrializadas del mundo–Alemania, Canadá, Estados Unidos, Francia, Italia, Japón y Reino Unido -anunciaron su decisión de establecer la nueva *Build Back Better World* (B3W), un programa comunitario que cuenta con 300.000 millones de euros para financiar y construir infraestructuras, y que busca posicionar mejor a la UE en cuanto a inversiones geoestratégicas. El propósito es impulsar el desarrollo económico en países en vías de desarrollo, abordar desafíos globales como el cambio climático, la salud, la tecnología digital y la equidad de género, promoviendo conexiones inteligentes, energías limpias y seguras en los sectores digital, energético y del transporte, así como reforzar los sistemas sanitarios, educativos y de investigación en todo el mundo.

El plan B3W es una iniciativa de gran envergadura que busca ser una respuesta al modelo de infraestructura impulsado por China con la "Nueva Ruta de la Seda". Mientras que la Ruta de la Seda está centrada en infraestructuras *hard* (puertos, carreteras, presas, vías, plantas de electricidad y telecomunicaciones), el plan *verde Build Back Better World* se centra en infraestructuras *soft* que, a diferencia de los modelos tradicionales, ponen un énfasis significativo en el bienestar humano y la justicia social.

Enfoque en Infraestructuras "Soft"

Las infraestructuras *soft* son aquellas relacionadas con la mejora de los sistemas sociales y económicos, más que con grandes obras físicas. A diferencia de las infraestructuras tradicionales (como puentes, carreteras o ferrocarriles), las infraestructuras *soft* se centran en áreas esenciales para el desarrollo sostenible y el bienestar global:

a) Clima: Promover la transición hacia economías bajas en carbono mediante el uso de energías renovables y la eficiencia energética.

b) Salud y Seguridad Sanitaria: Crear infraestructuras sanitarias más efectivas, incluso en los países más vulnerables, mejorar la atención médica básica y promover la salud pública en general.

c) Tecnología: Crear infraestructuras de conectividad digital en países en desarrollo, como redes de Internet de alta velocidad, plataformas de educación y servicios públicos digitales. Además, se fomenta la innovación tecnológica que pueda mejorar la productividad y la inclusión social.

d) Equidad de Género: Fomentar la igualdad de género para garantizar la participación plena de las mujeres en todos los ámbitos sociales y económicos. Esto incluye el apoyo a la educación para niñas, la mejora del acceso a servicios de salud reproductiva y el impulso a las mujeres en roles de liderazgo en áreas como la tecnología y la política.

La B3W tiene un fuerte componente geopolítico. El G7 y sus aliados buscan crear una alternativa a la Iniciativa de China. Un aspecto crucial es la cooperación internacional. La iniciativa busca involucrar a una amplia gama de actores globales, incluidos los gobiernos, las organizaciones internacionales, el sector privado y la sociedad civil en un esfuerzo conjunto por liderar la transformación global hacia un futuro más sostenible, justo y resiliente. Según los expertos, las infraestructuras del B3W deben ser "resilientes climáticamente". Esta condición implica también que deben estar en línea con el objetivo de ser neutras en carbono para 2050.

El Global Gateway Europeo, el Green New Deal y la Descarbonización Global

El Global Gateway Europeo, el Green New Deal y la Descarbonización Global son tres iniciativas clave que buscan transformar la economía global hacia un futuro más sostenible, inclusivo y libre de carbono. Están interrelacionadas en un esfuerzo global por reducir las emisiones, promover la sostenibilidad y garantizar una transición justa hacia un futuro sin carbono, tanto a nivel europeo como mundial, lo que requerirá colaboración entre países y sectores, e inversiones tanto públicas como privadas.

El Global Gateway Europeo es una estrategia lanzada por la Unión Europea en 2021, también como respuesta a la creciente influencia de China, especialmente a la *Belt and Road Initiative* (BRI). Esta estrategia busca invertir en infraestructuras sostenibles en los países en desarrollo, especialmente en África, Asia y América Latina, con el fin de impulsar el desarrollo económico, la transición digital, la sostenibilidad ambiental y la cooperación global. Pone un énfasis significativo en: infraestructuras digitales, energías renovables, salud, educación e igualdad de género.

El *Green New Deal* Europeo es un paquete ambicioso de políticas y medidas de la Unión Europea, un nuevo contrato mundial para el cuidado del planeta, con el objetivo de lograr la neutralidad climática para 2050. Trata de: la reducción de las emisiones de gases de efecto invernadero; la descarbonización de los sectores clave como la energía, el transporte, la industria y la agricultura; las inversiones en energías renovables; la creación de una infraestructura verde; la economía circular y la sostenibilidad en todos los sectores. El *Green New Deal* no solo se centra en la descarbonización de Europa, sino que también tiene como objetivo garantizar una transición justa para las personas y regiones que dependen de las industrias contaminantes, ofreciendo empleo y capacitación para los nuevos sectores sostenibles.

La descarbonización global es un proceso necesario para mitigar los efectos del cambio climático y alcanzar los objetivos del Acuerdo de París. Implica: la reducción de las emisiones de dióxido de carbono (CO_2) y otros gases de efecto invernadero, que son los principales responsables del calentamiento global; la transición a fuentes de energía renovable como la solar, eólica e hidroeléctrica; la electrificación del transporte (vehículos eléctricos, trenes de alta velocidad); y las mejoras en la eficiencia energética de edificios, industrias y sistemas de producción.

Es preciso dar visibilidad e impulso a proyectos que a nivel global están reinventando el mundo de la economía hacia formas de producción, distribución y consumo más verdes. El *Global Gateway* Europeo y el *Green New Deal* marcan el camino a seguir para evitar un aumento de la temperatura que nos condenaría a un cambio climático descontrolado y pondría en peligro irremisiblemente la vida en el planeta, como denuncia la activista Greta Thunberg. Por ello, se están impulsando proyectos de energía solar, eólica, marina e hidroeléctrica en Bangladesh y Vietnam, cables de fibra óptica bajo el mar Negro hasta Georgia y Asia Central, ferrocarriles y redes eléctricas en los Balcanes Occidentales, Moldavia y Ucrania, y firmando nuevos acuerdos con países ricos en materias primas esenciales. Pero en un horizonte global, donde Europa quiere conectar los océanos Atlántico e Índico, ¿habrá hueco para las políticas de paz duradera y desarrollo sostenible de los territorios que sufren por la guerra, el hambre y la pobreza? ¿Los derechos humanos y los aspectos relacionados con la protección del medio ambiente, el acceso a la información, la participación ciudadana y la autodeterminación de los pueblos indígenas, serán respetados?

Como augura el pensador y economista Jeremy Rifkin (2019), a medida que el mundo se mueve hacia un modelo de economía verde y de energías renovables, los activos vinculados a los combustibles fósiles se volverán ineficientes y obsoletos, creando una burbuja económica que tarde o temprano explotará. Por lo tanto, a la pregunta "¿qué puede hacer el derecho internacional al respecto? ¿Y cuál ha de ser el papel de la educación global ante estos nuevos escenarios?", podríamos contestar que esa transición debe hacerse de manera colaborativa y en todos los niveles de la sociedad: político, social, económico y educativo.

Quinto escenario: IMEEC (Corredor Económico India-Medio Oriente-Europa) y el Corredor Transafricano

El poder de un país está determinado por una serie de elementos entre los que se encuentran la fuerza militar, el poderío económico, la diplomacia, los servicios de inteligencia, la disponibilidad de recursos naturales, la extensión del territorio, la población, las potencialidades intangibles como la cultura y la religión, el conocimiento, la tecnología, y la comunicación estratégica.

En el proceso de globalización, por lo que se refiere a las fuerzas armadas, el ejército más poderoso del mundo es el de Estados Unidos. Si la esencia del poder es dar miedo, el motivo por el cual Estados Unidos puede someter voluntades políticas, poblaciones y enteros territorios depende sobre todo de su fuerza militar. Su aplastante superioridad viene del inmenso poder bélico con lo que cuentan para ganar cualquier conflicto de forma rápida y decisiva. Las fuerzas armadas estadounidenses se mantienen como las más potentes y mejor equipadas del mundo, contando con la innovación y tecnologías avanzadas y letales. Además de disponer de unidades de operaciones especiales en más de 149 países, Estados Unidos tiene un número de portaaviones y submarinos de propulsión nuclear superior al de todas las armadas unidas de las demás naciones. Su presupuesto de defensa es significativamente alto y su flota naval se puede definir como una superpotencia porque resulta ser más potente que el resto de las flotas de todos los países juntas.

En términos económicos, Estados Unidos tiene la economía más grande del mundo y es uno de los cinco miembros permanentes del Consejo de Seguridad de las Naciones Unidas, lo que le otorga poder de veto en cuestiones importantes. También tiene una red de aliados y tratados internacionales que fortalecen su influencia política. Entonces, ¿qué opina la potencia más influyente del mundo sobre la iniciativa China que ha capturado la atención internacional de manera tan abrumadora?

En el escenario contemporáneo, existe un proyecto que puede modificar de forma severa el comercio en el mundo: la antigua Ruta de la Seda se ha convertido en un desafío geopolítico y económico de nivel global. Con la expansión de carreteras, ferrocarriles, puertos y proyectos energéticos en los tres continentes, Asia, Europa y África, incluso el escenario Mediterráneo podría cambiar por completo.

En la última cumbre del G20, llevada a cabo en septiembre de 2023 en Nueva Delhi, bajo el lema «Una Tierra, una familia, un futuro», se han anunciado dos megaproyectos que suponen el respaldo de países como Arabia Saudí, Emiratos Árabes Unidos e India.

El primero es IMEEC, el Corredor Económico India-Oriente Medio-Europa, que conectará estas tres regiones con ferrocarriles, líneas marítimas, cables de datos de alta velocidad y conductores de energía. Según el presidente de Estados Unidos, Joe Biden, y la presidenta de la Comisión Europea, Ursula von der Leyen, la integración de las líneas ferroviarias y las conexiones portuarias de India con Europa a través de Emiratos Árabes Unidos, Arabia Saudí, Jordania e Israel hará que el comercio entre India y el continente sea más rápido hasta en un 40%.

El segundo megaproyecto es el Corredor Transafricano, que debería mejorar las conexiones de transporte entre la región de Katanga y el llamado "Cinturón del Cobre". La Unión Europea y los Estados Unidos quieren desarrollar este Corredor, que conectará el sur de la República Democrática del Congo y el noroeste de Zambia con los mercados comerciales regionales y mundiales a través del puerto de Lobito en Angola.

El IMEEC, junto con el Corredor Transafricano, se presentó como el proyecto emblemático de la estrategia europea y occidental para el desarrollo de la Asociación para la Inversión en Infraestructuras Mundiales (PGII), tema central de las conversaciones del G20 indio. Estos dos megaproyectos evidentemente son la respuesta de Estados Unidos y la Unión Europea a las nuevas rutas chinas de la seda.

5. LA EDUCACIÓN GLOBAL

El papel de la Educación Global en los desafíos mundiales

La Educación Global, según los principios del Consejo de Europa, desempeña un papel fundamental en la preparación de las nuevas generaciones para enfrentar los desafíos geopolíticos y ambientales. En el contexto actual, los cinco escenarios estratégicos que modelan la geopolítica mundial –la *Antigua Ruta de la Seda*, la *Nueva Ruta de la Seda China*, la *Ruta Polar de la Seda*, el plan verde *Build Back Better World* (B3W) y el *IMEEC* (*Corredor Económico India-Medio Oriente-Europa*) *y el Corredor Transafricano*– son claves para comprender la interconexión entre los problemas globales y locales, y cómo las potencias internacionales influyen en el control de los territorios y recursos.

El primer escenario, la antigua Ruta de la Seda, representa un patrimonio histórico que ha facilitado intercambios entre Asia y Europa durante siglos. La Educación Global debe enseñar a los estudiantes no solo la importancia histórica de esta ruta, sino también su relevancia actual en la competencia por el control de territorios estratégicos. Entender cómo estos intercambios impactaron el mundo moderno es clave para preparar a los jóvenes a abordar los conflictos geopolíticos actuales.

El segundo escenario, la nueva Ruta de la Seda es una iniciativa con la que China busca conectar Asia, Europa y África mediante grandes proyectos de infraestructuras. La Educación Global debe formar a los estudiantes para que comprendan las implicaciones geopolíticas de este vasto proyecto, ya que las inversiones en infraestructuras clave pueden alterar el balance de poder entre países. Es crucial que los ciudadanos del futuro entiendan cómo el control de estas rutas de comercio y energía afecta la economía y las relaciones internacionales.

El tercer escenario, la Ruta Polar de la Seda, es el resultado del deshielo del Ártico. Las nuevas rutas marítimas por el Polo Norte ya se han convertido en una nueva vía comercial. La Educación Global debe alertar sobre las oportunidades y riesgos geopolíticos que surgen en este contexto, donde el cambio climático abre nuevas disputas por recursos naturales en la región. Los estudiantes deben estar preparados para entender cómo las superpotencias se posicionan para controlar estas nuevas rutas y recursos del Ártico.

El cuarto escenario, el plan verde B3W, impulsado por los países del G7, busca promover la construcción de infraestructuras sostenibles y resilientes en todo el mundo. La Educación Global juega un papel clave en sensibilizar a los estudiantes sobre la importancia de la sostenibilidad y la cooperación internacional. Este plan representa una respuesta política y económica a la iniciativa china de la Ruta de la Seda, y se enfoca en un desarrollo respetuoso con el medio ambiente que también implica una estrategia geopolítica para aumentar la influencia de las potencias occidentales.

El quinto escenario, IMEEC (Corredor Económico India-Medio Oriente-Europa) y el Corredor Transafricano, son megaproyectos que buscan mejorar las conexiones comerciales entre Asia, Medio Oriente, Europa y África, fortaleciendo la cooperación económica en esas regiones. A la vez, representan un esfuerzo para contrarrestar la creciente influencia china. La Educación Global debe capacitar a los estudiantes para entender cómo estas infraestructuras pueden redefinir las relaciones internacionales y geopolíticas, convirtiéndose en una oportunidad para que los futuros líderes comprendan la intersección entre la diplomacia, la economía y la sostenibilidad.

Una mirada crítica

La Educación Global juega un papel fundamental en preparar a las generaciones futuras para enfrentar desafíos complejos no solo a nivel económico, sino también geopolítico. En un mundo cada vez más globalizado e interconectado, la competencia geopolítica y económica se manifiesta a través de megaproyectos como el IMEEC y el Corredor Transafricano, que buscan establecer nuevas rutas comerciales y fortalecer la influencia de las potencias occidentales. Estos proyectos representan una respuesta directa a la creciente presencia de China en el ámbito global con su Iniciativa de la Nueva Ruta de la Seda, que está transformando el panorama económico y estratégico mundial. La interdependencia de las regiones involucradas, junto con las inversiones en infraestructura, tecnología y energía, podría redefinir las relaciones entre Asia, Europa, África y el resto del mundo, marcando una nueva fase en la historia de la globalización. Sin embargo, estos desarrollos no solo implican beneficios económicos, sino también desafíos geopolíticos que deberán ser gestionados con cautela para evitar tensiones y asegurar un crecimiento global equilibrado y sostenible.

Así como en su libro *Padre rico, padre pobre* del 1997, Robert Kiyosaki denuncia la falta de educación financiera en las escuelas, hoy en día es igualmente crucial que el sistema educativo prepare a los estudiantes no solo en términos académicos tradicionales, sino también para entender las dinámicas globales, como los megaproyectos económicos y las estrategias geopolíticas. La competencia entre potencias está redefiniendo las relaciones económicas internacionales y las interdependencias entre continentes. Entender estos proyectos y cómo influyen en la economía y las relaciones internacionales es tan importante como entender cómo administrar el dinero.

Por lo tanto, la educación global y la educación financiera están interconectadas. Mientras el sistema educativo tradicional se limita a enseñar lo básico sin adentrarse en la gestión del dinero o en las dinámicas macroeconómicas, la educación financiera podría proporcionar a las nuevas generaciones las herramientas necesarias para navegar en este panorama global. Solo con un enfoque amplio, que incluya tanto los aspectos financieros personales como las complejidades geopolíticas, los jóvenes podrán comprender y adaptarse a los cambios que definirán su futuro, participando activamente en un mundo interconectado de manera más justa y equitativa.

La Educación Global tiene un papel fundamental en la preparación de las generaciones futuras para enfrentar los desafíos geopolíticos y climáticos derivados de estos cinco escenarios. Al comprender cómo las superpotencias usan las infraestructuras y las políticas ambientales para competir por el control de territorios y recursos, los estudiantes pueden contribuir a un futuro más justo y equilibrado, promoviendo la cooperación internacional y la sostenibilidad a nivel local y global. Este enfoque educativo, que une la comprensión global con la capacidad de gestión financiera, puede ser la clave para un desarrollo económico, ambiental y social sostenible y equilibrado.

CONCLUSIONES

Hoy en día, se requiere una nueva perspectiva para entender la relación entre derecho, poder, comunicación, economía y dominación. Si bien se enfocan en escenarios globales y locales, es esencial reconocer las formas de violencia estructural que se ocultan detrás de muchas decisiones políticas y económicas. Los proyectos geopolíticos como la Nueva Ruta de la Seda de China, el Corredor Económico India-Medio Oriente-Europa (IMEEC), el Corredor Transafricano y la Ruta Polar de la Seda están estrechamente relacionados con territorios en conflicto, lo que agrega complejidad a las rivalidades entre las superpotencias. Por ejemplo, Afganistán y Pakistán son regiones claves en la competencia por las rutas comerciales y el Corredor Transafricano se ve afectado por la inestabilidad en África. Además, las disputas por los recursos del Ártico añaden una capa de tensión económica.

Los conflictos bélicos son una parte integral de las dinámicas geopolíticas que moldean los intereses y las alianzas internacionales actuales. Estos conflictos no solo afectan la seguridad regional, sino que también impactan los proyectos de infraestructura y las estrategias globales de las potencias, que buscan asegurar el control de recursos y rutas comerciales clave.

Las personas y grupos que están en una posición vulnerable, sin medios para defenderse, a menudo son invisibilizados, mientras que aquellos que perpetran violencia, ya sea de manera directa o a través de políticas coercitivas, también necesitan ser analizados en este contexto de "Sin defensa". La Educación Global debe capacitar a las generaciones futuras para ver más allá de las superficies geopolíticas y comprender cómo la violencia estructural afecta a los más desfavorecidos, mientras se legitiman las prácticas de dominación, para enfrentar los desafíos derivados de los megaproyectos internacionales y las crecientes tensiones geopolíticas a nivel mundial.

La Educación Global, junto con la innovación didáctica, puede desempeñar un papel crucial al abordar los desafíos geopolíticos y climáticos, así como al promover una comprensión profunda de las dinámicas de poder y violencia en el escenario mundial. Los cinco escenarios descritos –desde la *Antigua Ruta de la Seda* hasta el *IMEEC*– ilustran cómo las superpotencias usan proyectos geopolíticos y económicos para dominar territorios y recursos, lo que refuerza las estructuras de poder y desigualdad existentes. Sin embargo, es vital que esta educación no se limite solo a entender las interacciones globales, sino que también ayude a identificar y enfrentar a las formas de violencia estructural que afectan a millones de personas.

El sistema educativo tradicional necesita una transformación profunda, que no se limite al currículo rígido ni a la rutina escolar. La relación íntima entre el derecho, la economía, el poder y la violencia debe ser abordada con una perspectiva crítica, para que las futuras generaciones puedan actuar de manera informada y comprometida con la creación de un mundo más justo y equitativo. Proyectos como *Strade Maestre*, que integran el aprendizaje académico con la experiencia directa del mundo real, muestran una forma diferente de aprender, caminando y descubriendo la historia, la naturaleza y la cultura. La educación debe ser un proceso enriquecedor, no una obligación sin alma, y debe permitir el desarrollo de competencias reales, despertando la curiosidad y el interés por aprender.

El cambio debe implicar a toda la sociedad, incluyendo familias, comunidades y estudiantes, creando entornos en los que los jóvenes se sientan inspirados. Los profesores juegan un papel esencial, siendo guías que motivan a los estudiantes más allá de los programas convencionales. La educación global, que combina un enfoque interdisciplinario, aprendizaje práctico y perspectivas interculturales, debe estar disponible para todos los estudiantes, no solo para aquellos con acceso a recursos privilegiados. El enfoque global, al iluminar estas conexiones y sensibilizar sobre las injusticias sociales y económicas, es una herramienta crítica poderosa para enfrentar no solo los desafíos geopolíticos, sino también las profundas desigualdades que subyacen a los problemas actuales. Solo así, ampliando la mirada de la geopolítica a la innovación didáctica, podemos avanzar hacia un futuro más sostenible, equitativo y pacífico.

REFERENCIAS

Agamben, G. (2002). *Homo Sacer: El poder soberano y la nuda vida.* Buenos Aires: Adriana Hidalgo.

Alberto, J. (2015). *La educación digital: Nuevas perspectivas.* Madrid: SM.

Angelini, A. (2017). *L'ambiente e la sostenibilità: Una visione integrata.* Milano: Edizioni Ambiente.

Arendt, H. (2000). *La condición humana.* México: Fondo de Cultura Económica.

Aust, S., & Geiges, A. (2018). *Xi Jinping: El hombre más poderoso del mundo.* Madrid: La Esfera de los Libros.

Baños, P. (2020). *El dominio mundial. Elementos del poder y claves geopolíticas.* Barcelona: Editorial Ariel. ISBN: 978-84-344-2645-5.
Bauman, Z. (2006). *Vidas líquidas.* Barcelona: Tusquets Editores.

Becker, M. (2012). *El pensamiento crítico en la educación.* Madrid: SM.

Bergère, M.-C. (2004). *La educación y sus retos en el siglo XXI.* Buenos Aires: Editorial Losada.

Bergmann, J., & Sams, A. (2014). *El aula invertida: Cómo transformar la enseñanza con el aprendizaje activo.* Madrid: SM.

Beyer, B. K. (2010). *Estrategias de pensamiento crítico para el aula.* Madrid: SM.

Bologna, G. (2017). *Educazione e sostenibilità: Un approccio globale.* Roma: Carocci.

Bolognari, V. (2012). *Pedagogía intercultural y diversidad.* Roma: Carocci.

Bazarra y Casanova, M. (2015). *La creatividad en el aula: Nuevas formas de enseñanza.* Madrid: SM.

Costa, A. L. (2009). *El pensamiento en acción.* Madrid: SM.

Crutzen, P. (2012). *El cambio climático y el futuro de la humanidad.* Madrid: SM.

De la Heras, M. (2011). *La enseñanza efectiva en la educación primaria.* Madrid: SM.

Dezcallar, J. (2017). *Abrazar el mundo. Geopolítica: ¿Hacia dónde vamos?.* Madrid: La Esfera de los Libros.

Etxeberria, J. (2010). *La educación emocional en el aula.* Madrid: SM.

Escribano, L. (2014). *La pedagogía crítica y la enseñanza del siglo XXI.* Madrid: SM.

Foucault, M. (1977). *Vigilar y castigar: Nacimiento de la prisión*. Madrid: Siglo XXI Editores.

Schmidt-Glintzer, H. (2015). *La Cina contemporánea: De las guerras del opio a hoy*. Roma: Carocci.

Freire, P. (1970). *Pedagogía del oprimido*. Madrid: Siglo XXI Editores.

Gerver, R. (2012). *La escuela del futuro: La innovación educativa como respuesta a los retos del siglo XXI*. Madrid: SM.

Hall, S., & Du Gay, P. (1996). *Cultural studies: Una introducción*. Madrid: Editorial Akal.

Harris, A., & West-Burnham, J. (2010). *Liderazgo educativo en la era del cambio*. Madrid: SM.

Ibarrola, A. (2008). *El cerebro y el aprendizaje*. Madrid: SM.

Johnson, D. W., & Johnson, R. T. (2011). *Aprendizaje cooperativo: Teoría y práctica*. Madrid: SM.

Kallick, B. (2013). *Desarrollo de habilidades en el aula*. Madrid: SM.

Kiyosaki, R. (1997). *Padre rico, padre pobre*. Madrid: Ediciones Urano.

López y Valls, F. (2012). *La práctica educativa en el aula*. Madrid: SM.

Lovelock, J. (2019). *El Novaceno: La era del hombre y la Tierra*. Barcelona: Editorial Planeta.

McIntosh, K. (2014). *Transformación educativa: Enseñanza inclusiva y equitativa*. Madrid: SM.

Meadows, D., & Randers, J. (2004). *Los límites del crecimiento: El informe del Club de Roma*. Barcelona: Ediciones Deusto.

Montessori, M. (2001). *El método Montessori*. Roma: Edizioni Garzanti.

Musk, E. (2017). *El futuro de la humanidad*. Madrid: Alianza Editorial.

Nussbaum, M. (2011). *Las fronteras de la justicia*. Madrid: Editorial Katz.

Panarello, P. (2006). *Las alas atadas. Etnografía y pedagogía de la identidad entre los jóvenes de la ciudad del Estrecho*. Messina: EDAS ediciones.

Panarello, P. (2012). *La educación intercultural y la sostenibilidad. Las políticas de la Unión Europea y de la UNESCO*. Roma: Carocci.

Panarello, P. (2020). *En defensa del Planeta Viviente para los Derechos de la Madre Tierra. Educación Global y Ciencia de la Sostenibilidad en el Siglo de la Emergencia Climática*. Reggio Calabria: Falzea.

Perkins, D. (2009). *Inteligencia y creatividad en el aula.* Madrid: SM.

Prensky, M. (2011). *La educación digital: Retos y oportunidades.* Madrid: SM.

Reagan, E. (2012). *Liderazgo y gestión en la educación.* Madrid: SM.

Resnick, L. B. (2007). *Aprender con comprensión: Un enfoque constructivista.* Madrid: SM.

Rifkin, J. (2014). *La sociedad del costo marginal cero.* Madrid: Ediciones Deusto.

Robertson, P. (2016). *La transformación de la educación en el siglo XXI.* Madrid: SM.

Schmidt-Glintzer, H. (2015). La Cina contemporánea: De las guerras del opio a hoy. Roma: Carocci.

Shiva, V. (2016). *La tierra tiene sus derechos.* Madrid: Editorial Icaria.

Swartz, R. (2010). *Pensamiento crítico y creatividad en la educación.* Madrid: SM.

Thunberg, G. (2023). *El libro del clima.* Barcelona: Editorial HarperCollins.

Thunberg, G. (2022). *La casa en llamas: La lucha por un futuro sostenible.* Barcelona: Editorial HarperCollins.

UNESCO (2000). *Las Rutas de la Seda: Carreteras de Cultura y Comercio.* París: UNESCO.

Vergara, A. (2014). *El aula que aprende: Guía de innovación educativa.* Madrid: SM.

Vergara Ramírez, A. (2015). *La gestión educativa en el siglo XXI.* Madrid: SM.

Viso, L. (2015). *Desarrollo de habilidades cognitivas en el aula.* Madrid: SM.

Xi Jinping, (2016). *El sueño chino: La gran revitalización de la nación china.* Beijing: Editorial del Pueblo.

Young, R. (2015). *Educación para un mundo mejor.* Barcelona: Editorial Planeta.

Yunus, M. (2007). *El banquero de los pobres*. Madrid: Editorial Taurus.

Zariquiey, S. (2013). *Innovación educativa en la práctica.* Madrid: SM.

Capítulo 6

Horizontes pedagógicos para la equidad y la justicia social: posibilidades para la praxis decolonial

Karen Pashby
Universidad Metropolitana de Manchester

INTRODUCCIÓN: RESPUESTA A UNA PROVOCACIÓN

Quisiera comenzar con una provocación lanzada por los organizadores del congreso CIEGME 2024: el liberalismo podría considerarse una ideología dominante a nivel mundial, no solo occidental, desde la caída del Muro de Berlín, ante lo cual podemos preguntarnos cómo hablar hoy de la igualdad y la solidaridad. Y haciendo referencia a Piketty (2019), podemos cuestionar el mito de la meritocracia que no reconoce la violencia de las prácticas discriminatorias evidentes, por ejemplo, en las zonas empobrecidas, violentas o azotadas por la hambruna que empuja a las personas a arriesgar sus vidas en el Mediterráneo. Afirma Piketty que ante estas desigualdades en curso, junto con la urgencia del cambio climático y el drama de movimientos migratorios, necesitamos una nueva visión universalista e igualitaria, de lo contrario, los movimientos identitarios aumentarán, junto con los discursos de odio y el autoritarismo, amenazando así la democracia liberal.

Aprecié la forma en que la provocación estableció tensiones importantes y, en mi contribución, esperaba cumplir los objetivos reflexionando sobre ellos y cómo han resonado en mi investigación. Mi trabajo se ha basado en la teoría decolonial para abordar estas cuestiones. Por ejemplo, Mignolo (2011) nos recuerda que la "modernidad" es una narrativa compleja cuyo punto de origen fue Europa; una narrativa que construye la civilización occidental celebrando sus logros (estados democráticos liberales, progreso, "desarrollo" económico y social). Estos logros, como se insinúa en la provocación o reto mencionado, se sienten amenazados en este momento. Sin embargo, como la provocación también alude a las crecientes desigualdades y crisis, hay un lado más oscuro de la modernidad, evidente en las violencias históricas y actuales, catalogables como explotación. Mignolo (basándose en Quijano) llama a este lado oscuro "colonialidad". La sombra de la modernidad, la explotación de los seres humanos y de los recursos sobre los que se asienta la estabilidad y el desarrollo, oscurecen el brillo con el que se construyeron las democracias liberales. Sostiene que la colonialidad es constitutiva de la modernidad, por lo que no hay modernidad sin colonialidad. En respuesta a la provocación de la conferencia, cabe preguntar: ¿Hay democracia sin colonialidad? ¿Cómo respondemos a esta importante crítica al considerar la necesidad de salvar la democracia dadas las amenazas reales y percibidas de hoy?

MÁS ALLÁ DE LOS PODERES POSTCOLONIALES: PEDAGOGÍA ÉTICA DE LA IMPLICACIÓN

La provocación del congreso también incluye una cita de un artículo reciente (Gozálvez, Buxarrais & Pérez, 2023) a la que he querido responder en mi contribución. Presentan un argumento claro de que cuestionar la democracia y su papel en la educación no es una idea nueva, añadiendo que no existe una versión única de la democracia: "si analizamos la idea de la posdemocracia desde su origen a principios de este siglo, entonces podemos ver las variantes que se pueden agregar al proceso de crisis democrática". (475). Señalan la atención y preocupación de Dewey por la democracia liberal elitista que toma forma en el primer tercio del siglo XX, y además señalan que

> Los sistemas educativos tienen que abordar el tema de la educación cívica y política adoptando criterios distintos a los de la primera modernidad con la que se inició la educación. El reto consiste en aunar el respeto a otras formas de vida, otros puntos de vista, otras creencias, ideologías, religiones, etc., y la

> necesidad de enseñar a los estudiantes los valores ético-políticos postconvencionales que forman la base de un sistema democrático (Gozálvez, Buxarrais y Pérez, 2023, p. 480).

Inspirado en este argumento, quisiera extender un punto diferente de enunciación. ¿Qué pasaría si consideráramos que la modernidad promovió la igualdad para muchos al mismo tiempo que fue cómplice de los sistemas de opresión? Si bien quizás no sea posible descolonizar la educación (y especialmente la educación formal), ya que es una parte clave de la matriz colonial de poder, ¿cómo *podemos* responder, pedagógicamente, a las crecientes críticas a nuestra continua complicidad con los sistemas coloniales de poder? Sostengo que la educación democrática podría adoptar una *pedagogía de la implicación* (Bryan, 2022; Andreotti, 2014) a través de la pedagogía ética de los problemas globales (Pashby y Sund, 2020), donde consideramos cómo la democracia liberal en su forma ideal coexistió con una profunda violencia epistémica y material (da Costa, 2023).

En este sentido, Gozálvez, Buxarrais y Pérez (2023) argumentan:

> Integrar a una persona en una comunidad democrática debe implicar la aceptación de los valores que la sustentan, y no implica renunciar a las señas de identidad individuales o del grupo cultural al que se integra el ciudadano. A veces, sin embargo, implica renunciar a aquellos valores y costumbres que no son compatibles con los valores democráticos del grupo con el que se pretende convivir (p. 480, en referencia a Schnapper, 2007).

En mi contribución, me propuse plantear algunos peligros de asumir mucho acerca de "otras culturas" y pueblos cuyas historias están entrelazadas con las nuestras a través de sistemas coloniales de poder. Me pregunté, ¿cómo podemos pensar en un universalismo que no refuerce el eurocentrismo, que no herede las complicidades de nuestras historias entrelazadas? ¿En qué punto nos hemos equivocado involuntariamente con respecto a la cultura mayoritaria? ¿Qué cambios debe hacer la cultura inclusiva?

A partir de estas provocaciones, espero que mi capítulo contribuya a estas discusiones, planteando la importancia de la reflexión y de las relaciones éticas que parten de posiciones de no inocencia y, al igual que las provocaciones, no dan por sentada la democracia y su relación con la educación, sino que ven sus tensiones, complejidades y posibilidades.

A partir de ahí la importancia de presentar un argumento a favor de la construcción de un enfoque crítico de educación para la ciudadanía global que asuma los conceptos, la complicidad y la implicación que podrían involucrarnos "de otra manera" con respecto a los enfoques de la diferencia que hemos heredado. Podemos citar algunos ejemplos del trabajo que estamos haciendo los educadores que vinculamos este enfoque con la educación sobre las crisis climáticas.

La educación para la ciudadanía mundial, especialmente en los contextos del llamado "Norte global", ha tendido a ser vista como algo que se extiende más allá de la ciudadanía nacional. La idea es acercarse, aprender y hacerse responsable ante aquellos que están fuera de los parámetros del Estado-nación. Me he preguntado hasta qué punto este modelo normativo supone un ciudadano que no es "diferente", uno que necesita aprender sobre aquellos que son "diferentes" (Pashby, 2011). ¿Qué pasa con esos ciudadanos "diferentes" para los que un modelo de expansion global tan sencillo no encaja, o para los que la ciudadanía nacional es tensa? (Pashby, 2015) Y ¿en qué medida las identidades y experiencias de ciudadanía múltiple se ven mitigadas por las formas históricas y contemporáneas de desigualdad y exclusión (incluido el colonialismo en sus formas históricas y actuales)? (Coelho et al., 2021).

No existen requisitos legales reales de ciudadanía global. Es una idea muy discutida y ambiciosa. Para mí, como ex profesora de secundaria y actual investigadora en educación, su poder radica en su potencial pedagógico. Muchas cosas que son muy difíciles de resolver políticamente se pueden retomar pedagógicamente. Podemos discutir, reflexionar, co-crear cómo podría ser la ciudadanía global en una escuela (Pashby, 2011). El investigador educativo canadiense Graham Pike escribió que la educación para la ciudadanía mundial (ECG)

> Desafía a los educadores a reconocer los patrones siempre cambiantes de las relaciones entre las comunidades humanas, y entre los seres humanos y

sus entornos, y ayuda a los estudiantes a explorar las implicaciones de tales tendencias en términos de sus derechos y responsabilidades, sus fidelidades y lealtades, y sus oportunidades para una participación significativa (Pike, 2008, p. 45-46).

Mientras estudiaba acerca de la ECG en la escuela de posgrado, esta se incluyó en los ODS de las Naciones Unidas. El cuarto objetivo se centraba en la educación cívica y la meta 4.7 incluía una educación de calidad para el desarrollo sostenible y la ciudadanía mundial. La UNESCO (2015) ofrecía varias formas diferentes de entenderla, pero una es: "La ciudadanía global se refiere a un sentido de pertenencia a una comunidad más amplia y a una humanidad común. Enfatiza la interdependencia política, económica, social y cultural y la interconexión entre lo local, lo nacional y lo global" (p. 14).

Esta definición capta la aspiración más amplia, y un enfoque centrado en la interdependencia apoya un enfoque reflexivo. Sin embargo, ¿es esta una definición apropiada para todos, en todos los contextos? Como argumentaron mi mentora Lynette Shultz y mi colega Thashika Pillay, gran parte de los estudios sobre la educación para la ciudadanía global representan el "dominio continuo de los discursos occidentales"; argumentaban que estos estudios se centran más en aquellos que tienen el tiempo, la capacidad o el privilegio de aprender sobre los problemas globales que en aquellos que los están experimentando. Estas críticas sugieren que a menudo son los estudiantes de los llamados países "desarrollados" del "Norte Global" quienes descubren y tratan de resolver los problemas de los países llamados "subdesarrollados" del "Sur Global". Como señalan Gozálvez, Buxarrais y Pérez (2023) en su artículo, la educación global está muy ligada a los propósitos y limitaciones existentes de la educación moderna.

HACIA UNA EDUCACIÓN PARA LA CIUDADANÍA GLOBAL CRÍTICA

Para entender con otra perspectiva la educación global me inspiré desde el principio en el trabajo de Vanessa Andreotti (2006), quien denunció la ECG *blanda*, en la que los que se encuentran en contextos del "Norte global" se posicionan como ayudantes de quienes experimentan una injusticia o un problema particular en los contextos del "Sur global". En relación con el brillo y la sombra mencionados por Mignolo (2011), este enfoque de la ECG se centra en ayudar a atraer a más personas al brillo, pero sin darse cuenta de que esto está bloqueado por la sombra. Por lo tanto, puede ser superficial y problemático. La ECG *crítica* se hace cargo de esta preocupación. Lo crítico, en la distinción de Andreotti (2006), no es determinar lo "correcto" o lo "incorrecto" ni se trata de ser "bueno" o "malo". En cambio, la ECG crítica proporciona un espacio para que los alumnos reconozcan sus propios marcos de experiencia de vida en la forma en que abordan un tema. Diferentes experiencias de vida dan como resultado una visión diferente del mundo y diferentes ideas de lo que se desea de la ciudadanía global. La ECG crítica trabaja para hacer visibles las repetidas relaciones desiguales de poder que no son obvias y anima a todos los alumnos a cuestionar las inevitables consecuencias no deseadas de las buenas intenciones.

En resumen, hay esencialmente tres orientaciones acerca de la ECG o ECM (educación para la ciudadanía mundial) (Pashby y da Costa, 2020). Una orientación neoliberal hacia la ECG extiende una lógica de mercado y fomenta la "construcción de curriculums" de los estudiantes en el norte global. Una orientación humanista liberal se basa en los principios de la justicia social, en la que uno aprende sobre los problemas globales para sentirse más conectado y personalmente ilustrado. Ambas se centran en las experiencias/acciones individuales, más en sintonía con en el sistema actual, y confían en el "Norte global" para lograr el cambio. Por último, un enfoque crítico de la ECG o ECM desafía el statu quo, se centra en los marginados e implica un compromiso con una reflexividad y una solidaridad profundas. Tanto las orientaciones liberales como las críticas se preocupan por la justicia social. Pero difieren en términos de criticidad/reflexividad, y la orientación liberal se centra en la inclusión en el sistema, mientras que la orientación crítica se centra en cambios sustanciales en los sistemas existentes.

Estas orientaciones ayudan a proporcionar el contexto para dar sentido a enfoques diferentes, superpuestos y contradictorios de la ECG y la ECM. Así pues, una heurística desarrollada para respaldar la comprensión de las implicaciones éticas de la internacionalización de la educación superior llevó esto un poco más allá (Andreotti et al., 2016). También identificó tres orientaciones: neoliberal (una lógica de mercado en la que la educación y la diversidad sirven a los objetivos del capital humano), liberal (en la que la educación y la diversidad se dirigen a la ilustración personal e intelectual, y la igualdad se identifica con el acceso y la inclusión) y crítica (que busca desafiar el statu quo, y en la que la educación puede ser transformadora, interrumpiendo los patrones de conocimiento/poder). Mientras que los enfoques liberales pueden restar importancia a las raíces materiales y epistémicas de la exclusión centrándose en incluir a los "otros" en el sistema que los excluyó, los enfoques críticos buscan pluralizar las posibilidades a través de críticas a los patrones sistémicos. Las tres orientaciones se sitúan dentro de un imaginario colonial moderno (Mignolo, 2011). Al hablar de ello con los socios del proyecto de todos los contextos, nos dimos cuenta de que la experiencia de la globalización en las facultades de educación no encajaba tan bien en este triángulo. Entonces, empezamos a explorar interfaces: neoliberal-liberal, liberal-crítico, crítico-neoliberal (Andreotti et al., 2016).

Hace unos años, junto con colegas, utilizamos esta heurística para analizar los intentos de tipificar la educación para la ciudadanía mundial (Pashby et al., 2020). Identificamos dos orientaciones adicionales: neoconservadora y post-crítica (que busca abordar directamente el imaginario colonial moderno). Un punto clave en relación con este capítulo y la provocación de la que parte es que encontramos mucha discusión y atención prestada a distinguir diferentes enfoques dentro de una orientación discursiva liberal. Los enfoques críticos se encuentran generalmente interconectados con una orientación liberal. Además, muchos autores encontraron que los enfoques críticos eran moralmente relativistas y no prácticos.

Hay varias razones por las que esto podría ser así, incluyendo algunos movimientos estratégicos dentro de un dominio del neoliberalismo para conseguir algo relacionado con la justicia social. Sin embargo, no podemos quedarnos estancados en la distinción entre múltiples versiones del humanismo liberal si queremos ver un cambio. En un trabajo reciente con Marta da Costa (Pashby & da Costa, 2021), nos tomamos el tiempo para centrarnos más de cerca en las interfaces con los tipos críticos de ECM a través de la revisión de la investigación empírica sobre la ECM crítica en la educación formal. Contrariamente a la idea de que los enfoques críticos son moralmente relativistas y demasiado idealistas para la práctica, encontramos varios ejemplos de investigación empírica sobre prácticas de enfoques críticos.

¿Por qué es tan importante todo esto en este momento? Pues bien, estamos inmersos en la Agenda 2030 y en un compromiso internacional con los objetivos de desarrollo sostenible. Como se ha mencionado, el contexto político europeo está mediado por los ODS, en particular el ODS 4.7. Sin embargo, el trabajo existente en las áreas de la educación para la ciudadanía mundial y la educación para el desarrollo sostenible ha sido objeto de críticas ya lejanas en el tiempo. Como hemos revisado en otros lugares (por ejemplo, Sund y Pashby, 2020), los académicos de ambos campos critican el enfoque de la ética individual sobre la colectiva, y cómo los enfoques centrados en la acción tienden a orientar a los estudiantes hacia tareas individuales como la compra de productos de comercio justo (así, los enfoques superficiales pueden servir para pasar por alto cuestiones éticas complejas, centrándose en la concienciación y la recaudación de fondos, mientras refuerzan un nosotros que resuelve los problemas y un ellos que tiene los problemas, contribuyendo así a la reproducción inconsciente de los sistemas coloniales de poder).

CONCLUSIÓN: NECESIDAD DE UN ENFOQUE REFLEXIVO EN LA EDUCACIÓN GLOBAL

Un enfoque reflexivo puede ayudar a abordar las tensiones productivas del dilema de la diversidad, al tiempo que responde directamente a las preocupaciones sobre la reproducción de los sistemas coloniales de poder en la educación para la ciudadanía global y democrática. Otra preocupación cruzada es la tendencia hacia la educación basada en competencias. Está fuera del alcance de esta presentación entrar en profundidad, pero los marcos de competencias tienen sus pros y sus contras y están moldeados por lo que se puede observar de y por parte de estudiantes y profesores individuales. A la hora de determinar los marcos de apoyo a las culturas democráticas, tenemos que pensar teniendo en cuenta la evaluación/medición y más allá de eso. La atención a las realidades del aula y sus contextos situados es fundamental. Como señalan van Werven et al. (2021), en los modelos de competencias se presta especial atención al conocimiento y las disposiciones, pero "¿qué haría en el aula un docente globalmente competente o que promueva una cultura democrática?" (p. 4). Y yo añadiría, ¿cómo es la educación crítica para la ciudadanía mundial en las aulas?

La OCDE intentó apoyar las indicaciones del ODS 4.7 a través de su medida de competencia global. Sin embargo, fue duramente criticada por su excesiva dependencia de ciertas ideas "occidentales" sobre la educación intercultural y por establecer un dilema de diversidad en el que se pregunta a los estudiantes sobre su actitud hacia los inmigrantes sin una posibilidad clara de que los estudiantes sean ellos mismos migrantes (Idrissi et al, 2020). Doerr (2020) ha planteado la paradoja de que los jóvenes inmigrantes pertenecientes a minorías en los EE. UU. no tienen tantas oportunidades para la ECM y sin embargo, al mismo tiempo, tienen "competencias" en torno al trabajo y la vida a través de las diferencias. Al examinar las posibilidades de formación docente, Vavrus (2013) señala que existen iniciativas bien establecidas y en crecimiento en contextos de asentamiento (por ejemplo, Canadá, Nueva Zelanda) que abordan algunas de estas complejidades y trabajan para centrar la colonialidad en los desafíos locales y globales de hoy. Pero, se pregunta Vavrus (2013), ¿por qué no tanto en Europa? El colonialismo es central en la historia y el presente de las desigualdades basadas en la raza, la cultura y la clase en Europa. Encuentra que un "factor de confusión es la creencia entre los formadores de docentes y los estudiantes de educación de que ellos existen al margen de los efectos y prácticas de la colonialidad" (Vavrus, 2013, 484).

A partir de estos razonamientos, nuestro proyecto de 2018 con docentes de Inglaterra, Finlandia y Suecia trabajó directamente con el concepto de colonialidad en la enseñanza de temas globales (Pashby et al., 2019; Pashby y Sund, 2020). Nos basamos en el brillo y la sombra de la modernidad/colonialidad de Mignolo (2011) y en la idea de Andreotti (2014) acerca del truco de la modernidad para apoyar la autocomprensión de los docentes con algunas trampas éticas al pensar en un trabajo bien intencionado en relación con la ciudadanía global y la educación ambiental y para la sostenibilidad. Presentamos la herramienta HEADSUP de Andreotti (2012) que explicita siete patrones de opresión que a menudo se reproducen en el aprendizaje global: hegemonía, etnocentrismo, ahistoricismo, despolitización, salvacionismo, soluciones sencillas y paternalismo. HEADSUP tiene como objetivo "apoyar a las personas en su lucha constante con conceptos y contextos, elecciones e implicaciones, que enfrentamos todos los días como docentes y estudiantes que trabajamos hacia formas más profundas y éticas de relacionarnos con los demás y con el mundo".

Los docentes utilizaron la herramienta para informar y profundizar en sus prácticas existentes. Se crearon pedagogías innovadoras a través de la aplicación de HEADSUP al estudio del cambio climático y la urbanización, por ejemplo. Juntos desarrollamos conjuntamente un recurso que recopila sus adaptaciones de HEADSUP (Pashby y Sund, 2019). Sin embargo, aprendimos que este tipo de pedagogía depende en gran medida de la capacidad de comprometerse con los problemas locales de racismo (Pashby et al, 2021). En general, encontramos que:

1. Los docentes están habilitados y limitados por el currículo, y muchos encuentran formas estratégicas de adoptar un enfoque crítico.

2. Los docentes consideran que es importante reconocer y desafiar en la práctica el papel del colonialismo en los problemas mundiales, y que les vendría bien recibir más apoyo y recursos.
3. Los docentes se enfrentan a un número abrumador de materiales relevantes y quieren recursos que puedan adaptarse a la enseñanza actual para un compromiso profundo (Pashby et al., 2019; Pashby y Sund, 2020).

Es necesario seguir trabajando en pedagogías críticas de la alfabetización para lo que Sharon Stein denomina un mundo volátil, incierto, complejo y ambiguo (Stein, 2021). Dado que el contexto político es relativamente adecuado, ahora debemos centrarnos en movilizar y dotar de recursos para el tipo de prácticas que vimos entre los docentes en nuestro estudio. Si bien los enfoques blandos y críticos pueden o no ser evidentes o representar un paso muy importante en un contexto dado, después de haber analizado estos temas durante 17 años y pensar en esa heurística, debemos seguir trabajando. Y, nuestra investigación actual (siendo Louise Sund la principal investigadora) se involucra en una investigación participativa con 16 educadores de secundaria superior en Suecia (en todas las áreas temáticas) y explora el potencial pedagógico de los conceptos decoloniales en la enseñanza de la educación sobre crisis climáticas. Andreotti (2021) reflexiona sobre las lecciones aprendidas en años apoyando un enfoque crítico que, como lo demuestra nuestra discusión sobre la intersección con la ECG post-crítica, requiere una revisión reflexiva. Provoca a los educadores a pensar en un enfoque alternativo siempre que sea posible. Uno que aborde las causas profundas y los efectos de la violencia histórica, sistémica y en curso, atendiendo a la diversidad dentro de la diversidad, más allá de la romantización y el esencialismo. Esto significaría trabajar con y a través de las complicidades y complejidades de la solidaridad. La investigación en Suecia está demostrando ser esclarecedora en este sentido, y pronto estaremos en disposición de compartir más al respecto.

REFERENCIAS

Andreotti, V. (2006). "Soft versus critical global citizenship education." *Policy and Practice: A Development Education Review*, 3: 40–5. https://www.developmenteducationreview.com/issue/issue-3/soft-versus-critical-global-citizenship-education

Andreotti, V. (2012). Editor's preface: HEADS UP. *Critical literacy: Theories and practices*, *6*(1), 1-3.

Andreotti, V. (2014). Actionable Curriculum Theory: AAACS 2013 Closing Keynote. *Journal of the American Association for the Advancement of Curriculum Studies 10*, 1–10. Retrieved from https://ojs.library.ubc.ca/index.php/jaaacs/article/download/187728/185833/.

Andreotti, V. (2021). Depth education and the possibility of GCE otherwise. *Globalisation, Societies and Education*, 1-14.

Andreotti, A., Stein, S., Pashby, K., and Nicolson, M. (2016). Social cartographies as performative devices in research on higher education. *Higher Education Research and Development*. *35*(1), 84–99. DOI: 10.1080/07294360.2015.1125857.

Bryan, A. (2022). Pedagogy of the implicated: advancing a social ecology of responsibility framework to promote deeper understanding of the climate crisis. *Pedagogy, Culture & Society*, 30(3), 329-348.

Coelho, D. P., Caramelo, J., and Menezes, I. (2021). Global citizenship and the global citizen/consumer: Perspectives from practitioners in development NGOs in Portugal. *Education, Citizenship and Social Justice*, DOI: 10.1177/1746197921999639.

Da Costa, M. (2021). *Critiques of Western Modernity in Environmental and Sustainability Education and Global Citizenship Education: a research review. Reports in Education*, Örebro University. https://www.researchgate.net/profile/Marta-Da-Costa/publication/355127684_Marta_da_Costa_Critiques_of_Western_Modernity_in_ESE_and_GCE/links/615f1af55a481543a899add7/Marta-da-Costa-Critiques-of-Western-Modernity-in-ESE-and-GCE.pdf

Da Costa, M. (2023) "Ugly democracy: towards epistemic disobedience in development education." *Policy and Practice: A Development Education Review* 36: 14-32. https://www.developmenteducationreview.com/issue/issue-36/ugly-democracy-towards-epistemic-disobedience-development-education

Doerr, N. M. (2020) 'Global competence' of minority immigrant students: hierarchy of experience and ideology of global competence in study abroad, *Discourse: Studies in the Cultural Politics of Education*, 41:1, 83-97, DOI: 10.1080/01596306.2018.1462147

Idrissi, H.; Engel, L.; and Pashby, K. (2020). The Diversity Conflation and Action Ruse: A Critical Discourse Analysis of the OECD's Framework for Global Competence. *Comparative and International Education*, 49(1), (1–18). https://doi.org/10.5206/cie-eci.v49i1.13435

Gozálvez, V., Buxarrais, M.R. y Pérez, C. (2023) Towards a post-democratic era? Moral education against new forms of authoritarianism, *Journal of Moral Education*, 52:4, 474-488, DOI: 10.1080/03057240.2022.2159346

Mignolo, W. D. (2011). *The darker side of Western modernity: Global futures, decolonial options*. London: Duke University Press.

Pashby, K. (2011). Cultivating global citizens: Planting new seeds or pruning the perennials? Looking for the citizen-subject in global citizenship education theory. *Globalisation, Societies, and Education*, 9(3/4), 427–442.

Pashby, K. (2015). Conflations, possibilities, and foreclosures: Global citizenship education in a multicultural context. *Curriculum Inquiry 45*(4), 345–366. DOI:10.1080/03626784.2015.106430

Pashby, K., da Costa, M. (2020) 'Global Citizenship Education (GCE).' In J. Lord (Ed.) *Studying Education: An Introduction and Exploration of Educations*, (p. 285–292). London: Sage.

Pashby, K and da Costa, M. (2021). Interfaces of critical global citizenship education in research about secondary schools in 'global North' contexts. *Globalisation, Societies and Education*. 19(4) 379–392. https://doi.org/10.1080/14767724.2021.1904213

Pashby, K.; Sund, L. and Corcoran. S. (2019). *Teaching for sustainable development through ethical global issues pedagogy: Participatory research with teachers. Report.* https://www2.mmu.ac.uk/media/mmuacuk/content/documents/education/final-mmu-report-ba-project-teaching-for-sustainable-development-through-ethical-global-issues-pedagogy.pdf

Pashby, K. and Sund, L. (2019). *Teaching for sustainable development through ethical global issues pedagogy: A resource for secondary teachers*. Available online: https://www2.mmu.ac.uk/esri/teacher-resource/

Pashby, K. and Sund, L. (2020). Critical GCE in the era of SDG 4.7: Discussing HEADSUP with secondary teachers in England, Finland, and Sweden. In D. Bourn (Ed.), *The Bloomsbury Handbook of Global Education and Learning* (pp. 314–326). New York: Bloomsbury

Pashby, K.; da Costa, M; Stein, S.; and Andreotti, V. (2020). A meta-review of typologies of global citizenship education. *Comparative Education. 56*(20): 144–164. DOI: 10.1080/03050068.2020.1723352

Pashby, K.; da Costa, M.; and Sund, L. (2020). Pluriversal possibilities for global education in northern Europe. *Journal of Social Science* Education, 12(4), 45–62. https://www.jsse.org/index.php/jsse/article/view/3463

Pike, G. (2008). Citizenship education in global context. *Brock Education, 17,* 38–49

Piketty, T. (2019). *Capital et Idéologie.* Paris: Seuil. Translated into English by Arthur Goldhammer. (2020). *Capital and Ideology*. Havard University Press.

Schnapper, D. (2007). *Comunidad de ciudadanos*. Alianza.

Shultz, L. and Pillay, T. (2018). "Global citizenship, common wealth, and uncommon citizenships: An introduction". In L. Shultz and T. Pillay (Eds.) *Global citizenship, common wealth and uncommon citizenships.* (1-8) Leiden, The Netherlands: Koninklijke Brill NV.

Stein, S. (2021). Reimagining global citizenship education for a volatile, uncertain, complex, and ambiguous (VUCA) world. *Globalisation, Societies and Education, 19*(4), 482–495. https://doi.org/10.1080/14767724.2021.1904212

Sund, L. and Pashby, K. (2020). Delinking global issues in northern Europe classrooms. *Journal of Environmental Education, 51*(02), 156–170. https://doi.org/10.1080/00958964.2020.1726264

United Nations Educational, Scientific and Cultural Organization (UNESCO). (2015). *Global Citizenship Education: Topics and Learning Objectives*. Retrieved from http://unesdoc.unesco.org/images/0023/002329/232993e.pdf.

Van Werven, I. M., Coelen, R. J., Jansen, E. P. W. A., & Hofman, W. H. A. (2021). Global teaching competencies in primary education. *Compare: A Journal of Comparative and International Education, 53*(1), 37–54. https://doi.org/10.1080/03057925.2020.1869520

Vavrus, M. (2017). A decolonial alternative to critical approaches to multicultural and intercultural teacher education. In J. Clandin and J. Husu (Eds). *SAGE handbook of research on teacher education, 1,* 473–490. London: Sage.

Capítulo 7

Igualdad y solidaridad como pilares de las pedagogías de la cooperación. Reflexiones a partir del Informe de la UNESCO de 2022

Javier Gracia Caladín
Universitat de València

1. REIMAGINAR JUNTOS UNA PEDAGOGÍA COOPERATIVA Y SOLIDARIA

En 2022 la UNESCO publicó el informe *Reimaginar juntos un nuevo futuro. Un nuevo contrato para la educación*. Dicho documento constituye toda una declaración de la importancia capital que tiene la educación para la sociedad actual y qué aspectos conviene reforzar de modo más decidido. Tras varios años de análisis de las problemáticas educativas del mundo actual y de consultas a numerosos expertos, la UNESCO concluye que es necesario un "nuevo contrato para la educación". No obstante, si adquirimos una visión más amplia no hay que entender de ningún modo esta declaración como una ruptura con planteamientos en informes previos. Al contrario, lo que se plantea en el informe de 2022 es más bien una continuidad de modo que el fundamento de la educación sea un humanismo enraizado en valores y principios éticos fundamentales.

Al comienzo del informe Audrey Azoulay, Directora General de la UNESCO, incide en la fragilidad que caracteriza al ser humano, que tras la pandemia del COVID 19 ha quedado muy patente. Nos encontramos en un momento propicio para reparar en la condición vulnerable de las personas e imaginar nuevos caminos para corregir las injusticias y construir un mundo más humano. Y ya desde las primeras páginas se indican cuáles son las coordenadas éticas en las que se inscribe este nuevo contrato por la educación: derechos humanos, principio de no discriminación, justicia social, respeto a la vida, dignidad humana, diversidad cultural y la defensa de la educación como un proyecto público y un bien común. En el marco de los ODS que la ONU se ha encargado de proyectar globalmente en la agenda 2030, el objetivo no es otro que el de construir un futuro pacífico, justo y sostenible para todos. Y de modo muy esperanzador se nos invita a "reimaginar juntos un nuevo futuro" y servirnos de la educación para ir labrando la deseada transformación social. Efectivamente, el informe es una invitación a reparar en los problemas que atenazan hoy en día la sociedad, pero no de modo conformista y menos aún derrotista, sino como ocasión propicia para avivar e incentivar "la creatividad y la inteligencia de todo el mundo" (UNESCO 2022: vi).

El informe es el resultado del trabajo colectivo de la Comisión Internacional sobre los Futuros de la Educación, creada por la UNESCO en 2019. Como indica S.E. Sahle-Work Zewde, la presidenta de dicha Comisión, las propuestas son el resultado de un "proceso global de compromiso y de construcción colectiva que ha demostrado que la creatividad, la perseverancia y la esperanza abundan en un mundo de creciente incertidumbre, complejidad y precariedad" (UNESCO, 2022: viii). Y en dicho informe se analizan temas como la sostenibilidad, el conocimiento, el aprendizaje, los docentes y la enseñanza, el trabajo, las capacidades y las competencias, la ciudadanía, la democracia y la inclusión social, la educación pública y la educación superior, investigación e innovación.

Es importante destacar que el objeto de análisis no es otro que el de la educación con vistas a hacer de los miembros de la comunidad educativa –especialmente los estudiantes, pero no solo — agentes de cambio para un futuro más justo y sostenible. Y llegar a ser educado no es simplemente incidir en el aprendizaje ("learnification"). Como recuerdan Tarc y colaboradores (2024) aludiendo al célebre escrito de "La crisis en la educación" de H. Arendt, la educación requiere el compromiso de los adultos de dedicar tiempo y energías al apoyo intelectual y socioemocional de los niños para profundizar en su comprensión del mundo y de los otros, dando significado y significación a sus vidas como parte de un colectivo más amplio que abarca toda la humanidad. Este requiere mucho más tiempo y sobre todo cultivar ciertas capacidades más allá de las competencias técnicas para enfrentarse al mercado de la sociedad capitalista. Se incide con agudeza en el elemento "educativo" de la educación para superar una crisis acuciante marcada por la desigualdad, la pobreza y la exclusión.

En el informe de la UNESCO *Reimaginar juntos un nuevo futuro* se trata de modo inequívoco de una propuesta de educación que atiende a las necesidades más acuciantes de la sociedad actual y para solucionarlas pone en el centro de atención valores éticos como la igualdad, la solidaridad, la cooperación o la confianza. En lo que sigue vamos a detenernos en la importancia de dichos valores éticos como pilares de la educación.

2. *TRABAJAR PARA UN FUTURO EDUCATIVO MÁS EQUITATIVO*

El primero de los capítulos del informe, "Hacia un futuro educativo más equitativo", se centra precisamente en la "expansión incompleta y desigual de la educación" y en como la "persistencia de la pobreza" conlleva un "aumento de la desigualdad". Factores como la diferencia de género, las discapacidades, las diferencias étnicas y religiosas desempeñan un papel importante y en muchos contextos conducen a agravar las desigualdades.

Por lo que respecta al acceso a la educación, cabe reconocer los indudables progresos que se han ido realizando desde que en 1948 en la célebre Declaración Universal de los Derechos Humanos se reconociera el derecho universal al acceso a la educación. En algo más de 70 años los avances han sido enormemente significativos y sobre todo en los últimos 50 años las tasas mundiales de población escolarizada en los diversos niveles (preescolar, primaria y secundaria) han incrementado siendo el 90% en primaria, el 85% en el primer ciclo de secundaria y del 65% en el segundo ciclo de secundaria. Sin embargo, atendiendo a la renta de los países varía muy considerablemente las oportunidades educativas. En los países de renta baja uno de cada cuatro jóvenes sigue sin saber leer y escribir y tres de cada cinco adolescentes no asiste a la escuela secundaria. Y en los países de renta media y baja entre el 60% y el 90% de los estudiantes de secundaria abandonan sus estudios antes de completar el ciclo de secundaria. Pero si el análisis va dirigido a analizar el grado de comprensión y la adquisición de competencias por parte del estudiantado entonces las desigualdades van siendo cada vez mayores y en la mayoría de los casos atiende a los recursos económicos de los que disponga la familia.

Teniendo en cuenta los últimos informes sobre la desigualdad se constata que por lo general las economías se han expandido. Sin embargo, los gobiernos se han empobrecido y ello ha conducido a una limitación en la reducción de las desigualdades. Si bien la tasa de pobreza global se ha reducido muy considerablemente al 10% sin embargo, la acumulación de la riqueza sigue estando en manos de un porcentaje muy bajo de la población y hay una parte muy elevada de la población que tiene escasos recursos. Tal y como señala el informe de la UNESCO esta desigualdad en el acceso a la riqueza tiene múltiples consecuencias para la educación:

> La desigualdad se traduce en la exclusión social de los pobres, lo que debilita la cohesión social necesaria para que las sociedades prosperen y tengan un buen gobierno. La desigualdad también se traduce en que los niños que nacen en circunstancias diferentes tienen niveles muy diferentes de respaldo educativo, lo que hace más difícil para las escuelas igualar las condiciones. Que las escuelas ofrezcan igualdad de oportunidades educativas a todos los niños, independientemente de sus circunstancias, es una condición previa para un futuro más justo y equitativo (UNESCO, 2022: 25).

3. EL VALOR ÉTICO DE LA IGUALDAD NO ES HOMOGENEIZACIÓN SINO ELIMINACIÓN DE LAS DESIGUALDADES INJUSTAS

La igualdad sostiene como un pilar fundamental la educación. Sin embargo, el valor de la igualdad está lejos de ser unívoco y conviene no confundir con la homogeneización ni con cualquier forma de igualación que impida que las personas puedan expresar su propia y a la vez diversa humanidad. Y esto es lo más complejo de desentrañar pues se han elaborado diversas teorías en torno a la igualdad. Las preguntas que subyacen a todas las teorías de la igualdad son siempre ¿igualdad de qué?, ¿igualdad entre quiénes? ¿cuál es la relación entre igualdad y justicia; entre igualdad (*equality*) y equidad (*equity*)?, ¿cómo ha de ser entendida la igualdad en una teoría liberal de la justicia? Dependiendo de la respuesta que se ofrezca estaremos ante propuestas de diverso tipo (Gosepath, 2021).

El valor de la igualdad adquiere una especial significación en el marco ético, político y social de la modernidad. A él se refiere uno de los tres principios fundamentales enarbolados por la Revolución Francesa como colofón de la Ilustración. No es el momento aquí de abundar en la génesis de un valor tan complejo y poliédrico como el de la igualdad. Mas sí que conviene precisar que en el contexto de la justicia no hay un único principio sino un grupo complejo de principios que conforman el núcleo de lo que hoy en día se conoce como igualitarismo y en muchos casos es desde este que se incide en una humanidad común subyacente a las diferencias.

Atendiendo a la escuela se ha puesto especial hincapié en la igualdad de oportunidades en contextos de diversidad (Muntaner, 2000). Partiendo de la premisa de que la educación es un derecho de todos, de los poderes públicos depende hacer que dicho derecho fundamental esté salvaguardado. A mi modo de ver, sin embargo, aunque la oportunidad es necesaria, solo se puede llegar a hacer efectiva si realmente se incide en otra serie de elementos que impliquen el reconocimiento de las circunstancias particulares de cada cual. Oportunidad no es de ningún modo oportunismo, sino el reconocimiento de que todos los estudiantes han de recibir la formación necesaria para desarrollarse humanamente; teniendo muy en cuenta que aquellos que presentan algún tipo de desventaja no queden excluidos. Y ello implica el reconocimiento de las diferencias.

Por ello, más allá de una igualdad ciega a las diferencias, abogamos por la igualdad que atiende a los contextos y circunstancias particulares. Si una definición de la justicia formal consiste en el trato igual de casos iguales, la igualdad proporcional al menos ya desde Aristóteles pone de manifiesto que para distribuir los bienes hay que atender a otros aspectos como los méritos de cada cual (*Ética a Nicómaco*, V.3. 1131a10–b15; *Política*, III.9.1280 a8–15, III. 12. 1282b18–23) y después de 24 siglos, también podríamos añadir las necesidades o capacidades de cada cual. Aquí se introduce el reconocimiento de las diferencias particulares como un elemento clave para no excluir a nadie ni ser ciego a las desventajas que unos y otros presentan.

En este punto considero que es fundamental distinguir entre desigualdades injustas que hay que combatir y deben ser erradicadas y diferencias que constituyen elementos característicos de las identidades y formas de vida constitutivas para el desarrollo de la personalidad de las personas y que, por lo tanto, deben ser reconocidos y fomentados. Un enfoque de la educación para la ciudadanía global en clave intercultural ha de aglutinar tanto las contribuciones de una ética intercultural como la de la ética para el desarrollo (Gracia, 2013; Gracia 2020). Desde la ética intercultural es posible alumbrar las diferencias identitarias que han de ser reconocidas y fomentadas. Mientras que desde la ética para el desarrollo es posible reparar en la desigual distribución de los recursos y las capacidades y en cómo poder combatir y erradicar dichas desigualdades para alcanzar mejores niveles de desarrollo humano en las diversas sociedades.

Entre el reconocimiento de la igualdad y de las diferencias no se establece una relación de exclusión sino de complementariedad. Es decir, las diferencias no son vistas sino como expresión de formas diversas de ser a partir del reconocimiento al igual valor de toda persona humana. Y esto es lo que queda de manifiesto en las "pedagogías basadas en la cooperación y la solidaridad" que se defienden en el informe de la UNESCO que aquí nos ocupa. La igualdad no es vista como igualación sino como una equidad consistente en atender a cada uno en su propia especificidad y favorecer a los más desfavorecidos.

4. LA SOLIDARIDAD COMO DESAFÍO EN LA SOCIEDAD LIBERAL

El informe de la UNESCO (2022) recala en las "pedagogías de la cooperación y la solidaridad para desarrollar un aprendizaje colaborativo orientado a la resolución de problemas". En dicho modelo educativo cobra mucha relevancia la acción común porque las propias capacidades y los conocimientos se amplían en relación con los demás. Se descubren nuevas dimensiones y se logran crear comunidades educativas en las que todos sus miembros son agentes.

"La pedagogía de la solidaridad debe basarse en una educación que sea inclusiva e intercultural" (p. 55). Puede haber múltiples formas de discriminación por razón de la etnia, la condición y la orientación sexual, la discapacidad, la ideología, la creencia religiosa, etc. En todos estos casos lo distintivo de la pedagogía solidaria es poner en el primer plano el valor de la dignidad de todos sin excepción y a partir de ahí analizar las diversas causas que generan esa exclusión para corregirlas. Porque la solidaridad no es un valor instrumental aplicable a fines espurios, como expresa Rainer Forst (2021), por ejemplo, con el caso de la Mafia. Por el contrario, a mi modo de ver, la solidaridad no ha de ser confundida con la mera cohesión de un grupo, sino que intrínsecamente en tanto que valor ético está necesariamente conectada con la dignidad humana. Creo que en esta dirección ha de tomarse la propuesta de "aprender a desaprender las divisiones", tal y como sostiene la UNESCO (2022). Son pedagogías que se encuentran en las antípodas de los autoritarismos de toda laya y que por el contrario propician entornos educativos confiables para el desarrollo humano de las personas.

Tal vez este sea uno de los aspectos más reseñables en el informe. La educación se encuentra a menudo marcada por el clima individualista y competitivo propio de una economía de mercado, donde solo el éxito individual constituye el referente y fin de toda actividad. Pero cabe elevar el tono crítico y cuestionar si con vistas al desarrollo humano lo más deseable es avivar el individualismo narcisista y competitivo. A este respecto, de nuevo habría que reflexionar en torno a la vulnerabilidad e interdependencia constitutiva del ser humano y preguntarse si el individualismo narcisista y su consiguiente falta de tolerancia a la frustración acaba por generar situaciones de ansiedad y trunca el desarrollo humano. La cuestión aquí es qué conviene tener en cuenta para crear entornos confiables que propicien el desarrollo humano.

> Todos los entornos educativos deben ser lugares seguros, incluso de refugio, donde se anime a los alumnos a experimentar, atreverse, fracasar y crear. La pedagogía debe estimular la imaginación y el pensamiento creativo y promover la libertad intelectual, que incluye el derecho a cometer errores y aprender de ellos. Los entornos que permiten y posibilitan este trabajo de aprendizaje, a veces desordenado, son cruciales para desarrollar una verdadera comprensión, empatía, marcos éticos y una apreciación de las diferencias de entendimiento y puntos de vista. Los educadores deben trabajar para crear entornos que permitan a los estudiantes ser vulnerables y estar libres del miedo a ser juzgados cuando se enfrentan a nuevas ideas y conocimientos difíciles (UNESCO, 2022: 57).

5. CULTIVAR EL TESORO DE LA CONFIANZA LÚCIDA EN Y DESDE LA EDUCACIÓN

Con agudeza Gert J.J. Biesta (2015) ha recalado en que la educación real implica un riesgo. Un riesgo porque educar no consiste en llenar un cubo vacío sino más bien en encender un fuego. Los estudiantes no son como moldes que deban ser moldeados y disciplinados sino más bien como "sujetos de acción y de responsabilidad". Con todo, se trata de un "riesgo bello" puesto que lo que está en juego es un fuego que hace despertar y a su vez alumbra la humanidad. Un fuego que ha de ser avivado desde el asombro, la creatividad, la imaginación empática, la capacidad crítica y la comunicación intercultural (L'Ecuyer, 2012); que nunca ha de perder de vista la constitutiva dimensión ética de la labor educativa y que no hay que dejar de fortalecer los vínculos de confianza para hacer frente a la soledad, el individualismo narcisista o la soledad (Pastor, 2024).

Tanto la confianza como la educación constituyen bienes valiosísimos para la sociedad porque sin ellas no sería posible el desarrollo de la personalidad de los individuos. La sociedad es posible porque existen vínculos de confianza y en virtud de ellos el individuo se va educando y desarrollándose como persona. Sin embargo, tanto la educación como la confianza son bienes de humanidad extraordinariamente frágiles. Ambos se resisten a la instrumentalización y a la manipulación características de la dominación y recuerdan al ser humano su condición de interdependencia y vulnerabilidad constitutiva (Gracia, 2023).

Si afinamos la capacidad crítica (discernimiento) y somos precisos vemos que la confianza se encuentra en las antípodas de la seguridad. La confianza implica a otro "con" el que se encuentra en una relación de apertura y cuidado y en el que se deposita una "fianza". Sin embargo, en la seguridad se alimenta un estado subjetivo del que uno se cree dominador hasta el punto de no tener que preocuparse y ser "descuidado", es decir, quedar sin cuidado (*sine-cura*). En las relaciones humanas el sentimiento de inseguridad viene propiciado por la pérdida de los vínculos de confianza, lo que genera una creciente sensación de desconfianza.

Para lo que aquí nos interesa, la confianza juega un papel central en la educación porque abre las puertas a otra forma de interacción donde no es la sensación subjetiva sino los lazos intersubjetivos los que ocupan el centro de atención. Porque la confianza que se dibuja en la educación es una confianza lúcida y no ciega, es decir, que está iluminada por la inteligencia y el diálogo, por las luces de la razón práctica. Y efectivamente esta confianza que se establece entre los miembros de la comunidad educativa (entre profesores/as, estudiante(s) y padres) puede llegar a irradiarse como un fuego, en torno al cual es posible encontrar luz y calor. Entiendo que este es el "espíritu de confianza para transformar el mundo" (p. 52) al que invitan las pedagogías de la cooperación y la solidaridad defendidas por la UNESCO en *Reimaginar juntos nuestros futuros*.

REFERENCIAS

Arendt, H. (2006/1954). *Between past and future*. Penguin Books.

Aristóteles (1999). *Ética a Nicómaco*, Centro de Estudios Políticos y constitucionales.

Aristóteles (1970). *Política*. Instituto de Estudios Políticos.

Biesta, G. J. (2015). *Beautiful risk of education*. Routledge.

Forst, R. (2021). *Solidarity: concept, conceptions, and contexts*(Vol. 2021). Research Centre "Normative Orders "of Goethe University Frankfurt am Main.

Gosepath, Stefan, "Equality", *The Stanford Encyclopedia of Philosophy* (Summer 2021 Edition), Edward N. Zalta (ed.), https://plato.stanford.edu/archives/sum2021/entries/equality

Gracia, J. (2013). "Educación para la ciudadanía global en clave intercultural", *Diálogo Filosófico* nº 29 (85), pp. 117-137.

Gracia, J. (2020). El *desafío ético de la educación*, Madrid, Dykinson. 2ª edición.

Gracia, J. (ed.) (2023). *Educación ética y filosófica en contextos de conflictos, heridas y vulnerabilidad*, Madrid, Dykinson.

Muntaner, J. (2000). "La igualdad de oportunidades en la escuela de la diversidad". *Profesorado, revista de currículum y formación del profesorado*, 4 (1), 1-19.

Pastor, D. (2024). *Era de idiotas. Educar en la confianza para crecer en sana convivencia*. Ariel.

Rosen, M. (2018). *Dignity: Its History and Meaning*, Cambridge MA: Harvard University Press.

Tarc, P., Mishra Tarc, A. & Di Paolantonio, M. (2024) Upholding "the educational" in education: Schooling beyond learning and the market. *Prospects* 54, 301–306. https://doi.org/10.1007/s11125-023-09661-w

UNESCO (2022). *Reimaginar un futuro conjuntamente. Un nuevo contrato para la educación*. SM.

Capítulo 8

Educación por el reconocimiento del otro. Una propuesta pedagógica basada en el diálogo y el pensamiento crítico

Isabel Tamarit López
Universitat de València

¿QUÉ OCURRE CUANDO EL OTRO ES INVISIBLE?

En nuestra sociedad sucede que muchas personas que sufren la situación de pobreza, de exclusión social, de marginación, quedan invisibilizadas a los ojos del resto de conciudadanos. El resto sigue su vida al margen de esos que no se ven o no se quieren ver, dado que incomoda conocer su precariedad para seguir llevando impunemente una vida de opulencia y confort. La aporofobia aventaja a esta situación de invisibilidad dado que supone una acción, un sentimiento de aversión y de rechazo hacia al otro, sean refugiados, o inmigrantes pobres. Un rechazo que se traduce en "ir en contra de la dignidad y el *bienser* de las personas de carne y hueso que sufren el rechazo" (Cortina, 2017, p.25).

La aporofobia, como el racismo o la xenofobia, constituyen lacras sociales, que hay que combatir. Con la finalidad de combatirlas es posible iniciar un trabajo educativo de ética cívica que se traduce en el cultivo de sentimientos morales como la compasión o el reconocimiento de la igual dignidad de las personas, como propone Adela Cortina en su obra: *Aporofobia, el rechazo al pobre*, 2017. Sin embargo, cuando no existe ni el rechazo, ni el discurso del odio, porque no se ve, no se dice, no se habla, no se reconoce que hay otro sufriendo ¿qué se puede hacer? ¿Qué ocurre si la invisibilidad es tal que se anula la capacidad de acción o de reacción ante una situación de injusticia? La sensibilidad que permite conocer qué sucede y quién está afectado desaparece y la ignorancia o la indiferencia imposibilitan que surjan acciones para poner fin a estas situaciones y sus consecuencias.

Es necesario entonces un trabajo previo de descubrimiento del otro, de des-ocultamiento de una realidad que está ahí y hemos dejado de ver, para después poder iniciar su reconocimiento.

La invisibilidad afecta a nuestra mirada, dejamos de sentir una realidad, como el que no oye o no ve por un problema fisiológico y construye "un mundo" a partir de los elementos de percepción con los que cuenta. Si desea incorporar esos otros matices que no siente ni percibe debe desarrollar los sentidos que le quedan de manera notable, para compensar ese prisma de la realidad que no está a su alcance. Tomar conciencia de ello y trabajarlo supone un esfuerzo, e implica la colaboración de otras personas que le permitan caminar hacia ese enriquecimiento sensitivo y traducirlo en un lenguaje que facilite la comprensión. Es como sucede en la parábola india de los seis sabios ciegos y el elefante, ninguno de ellos fue capaz de conocer al elefante por sí solo, porque únicamente tocaba una parte de la realidad que tenía enfrente, la totalidad le era inaccesible y, por ende, ninguno sabía qué era un elefante. La cooperación entre ellos, la comunicación, el tener en cuenta las otras perspectivas, podría ayudarles a comprender esa realidad de manera más clara, les ayudaría a conocer qué es un elefante en su totalidad. Pero como decimos, eso implica trabajar de forma cooperativa y aceptar que no tenemos acceso a cuanto compone la realidad desde nuestra situación individual y particular, y necesitamos, por tanto, incorporar las miradas de otros, las situaciones desde donde viven y sienten otras personas. Esto solo es posible a partir de lo que nos cuentan, nos relatan, nos describen y nos transmiten esos otros, porque la posibilidad de ponerse en su lugar, de empatizar e incluso de llegar a compadecer requiere atención, escucha y respeto activo. Así pues, abriendo nuestros sentidos cabrá la posibilidad de desarrollar más nuestra sensibilidad, de ver lo que no veíamos, de entender lo que no sabíamos, lo que puede traducirse en una respuesta activa, en una acción que persiga el cambio social hacia estructuras más justas.

La cuestión también implica abordar la pérdida de sensibilidad, hacerse cargo de lo que nos impide ver, oír, tocar, sentir esa parte de la realidad que parece invisible pero que es bien palpable si nos aproximamos a ella. ¿Cómo nos hemos insensibilizado? ¿Cuándo dejamos de ver a los otros, de reconocerlos, de sentir sus demandas?

En nuestra sociedad de la imagen y de la inmediatez la realidad se muestra de manera estimulante o más bien sobre-estimulante. Nos llegan imágenes impactantes de los sucesos, de cuanto ocurre en el mundo en un tiempo casi inmediato, la información nos desborda, pero no escogemos qué vemos ni cómo lo vemos, las cascadas de datos nos inundan al tiempo que nos impiden asimilar críticamente lo que sucede. Parece más bien una carrera por ofrecer la imagen más destacada y de mayor impacto, sin construir un relato coherente ni ajustado a la realidad ni a lo que viven de hecho quienes sufren esa situación. Pienso en las imágenes de escenarios de guerra o catástrofe natural que nos llegan desde el periodismo fotográfico, así como los titulares que las acompañan. Tratan de impactar nuestra sensibilidad, y lo consiguen, de tal manera que llegan a saturar nuestros sentidos y nuestra comprensión del asunto. Construimos así un relato al margen de los que sufren, que se compone de elementos seleccionados, en ocasiones estereotipados, y desde una mirada que está centrada más en la fuerza del estímulo que en la capacidad de reconocimiento del otro, con lo que no somos capaces de integrar ese relato en la hondura de nuestros sentimientos, la conmoción inicial cede sin que se genere un vínculo que nos una y nos obligue, sin que nos sintamos indignados más allá del instante que dura el impacto. El impacto cognitivo no se convierte en impacto sentimental, ni se traduce en conciencia moral ni responsabilidad, no se traduce en una respuesta activa por la justicia, porque lo sentido es instantáneamente reemplazado por otro estímulo, otra imagen, otro impacto visual.

EL RECONOCIMIENTO DEL OTRO NOS POSIBILITA DESCUBRIR NUESTRA OBLIGACIÓN

El reconocimiento, de acuerdo con la teoría de Axel Honneth, permite entender las experiencias de injusticia como experiencias de falta de reconocimiento. Si en las relaciones recíprocas no se produce este reconocimiento mutuo en cualquiera de las esferas de la vida social, está claro que una de las partes, la que sufre la falta de reconocimiento, padece también la injusticia social, que supone falta de derechos o de recursos o de oportunidades, en definitiva, les falta la estima social que merecen y que permitiría ser valorados socialmente. En su defecto, sufren la exclusión social o la indiferencia. En este sentido la lucha por el reconocimiento supone una reivindicación de justicia, una llamada a la igualdad y a la solidaridad, que clama a los sentimientos morales de la indignación y la compasión.

Cuando se lucha por el reconocimiento se asume que hay conflicto, y cuando se persigue un entendimiento positivo entre las partes con el fin de solucionarlo, es porque se lucha por la justicia desde un horizonte de sentido compartido.

Ahora bien, para llegar a este momento de reconocimiento que nos posibilite tomar conciencia de cuanto nos une, tanto de las obligaciones de justicia como de las que emanan de la compasión, hay que ver en el otro no solo un sujeto de derechos, autónomo, racional, sino también un ser sintiente, vulnerable, humano, al que hay que cuidar y del que nos sentimos responsables (Cortina, 2001, pp. 39-41). Se trata, por tanto, de recuperar la voz de la compasión, como propone Adela Cortina en *Alianza y Contrato*. Esos otros relatos en los que se fundamenta la voz moral que apela a la responsabilidad mutua, el reconocimiento, la alianza, y que constituyen a su vez la base de la justicia.

En nuestro caso resulta imprescindible incorporar el relato de quienes están en situación de exclusión si queremos despertar la sensibilidad necesaria para que suceda el reconocimiento mutuo y se desarrolle una respuesta responsable.

¿De qué manera despertar los sentidos y los sentimientos morales en una sociedad acelerada que se conforma con la satisfacción inmediata y que no presta atención ni escucha cuanto no se presenta de manera impactante a los ojos?

La mayoría de los relatos de vida requieren de silencio para ser escuchados, de atención para ser merecidamente comprendidos y valorados. Esta escucha requiere tiempo y espacio, de otro modo no es posible atender a cuanto se dice ni reconstruir la historia que se nos relata. Así como es necesario también el diálogo, la posibilidad de preguntar y de intercambiar lo que se piensa y lo que se vive. Solo así es posible la reciprocidad, el reconocimiento y el respeto mutuo, dando espacio al diálogo que nos abre la posibilidad de conocer al otro en primer lugar, de saber quién es el que habla y desde dónde habla, así como dar también nosotros a conocer nuestra postura, para en segundo lugar, buscar un horizonte de sentido común, un acuerdo o un vínculo que nos obligue mutuamente, que nos posibilite responder desde la voz de la justicia y de la compasión.

ESPACIOS DE APERTURA, ESCUCHA Y DIÁLOGO

En el apartado anterior hemos apelado a la necesidad de espacio y de tiempo para la escucha y para el diálogo, lo importante de educar los sentidos para que no se adormezcan ni se saturen ante la información desmesurada y desproporcionada.

La cuestión radica en apuntar ahora qué espacios son los adecuados para esta apertura y este diálogo, en qué lugares es posible esta práctica de la escucha y el conocimiento de esos otros relatos. Puede resultar redundante en una sociedad pluralista y democrática apelar a espacios comunes, lugares de encuentro en los que sea posible la libertad de expresión y el diálogo, pero es necesario reclamarlos, ya que se han ido perdiendo, cediendo paso a costumbres y hábitos poco cívicos, que nos separan y nos aíslan cada vez más. Es importante educarnos en la escucha, en agudizar nuestros sentidos: aprender a escuchar, a ver, a pensar, a sentir y a dialogar. Por ello es importante que reivindiquemos en la educación la cultura del encuentro, el arte del diálogo y la conversación, ya que de este modo cultivaremos también las virtudes y los hábitos que posibilitan el reconocimiento mutuo y la estima social.

La escuela se erige como un lugar privilegiado para el encuentro. Resulta un espacio seguro donde ejercer libremente la palabra, donde expresar con libertad lo que uno piensa o lo que uno siente sin temor a ser reprendido o anulado. La diversidad de la escuela obliga de algún modo a estar atentos a esos relatos diversos, a visibilizarlos e integrarlos desde unos valores de ética cívica. Sin embargo, también permite estar atentos a la reproducción de lacras sociales, que pueden esbozarse con actitudes de rechazo hacia el otro o de discriminación. El abordaje que se le da desde la escuela a este tipo de actitudes permite prevenirlas, detectarlas, mitigarlas e incluso anularlas si aparecieran, siempre que se trabaje desde el horizonte de una educación para una ciudadanía global. La proximidad del otro que es diferente y que convive compartiendo aula, patio, experiencias, posibilita conocerlo, y reconocerlo como un ser vulnerable, sentiente, con el que podemos empatizar e incluso hacernos amigos. En los mínimos éticos estaría el respeto y más allá de eso la amistad, el vínculo afectivo con aquel con el que compartimos vivencias, espacios.

La escuela favorece en este sentido el encuentro y el diálogo, siempre que se valore la diversidad cultural y social como una riqueza, como una oportunidad para ensanchar nuestra perspectiva de lo real. Si se trabaja la inclusión de la diversidad se cultiva el reconocimiento mutuo y el respeto activo.

Asimismo, junto a esa cultura del encuentro es necesario trabajar una cultura de la paz. La importancia de tratar los conflictos como un elemento clave de la convivencia y la necesidad de abordarlos desde una resolución pacífica, que permita desarrollar capacidades como el diálogo, buscando los acuerdos, imprescindible para resolver las luchas por el reconocimiento que hemos mencionado más arriba.

EDUCACIÓN ÉTICO-CÍVICA EN LA ESCUELA

Todos los elementos a los que estamos aludiendo con el fin de reconocer al otro, se deben fundamentar en una ética cívica. Los recursos a los que apelamos toman sentido desde la perspectiva de una educación ético-cívica, que trata de humanizar y generar virtudes, conciencia moral y reconocimiento de valores en las personas.

Por eso proponemos desarrollar un programa de educación ético-cívica para el alumnado, que promueva la formación en valores democráticos que permitan superar el malestar generado por el atomismo, el auge de la racionalidad instrumental y la fragmentación social y política (Gracia, 2020, p.183), que, en definitiva, contribuyen a la invisibilidad de las víctimas. La educación debe fundamentarse principalmente en el desarrollo pleno de la personalidad humana, así como el respeto a los principios democráticos y a los derechos y las libertades fundamentales. Así pues, los valores éticos a que nos referimos se concretan en un núcleo axiológico irrenunciable en una sociedad pluralista y democrática, a saber: la libertad significativa, la responsabilidad convencida, la igualdad, la solidaridad y el respeto (tolerancia activa) a partir del reconocimiento recíproco (Gracia, 2020). Estos valores se articulan a su vez con el valor de la justicia, que se entiende como el marco en el que desarrollar los distintos proyectos de vida buena, el desarrollo de la personalidad, y la propia búsqueda de la felicidad. La forja de virtudes y el cultivo de sentimientos morales se comprenden como parte de esta educación ética y en este mismo marco que proporciona la justicia en una sociedad democrática.

Por tanto, la educación ética no se agota en el fomento del pensamiento crítico, la facultad fundamental para la reflexión y la capacidad argumentativa del individuo, que se cuestiona y trata de comprender, analizando los problemas y las situaciones, y buscando racionalmente respuestas, sin ceder al autoritarismo ni sumirse a las órdenes u opiniones de otros que ostentan el poder. El pensamiento crítico fomenta, sin embargo, la autonomía, y la escuela debería preparar a los individuos en este sentido como parte fundamental de la educación ética.

Ahora bien, ya hemos dicho que educar en el pensamiento crítico no es suficiente, y las capacidades reflexivas y críticas, deben complementarse con otros aspectos éticos como la formación en valores y con el cultivo de capacidades como la capacidad creativa y compasiva de la imaginación empática, tal y como propone M. Nussbaum (2008). Esta autora incide en la importancia de la educación en humanidades, con el fin de cultivar además del pensamiento crítico las emociones, que deben servir como vínculo entre la razón y la imaginación. Nussbaum apela a la imaginación narrativa en la educación ética, que más bien es imaginación compasiva, con el fin de interpelar al sujeto y despertar su empatía, su emotividad y, por ende, la reflexión ética. Se trata, por tanto, de educar en la compasión, en la virtud ética que posibilita "el reconocimiento de la dignidad de toda persona humana" (Gracia, 2020, p.125). En esta línea de educación moral se promueve el desarrollo de la sensibilidad para percibir una situación injusta, así como su denuncia y compromiso responsable para ponerse en marcha para ayudar a las víctimas.

Estas capacidades morales, además, nos recuerda Nussbaum, se complementan con la capacidad cosmopolita, que concretamos en nuestro caso en ética intercultural, en la que el respeto activo y el reconocimiento recíproco son claves fundamentales. El reconocimiento de la riqueza de la pluralidad cultural se fundamenta en la humanización y el sentido que aportan las culturas a los pueblos, sin obviar el análisis crítico y la denuncia de aquellos elementos culturales que están en contra de la dignidad de las personas o que atentan contra derechos o libertades fundamentales. El cosmopolitismo no puede desembocar en un desarraigo ni en un atomismo que se desentienden del próximo y de los vínculos que obligan en comunidad. Es importante que las personas se eduquen en la cohesión social en perspectiva cosmopolita, de manera que a la justicia se añadan también el afecto, el cuidado y la solidaridad, superando situaciones de exclusión, marginación u opresión, tanto en el ámbito escolar como social.

EL ARTE DEL DIÁLOGO: EL PODER DE LA CONVERSACIÓN

La propuesta pedagógica de educación ético-cívica se fundamenta en el diálogo, el arte de conversar, el poder de la palabra que nos permite a las personas entendernos, comprender e intercambiar ideas, opiniones, posturas, llegar a acuerdos y avanzar en la promoción de una cultura del encuentro y de la paz. Y eso precisamente es lo que debe trabajarse en la escuela, teniendo en cuenta que es un lugar donde se dan las condiciones de diversidad cultural y social, pero al mismo tiempo donde debe fomentarse el respeto y el reconocimiento.

La experiencia educativa, fundamentada en una ética cívica, se basa en mantener conversaciones entre iguales sobre temas escogidos y trabajados previamente, sobre los que se investiga y se adquiere conocimiento para no caer en posturas acríticas o reduccionistas. El fin de la experiencia es humanizar, tratar de cultivar capacidades que faciliten a las personas su desarrollo personal y moral.

Por eso, en un primer lugar, hay que diferenciar que el diálogo o la conversación no son un debate, no se trata de enfrentarse ni de convencer al otro con nuestras razones o argumentos, sino más bien de escuchar activamente y comprender qué siente y qué piensa la otra persona, por qué y cómo alberga esas ideas o sentimientos sobre ese tema.

En segundo lugar, el objetivo no es alcanzar un acuerdo en todo momento, llegar a soluciones conjuntas, siempre no será posible este fin. Sin embargo, la conversación se plantea como un fin en sí misma, se valora el proceso y no solo el resultado. Y nos debe animar a continuar dialogando el que se produzca el encuentro con el otro, la disponibilidad a seguir compartiendo e intercambiando, porque la conversación constituye un bien común, que la sociedad debe cuidar y fomentar. La conversación precisamente debe intensificarse cuanto más alejadas están las posturas, ya que el acercamiento pacífico solo puede darse si se siguen produciendo los encuentros y el diálogo. Claro que habrá que buscar los espacios y los momentos propicios, así como antes haber trabajado también otras formas de aproximación al otro, como actividades y acciones conjuntas de intercambio.

En tercer lugar, como no hay pretensión de combatir ni enfrentar posiciones, la lucha argumentativa cede a la conversación más distendida, el estado emocional que se genera es más propicio para acoger al otro y para atender y hacerse entender desde la cordialidad y el respeto. Supone una experiencia transformadora para ambas partes, dado que la postura que se promueve nos invita a escuchar, a aprender a valorar los silencios y las palabras, de tal manera que el enriquecimiento es mutuo y las posibilidades de reconocimiento recíproco aumentan.

CONDICIONES Y COMPETENCIAS PARA DESARROLLAR EN LA PRÁCTICA

De modo resumido, estás serían las competencias que proponemos para educación cívica basada en el reconocimiento del otro:

1. Apertura al diálogo. La primera condición es querer dialogar con el otro, decir que sí a la conversación y ponerse a la disposición de la otra persona.
2. Formación para el diálogo. Hay que formarse en el arte de la conversación, saber hablar y expresarse, también saber escuchar activamente y responder con sentido. No se trata del arte de la retórica, sino del diálogo, que involucra a la razón y a las emociones y los sentimientos.
3. Posibilitar espacios para el diálogo. Propiciar lugares de encuentro, y preparar a su vez los espacios para que se pueda conversar en calma, en condiciones de igualdad, dedicando un tiempo a prepararse también uno mismo.
4. Investigar y conocer sobre lo que hablamos. Dedicar tiempo a la investigación y el conocimiento de aquello sobre lo que queremos hablar, comunicar al otro. Fundamentar críticamente

nuestra postura, para que no sea una mera opinión o creencia prejuiciosa o estereotipada, para ello hay que pensar qué vamos a decir y analizarlo reflexivamente.

5. Fomentar la participación activa y el reconocimiento recíproco. Animar a participar a los implicados, que entiendan la oportunidad de conversar como un ejercicio de reconocimiento recíproco y de libertad, sobre todo cuando nos encontramos con otro diferente, con posturas divergentes o contrarias a la nuestra. Recoger y comprender lo que nos comunica el otro desde el respeto, analizarlo críticamente, pero también desde la estima y el valor que contienen sus aportaciones, para construir un horizonte de sentido compartido de acuerdo con los valores éticos y democráticos.
6. Valorar el proceso de la experiencia de diálogo. Enseñar a valorar el proceso de diálogo y no solo el resultado. Considerarlo un bien común, no tanto por el resultado final, sino por los logros que durante su realización se consiguen.

CONCLUSIONES

La escuela que vive la diversidad social y cultural desde la inclusión se erige como un espacio privilegiado para fomentar la cultura del encuentro y el diálogo con el otro. La educación debe promover este tipo de cultura fundamentada en una ética cívica que pretende humanizar y vivir de acuerdo con valores como el reconocimiento recíproco y el respeto activo. Las situaciones de marginalidad, de exclusión o de discriminación suponen lacras sociales que hay que combatir con justicia, como ciudadanía activa y responsable que empatiza con el otro, porque lo conoce, vincula con él, se compadece y lo valora reconociéndolo como un ser humano con dignidad. En este sentido el diálogo supone un recurso que nos permite conocer, para a su vez respetar y reconocer al otro. Trabajar las competencias para ser buenos conversadores supone apostar por una educación ética para una ciudadanía activa, responsable y solidaria, capaz de escuchar, acoger y comprender a otros diferentes y buscar en el encuentro del diálogo la oportunidad para el reconocimiento y para crear unas estructuras sociales más justas.

REFERENCIAS

Cortina, A. (2001): *Alianza y contrato.* Barcelona: Trotta.

Cortina, A. y Pereira, G. (Editores) (2010): *Pobreza y libertad. Erradicar la pobreza desde el enfoque de Amartya Sen.* Madrid: Tecnos.

Cortina, A. (2011): *Neuroética y neuropolítica: Sugerencias para la educación moral.* Madrid: Tecnos.

Cortina, A. (2017): *Aporofobia, el rechazo al pobre. Un desafío para la democracia.* Barcelona: Paidós.

Gracia, J. (2020): *El desafío ético de la educación.* Madrid: Dykinson.

Nussbaum, M. (2005): *El cultivo de la humanidad.* Barcelona: Paidós.

Nussbaum, M. (2008): *Paisajes del pensamiento: la inteligencia de las emociones.* Barcelona: Paidós.

Nussbaum, M. (2010): *Sin fines de lucro. Por qué la democracia necesita de las humanidades.* Madrid/Buenos Aires: Katz.

Capítulos 9

La Human Library: Acción educativa para reducir los prejuicios

Alessandro Versace
Università degli studi di Messina

ORIGEN Y FUNCIONAMIENTO DE LA HUMAN LIBRARY

La Human Library es una iniciativa nacida en Dinamarca en 2000 para enfrentar los prejuicios, fundada por el danés Ronnie Abergel. Se trata de una biblioteca especial en la que, en lugar de sacar un libro, se puede escuchar a una persona contar su historia. Un evento de la Human Library no es un lugar físico e inmutable, sino un espacio abierto creado por las personas y sus relaciones (Ilpost, 2022).

La idea fundamental sobre la cual se basa la Human Library es que el prejuicio, que a menudo nace del desconocimiento, se disuelve de manera natural e inevitable frente al relato que una persona ofrece a un oyente en una conversación a dos, en «un contexto positivo de diálogo que desafía estereotipos y prejuicios». Pasamos ahora a exponer los elementos centrales de esta iniciativa educativa que promueve una educación alternativa para la igualdad y la justicia social.

LECTURA DE LOS "LIBROS HUMANOS"

La clásica frase de "no juzgar un libro por su portada" encuentra, en la Human Library, su realización más profunda. Cada "lector" elige de un catálogo de "libros" disponibles, y cada una de estas personas está identificada por un título corto y descriptivo, como "Transgénero", "Ex alcohólico", "Víctima de violencia sexual" o "Persona con discapacidad severa", como si fuera un libro. Se invita a los lectores a hacer las preguntas más incómodas o embarazosas para superar sus propios prejuicios. Usando el lema de la Human Library, el objetivo de la iniciativa es "unjudge someone", es decir, dejar de juzgar a alguien (Lamberti, 2018).

UNA EXPERIENCIA INVOLUCRANTE

La experiencia siempre resulta profundamente conmovedora, y el recuerdo de lo escuchado —ligado a la emoción del encuentro— se conserva vívido y fuerte. Durante la lectura del "libro", se crea un diálogo envolvente entre los dos sujetos: el libro y el lector. No podría ser de otra manera, ya que el encuentro es íntimo y reservado, y la historia contada es personal, a menudo relacionada con grandes dificultades superadas, ya sea migración, discapacidad, o prejuicios sexistas o racistas. Lo que siempre ocurre es que se genera un cortocircuito emocional entre las dos personas, que se llevan consigo un pedacito del otro, en una práctica de verdadera integración.

UNA NUEVA PERSPECTIVA SOBRE EL OTRO

La Human Library nos permite mirar al mundo de manera caleidoscópica; es decir, según cómo orientemos nuestra mirada y giremos nuestra mano, obtendremos una visión diferente del otro. El otro, sobre el cual nuestra mirada, al menos inicialmente, se posa siempre con el agobiante peso del prejuicio.

UN PUENTE HACIA LA EMPATÍA

A la luz de la teoría del contacto de Gordon Allport (1973), cuyos estudios han demostrado la efectividad del contacto en el proceso de reducción del prejuicio, se puede afirmar que la Human Library puede dar lugar, a través del contacto directo con el otro, a un proceso de empatía que no se limita solo a la interpretación cognitiva, sino que también involucra la percepción de los sentimientos del otro, lo que encuentra una de sus más altas expresiones en el Empathy Museum de Londres (Niri, 2015).

EL ROL DE LA NARRACIÓN

Si tuviéramos que resumir en una frase el núcleo profundo de la Human Library, podríamos recurrir a la frase pronunciada por Amadou Hampâté Bâ en 1962, ante la asamblea de la Unesco: «en África, cada vez que un anciano muere, es como si se quemara una biblioteca». La narración, que es el comienzo de la transmisión del conocimiento y el compartir, recupera su antiguo valor precisamente en la Human Library, ya que es un medio privilegiado a través del cual se interpreta la construcción cultural de la realidad; mediante ella se forma un eco que traslada hasta los tiempos presentes historias, cuentos y mitos. Pero también es la oportunidad que se le ofrece a nuestro Ser, al reflexionar sobre nuestra existencia, de rastrear y regresar a esas emociones profundas, ocultas y ligadas a ciertos acontecimientos personales y humanos que, al ser traídas a la luz, permiten transformar el presente y proyectar el futuro. Es una forma de iluminar los rincones oscuros y redescubrir la profundidad y el espesor de lo desconocido que nos acompaña en lo cotidiano. A menudo, de hecho, muchas de nuestras acciones están determinadas por una motivación inconsciente que nuestra conciencia no llega a conocer (Gottschall, 2014; Bruner, 1993).

CONCLUSIONES

La Human Library es encuentro, posibilidad, oferta, recepción y comunicación, y, como tal, es un instinto innato en el ser humano. Aunque en la relación puedan existir contornos opacos e inciertos, es igualmente cierto que el contacto con el otro es el medio privilegiado a través del cual el ser humano se cuenta, hace resonar sus aspiraciones, vicisitudes, exclusión, discriminación, prejuicios sufridos y su existencia en su totalidad.

REFERENCIAS

Alloport, G. (1973). *La natura del pregiudizio*. La Nouva Italia.

Bruner, J. S. (1993). *La mente a più dimensioni.* Editori Laterza.

Gottschall, J. (2014). *L'institnto di narrare. Come le storie ci hanno resi umani.* Bollati Boringhieri.

Ilpost. (2022, 21 de junio). *La biblioteca humana, donde los libros son personas.* https://www.ilpost.it/2022/06/21/human-library-biblioteca-umana/

Lamberti, A. (2018). Human Library: la metafora delle biblioteche per infrangere prediudizi, ovvero non giudiare un libro dalla copertina. *Bibelot: notizie dalle bibliotecha toscane. 24*(3).

Niri, V. (2015, 2 de septiembre). *A Londra un mueso dell'empatia contra l'egocentrismo sociale.* https://www.wired.it/play/cultura/2015/09/02/apre-museo-interattivo-dellempatia-londra/

Capítulo 10

Adultez emergente, educación superior y justicia social: una revisión sistemática de la literatura

Verónica Riquelme Soto y Bernardo Gargallo López
Universitat de València

INTRODUCCIÓN

Los cambios sociales y demográficos observados en las últimas décadas han hecho que la transición a la edad adulta sea más larga y compleja. En la actualidad, son muchos los jóvenes que invierten gran parte de su tiempo en la formación académica, especialmente en la educación universitaria, postergando la estabilidad laboral y otras experiencias vitales asociadas a la transición a la vida adulta como la emancipación del hogar familiar, la unión de pareja e, incluso, el planteamiento de la paternidad/maternidad (Arnett et al., 2014; Mannerström *et al.,* 2019; Oliveira et al., 2019).

Este fenómeno, conocido como adultez emergente, situado entre los dieciocho y los veintinueve años, conlleva la transición por una nueva etapa en el ciclo vital marcada por la exploración de la propia identidad, por las posibilidades y la inestabilidad, así como un período de autoenfoque, durante el cual los individuos no se perciben a sí mismos ni como adolescentes ni como adultos plenamente desarrollados (Arnett et al., 2014). Esta ambivalencia que tienen de sí mismos puede explicarse por el carácter gradual de las principales características que los adultos emergentes perciben como necesarias para llegar a la edad adulta: la aceptación de responsabilidades, la toma de decisiones y la independencia económica (Torres et al., 2020).

En consecuencia, estas características asociadas al desarrollo de los adultos emergentes se materializan al hacerse estos responsables de sí mismos, en lugar de compartir la responsabilidad de sus acciones con los progenitores o cuidadores, y al obtener la autosuficiencia y la emancipación familiar, incluida la independencia económica (Ann y Sorensen, 2017). Estas características irían evolucionando en un proceso dinámico y progresivo, entre los adultos emergentes y sus entornos (Taylor et al., 2014). Dicho proceso dinámico de transición hacia la vida adulta fue denominado por Tanner (2006) como *recentering* y es lo que constituye la principal tarea evolutiva del adulto emergente, pues a través de éste se funda el cambio hacia una identidad adulta.

Uno de los escenarios donde esta transformación adquiere especial relevancia es la esfera educativa, en particular el ámbito universitario, que funciona como un espacio privilegiado para la experimentación y redefinición de roles (Wider et al., 2023). Desde una perspectiva teórica, este entorno facilita la reorganización de la identidad y la asunción de compromisos progresivos, a través de la interacción con nuevas redes sociales, el acceso a experiencias formativas y la interiorización de normas y valores propios de la adultez emergente. Así, la universidad no solo proporciona un marco para la adquisición de capital académico y profesional, sino que también impulsa procesos de individuación y autodefinición (Desjardins y Leadbeater, 2016; Kohútová y Kohút, 2024), necesarios para la consolidación de proyectos de vida más autónomos y diferenciados del núcleo familiar (Ben-Shlomo *et al.* 2022; Riquelme et al., 2024).

Por tanto, el presente estudio tiene como objetivo realizar una revisión sistemática de la literatura científica existente con el fin de analizar la influencia recíproca entre la familia y los procesos educativos dentro del marco de la educación superior en la adultez emergente. En particular, se explorarán los factores familiares que intervienen en la toma de decisiones académicas y profesionales de los adultos emergentes, así como las dinámicas de adaptación que la educación superior exige a la estructura familiar. Se considera que estas interacciones son fundamentales para comprender cómo los adultos emergentes navegan por la transición hacia la autonomía y la consolidación de su identidad personal y profesional.

METODOLOGÍA

Muestreo de la literatura

Para el desarrollo de la presente revisión sistemática, se llevó a cabo un proceso riguroso de identificación, selección y análisis de la literatura científica relacionada con la adultez emergente, el sistema familiar y el aprendizaje competente en el contexto de la educación superior. Las bases de datos seleccionadas para la búsqueda de los estudios fueron Web of Science, Scopus, Dialnet, ERIC y Google Scholar, considerando su relevancia y cobertura en investigaciones relacionadas con ciencias sociales, educación y psicología.

Asimismo, la búsqueda bibliográfica se realizó siguiendo criterios predefinidos para garantizar la pertinencia y calidad de los documentos incluidos:

- Criterios de inclusión:
  - Artículos publicados entre 2014 y 2024.
  - Estudios empíricos, revisiones sistemáticas o metaanálisis que abordaran alguno de los temas clave (apoyos familiares, adultez emergente y aprendizaje competente).
  - Publicaciones en español e inglés.
  - Trabajos centrados en la población universitaria o en etapas de transición hacia la adultez emergente.
- Criterios de exclusión:
  - Estudios no revisados por pares o materiales bibliográficos que presenten inconsistencias metodológicas.

- Investigaciones centradas exclusivamente en niveles educativos distintos a la Educación Superior.
- Trabajos que no abordan de manera directa la relación entre los tres elementos clave de la revisión.

Finalmente, para llevar a cabo la revisión documental se desarrolló una estrategia de búsqueda, empleando, para ello, combinaciones de palabras clave y operadores booleanos. Las palabras clave utilizadas en el proceso de búsqueda fueron las siguientes:

> *"Apoyos familiares", "adultez emergente", "aprendizaje competente", "competencias clave", "educación superior", "transición a la adultez"*, y sus equivalentes en inglés (*"family support", "emerging adulthood", "competent learning", "key competencies", "higher education", "transition to adulthood"*).

El proceso de revisión sistemática de la literatura se desarrolló en dos fases. En la primera fase se llevó a cabo la búsqueda documental en cada una de las bases de datos seleccionadas, tal y como se recoge en la figura 1, aplicando la estrategia de búsqueda detallada con anterioridad. En ella se obtuvieron un total de 226 estudios. La segunda fase se desarrolló atendiendo a los resultados obtenidos tras la búsqueda bibliográfica inicial, siendo necesaria la revisión del título, resumen y palabras clave de cada uno de los materiales recabados.

En esta fase se aplicaron los criterios de inclusión y exclusión, con la finalidad de extraer únicamente aquellos materiales bibliográficos que respondían al objeto de estudio. Tras la aplicación de los criterios establecidos se eliminaron 190 estudios, puesto que entre ellos se encontraban documentos duplicados, así como estudios que no respondían a los criterios de inclusión fijados. Finalmente, en la tercera fase, se llevó a cabo una lectura exhaustiva y minuciosa de los estudios extraídos para la revisión sistemática, siendo estos un total de 36.

Figura 1. Flujograma: proceso de revisión sistemática

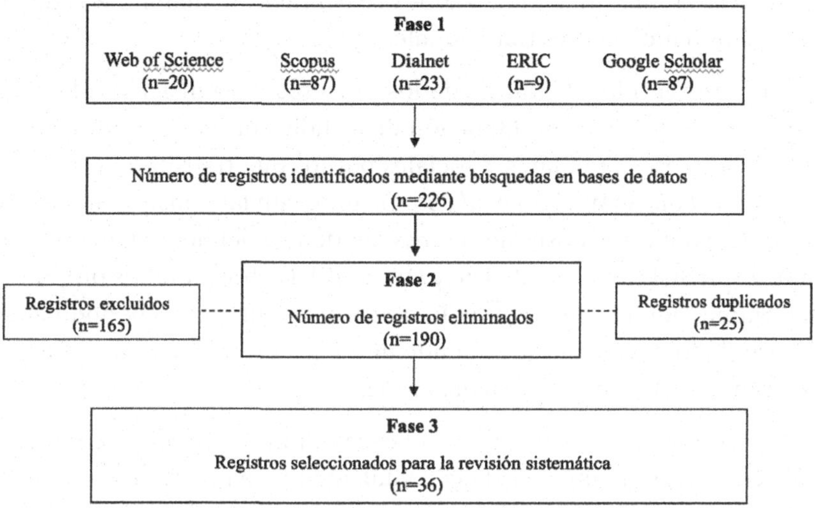

RESULTADOS

Los resultados obtenidos tras el proceso de revisión de la literatura evidenciaron dos grandes categorías de análisis: los procesos de transición a la edad adulta que atraviesan los jóvenes y la influencia que ejercen los apoyos familiares en el aprendizaje competente del alumnado universitario.

La transición a la edad adulta

Bajo una perspectiva histórica, la transición a la edad adulta se ha encontrado marcada por una serie de ritos e indicadores, tales como el matrimonio o la concepción de un hijo o hija. Sin embargo, estudios recientes (Arnett, 2024; Coté, 2014; Cui et al., 2022; Goldsmith, 2018; Oliveira et al., 2019) sostienen que en la medida en que las sociedades llegan a ser más complejas, los caminos hacia la vida adulta se vuelven menos claros, más individualizados y se definen, en menor medida, por estos ritos o indicadores tradicionales.

En este sentido, el análisis de los procesos de transición a la edad adulta ha llevado a la proliferación de estudios desde los que se analizan los procesos familiares y sociales por los que transitan los jóvenes (Guevara *et al.*, 2021; Parra *et al.*, 2015), junto con las consecuencias que suponen para éstos posponer la independencia del hogar familiar (Arnett, 2024; Blake et al., 2018; Lee y Dik, 2016). Dichos estudios proponen el término "adultez emergente" para referirse a un nuevo período en el desarrollo humano que se extiende desde los dieciocho años hasta los veintinueve (Arnett, 2024; Su et al., 2021).

Arnett (2024), en su estudio sobre la adultez emergente comprendida como nueva etapa en el ciclo vital, identifica una serie de características distintivas en los adultos jóvenes, entre las que destaca la aceptación de la responsabilidad personal, la capacidad de definir valores y creencias propias al margen de las influencias parentales u otras, y la independencia económica. Estas dimensiones de autonomía e independencia se complementan con un desarrollo simultáneo de la identidad, que se articula en torno a un conjunto de recursos personales, tanto psicológicos como sociales, descritos como "madurez personal" (Torres et al., 2020).

Estas transiciones hacia la emancipación adquieren una elevada complejidad, pues albergan una amplia diversidad de situaciones por las que los jóvenes pueden transitar hasta alcanzar formas estables de residencia, tales como: acceso a alquileres compartidos, residencias institucionales, uso de segundas residencias familiares, etc. En relación con ello, Santander y Rojas (2020) apuntan que estas transiciones son una respuesta adaptativa ante la complejidad que encierra la emancipación juvenil.

En este marco, algunos estudios (DeFauw *et al.,* 2018; Oliverira et al., 2019; Pribesh et al., 2020) revelan que de esta compleja realidad surgen estados intermedios de "semiautonomía" que oscilan entre la dicotomía "persona residente en el hogar familiar – persona emancipada del hogar familiar". En estos casos, los jóvenes alternan períodos de convivencia en el hogar de origen o en recursos residenciales transitorios con la ocupación de otros espacios habitacionales.

Gil y Simó (2018) advierten que estos estados transitorios carecen de una definición conceptual clara y de una representación suficiente en las investigaciones, lo cual dificulta el desarrollo de mecanismos sociales que favorezcan la estabilidad de los jóvenes en situación de "semiautonomía". Además, las transiciones reversibles, como el regreso al hogar familiar tras un intento fallido de emancipación, son cada vez más frecuentes (Arundel y Lennartz, 2017; Ben-Shlomo et al., 2022; Gil y Simó, 2018).

Apoyos familiares y su influencia en el aprendizaje competente del alumnado universitario

La transición a la edad adulta constituye un proceso complejo en el que convergen múltiples dimensiones: individuales, sociales y culturales. En este contexto, los apoyos familiares emergen como un factor decisivo que influye no solo en el bienestar y desarrollo personal, sino también en el aprendizaje competente del alumnado universitario. La revisión sistemática realizada evidencia que la familia no es únicamente una agencia de apoyo emocional o económico, sino que actúa como un espacio en el que se cultivan valores, habilidades y estrategias esenciales para la construcción de la adultez y el éxito académico (Ang et al., 2022; DeFauw *et al.,* 2018; La Rosa et al., 2024; Lindell *et al.,* 2017; Riquelme et al., 2024).

La familia se concibe como un agente fundamental en la transmisión de motivación y confianza. Este tipo de apoyo resulta esencial para que los estudiantes desarrollen una adecuada gestión de las frustraciones y el estrés académico, elementos comunes durante la etapa universitaria (Ann y Sorensen, 2017; Blake et al., 2018; Pribesh et al., 2020; Sherman,

2021; Wider et al., 2023). La validación emocional ofrecida por los familiares fomenta una autopercepción positiva, lo que repercute en una mayor disposición para enfrentar desafíos.

En esta línea, uno de los hallazgos más relevantes advierte que las diferentes expresiones de apoyo familiar contribuyen directamente a facilitar la transición al entorno universitario, un espacio que demanda altos niveles de autonomía, gestión emocional y competencias cognitivas (Roksa y Kinsley, 2018). La familia, al proporcionar un entorno seguro y estable, permite al estudiante focalizarse en el aprendizaje y afrontar los retos inherentes al ámbito académico. En este sentido, investigaciones como la desarrollada por Burke et al. (2018) y la elaborada por Howard et al. (2019) subrayan la importancia que tiene la validación emocional, ofrecida por los familiares, en el fomento de la autopercepción positiva en los jóvenes universitarios, ya que repercute en una mayor disposición para enfrentar nuevos desafíos académicos.

Asimismo, diferentes estudios de corte cuantitativo relacionan el apoyo afectivo-emocional familiar con los resultados académicos y otros elementos implicados en el proceso de aprendizaje universitario como: la adaptación general a la universidad (Desjardins y Leadbeater, 2016), el desarrollo académico y social (Goldsmith, 2018), el rendimiento académico (Howard et al., 2019), las metas educativas fijadas y el compromiso institucional (Roksa et al. 2016; Strom y Savage, 2014) y la persistencia en el estudio (Sherman, 2021).

En virtud de lo anterior, el aprendizaje competente del alumnado universitario, entendido como la capacidad de integrar conocimientos, habilidades y actitudes para responder a las exigencias académicas y sociales, se ve directamente influido por la presencia, o ausencia, de los diferentes apoyos familiares. En términos teóricos, esta relación puede comprenderse desde enfoques que subrayan la interdependencia entre las esferas de la vida personal y académica. Las familias, al proporcionar un contexto que refuerza la seguridad afectiva y la estabilidad, crean las condiciones necesarias para que los estudiantes puedan desarrollar un aprendizaje competente.

Desde la literatura se subraya la necesidad de considerar cómo estos apoyos se vinculan con los procesos de transición a la adultez. Durante la etapa universitaria, los estudiantes no solo desarrollan conocimientos específicos, sino también habilidades clave para asumir roles adultos, como la toma de decisiones autónomas y la construcción de proyectos de vida sostenibles.

CONCLUSIONES

La revisión sistemática realizada sobre los procesos de transición a la edad adulta revela la naturaleza emergente de este campo de investigación, destacando su creciente relevancia en contextos contemporáneos marcados por cambios sociales, económicos y culturales significativos. En las últimas décadas, se ha consolidado un consenso sobre la complejidad de estos procesos, los cuales ya no se pueden reducir a cronologías fijas o trayectorias lineales. Por el contrario, las transiciones a la adultez se configuran como procesos multifacéticos, atravesados por factores estructurales y relacionales que exigen ser comprendidos desde perspectivas interdisciplinarias y dinámicas.

La adultez emergente, por tanto, se configura como una etapa del ciclo vital caracterizada por la exploración de la identidad, la inestabilidad y el autoenfoque. En este contexto, la familia desempeña un papel crucial en el aprendizaje competente de los estudiantes universitarios, actuando como un factor protector frente a las dificultades asociadas a la transición hacia la vida adulta. En este sentido, los resultados obtenidos en la revisión sistemática de la literatura evidencian que los apoyos familiares—emocionales, éticos, económicos y motivacionales—son determinantes en la consolidación de competencias necesarias para el éxito académico y personal de estudiantes universitarios que transitan procesos hacia la edad adulta.

El análisis destaca como el apoyo familiar contribuye a la gestión emocional, fomenta el compromiso académico y fortalece la autorregulación, aspectos fundamentales en un entorno universitario que exige altos niveles de autonomía y resiliencia. La universidad, como espacio de aprendizaje y socialización, actúa en conjunto con la familia para facilitar procesos de individuación y recentering, promoviendo una transición progresiva hacia la independencia y la madurez personal.

Asimismo, la evidencia científica advierte que el aprendizaje competente del alumnado universitario, entendido como la capacidad de integrar conocimientos, habilidades y actitudes para responder a las demandas académicas y sociales, se ve profundamente influido por los apoyos familiares. Estos no solo facilitan la adaptación al entorno universitario, sino que también generan un contexto de seguridad y estabilidad que permite a los jóvenes focalizarse en su desarrollo académico y personal. En esta línea, diferentes estudios señalan la interdependencia la interdependencia entre la familia y la educación superior, enfatizando la necesidad de adoptar enfoques integrales que consideren el entorno familiar como un recurso clave en la formación de los estudiantes. Además, los estudios revisados subrayan que la capacidad de las familias para proporcionar estabilidad emocional, valores éticos y orientación durante esta etapa es esencial para enfrentar los retos de una sociedad cada vez más compleja y demandante.

En este contexto, la familia emerge como un actor central que no solo proporciona apoyo emocional y económico, sino que también actúa como transmisora de valores, habilidades y estrategias esenciales para afrontar los desafíos propios de la adultez y el aprendizaje universitario. Su influencia resulta clave en la gestión del estrés, el desarrollo de la autonomía y la consolidación de la identidad, aspectos fundamentales para asumir roles adultos y construir proyectos de vida sostenibles. Además, la validación emocional ofrecida por los familiares fomenta una autopercepción positiva que contribuye significativamente al éxito académico y personal.

Finalmente, es relevante señalar que la investigación sobre la transición a la adultez se encuentra en un momento de consolidación y expansión teórica. No obstante, este carácter emergente subraya tanto su pertinencia como la urgencia de profundizar en su análisis, considerando no solo las experiencias individuales, sino también las influencias decisivas de las agencias sociales como la familia, cuya capacidad para sostener estos procesos es tan fundamental como limitada por las desigualdades del contexto contemporáneo.

REFERENCIAS

Ang, W. H. D., Lau, S. T., Cheng, L. J., Chew, H. S. J., Tan, J. H., Shorey, S. & Lau, Y. (2022). Effectiveness of resilience interventions for higher education students: A meta-analysis and metaregression. *Journal of Educational Psychology, 114*(7), 1670–1694. https://doi.org/10.1037/edu0000719

Ann, B. P. & Sorensen, K. N. (2017). Family structure changes during high school and college selectivity. *Research in High Education,* 58, 695-722.

Arundel, R. & Lennartz, C. (2017). Returning to the parental home: Boomerang moves of younger adults and the welfare regime context. *Journal of European Social Policy, 27*(3), 276–294. https://doi.org/10.1177/0958928716684315

Arnett, J. J. (2024). *Emerging adulthood: The winding road from the late teens through the twenties* (3rd ed.). Oxford University Press.

Arnett, J. J., Žukauskienė, R. & Sugimura, K. (2014). The new life stage of emerging adulthood at ages 18–29 years: Implications for mental health. *The Lancet. Psychiatry, 1*(7), 569–576. https://doi.org/10.1016/S2215-0366(14)00080-7

Ben-Shlomo, S., Levin-Keini, N. & Ofir-Barash, E. (2022). Life Satisfaction in Young Adults: The Moderating Role of Parental Support. *International Journal of Environmental Research and Public Health,* 19, 12513.

Blake, M. J., Trinder, J. A. & Allen, N. B. (2018). Mechanisms underlying the association between insomnia, anxiety, and depression in adolescence. *Clinical Psychology Review,* 63, 25-40.

Blanco, R., Parra, A., Salado, V. y Díez, M. (2024). Creencias sobre el amor y bienestar durante la adultez emergente. *Apuntes de Psicología, 42*(3), 195-205. https://doi.org/10.55414/fgyk6291

Burke, T. J., Segrin, C. & Farris, K. L. (2018). Young adult and parent perceptions of facilitation: Associations with overparenting, family functioning, and student adjustment. *Journal of Family Communication, 18*(3), 233–247. https://doi.org/10.1080/15267431.2018.1467913

Coté, J. E. (2014). The dangerous myth of emerging Adulthood: An evidence-based critique of a flawed developmental theory. *Applied Developmenal Science, 18*(4), 177-188.

Cui, M., Hong, P. & Jiao, C. (2022). Overparenting and emerging adult development: A systematic review. *Emerging Adulthood, 10*(5), 1076–1094. https://doi.org/10.1177/21676968221108828

DeFauw, C., Levering, K., Tendai, R. & Abraham, S. (2018). Families support and influence on college students' educational performance. *Journal of Education and Development, 2*(1), 11-19.

Desjardins, T. & Leadbeater, B. (2016). Changes in Parental Emotional Support and Psychological Control in Early Adulthood. *Emerging Adulthood,* 5, 177–190.

Gil, D. y Simó C. X. (2018). Los cambios en el proceso de emancipación de emancipación residencial en España como respuesta a la crisis. *Revista del Centro Reina Sofía sobre Adolescencia y Juventud,* (7), 75-89.

Goldsmith, J. (2018). Emerging adults' relationships with their parents. *Clinical Science Insights*, 1–5.

Guevara, L., Villar, J., Boero, P., Sandoval, A. y Vinet, E. V. (2021). Individuación en la Adultez emergente. Una forma diferente de convertirse en adulto. *Redes*, 43, 65-76.

Howard, A. L., Alexander, S. M. & Dunn, L. C. (2020). Helicopter parenting is unrelated to student success and well-being. *Emerging Adulthood*, 10, 1–15. https://doi.org/10.1177/2167696820901626.

Kohútová, V. & Kohút, M. (2024). The Role of Age, University Attendance and Other Demographic Factors in Experiencing Emerging Adulthood. *Emerging Adulthood, 12*(4), 1-7. https://doi.org/10.1177/21676968231226

La Rosa, V. L., Ching, H. H. & Commodari, E. (2024): The Impact of Helicopter Parenting on Emerging Adults in Higher Education. *The Journal of Genetic Psychology*, 1, 1-28. https://doi.org/10.1080/00221325.2024.2413490

Lee, C.Y. & Dik, B. J. (2016). Associations among stress, gender, sources of social support, and health in emerging adults. *Stress & Health*, 33, 378–388.

Lindell, A. K., Campione-Barr, N. & Killoren, S. E. (2017). Implications of parent-child relationships for emerging adults' subjective feelings about adulthood. *Journal of Family Psychology, 31*(7), 810–820. https://doi.org/10.1037/fam0000328

Mannerström, R., Muotka, J. & Salmela-Aro, K. (2019). Associations between identity processes and success in developmental tasks during the transition from emerging to young adulthood. *Journal of Youth Studies,* (22) 1289-1307.

Nelson, L.J. (2021). The theory of emerging adulthood 20 years later: A look at where it has taken us, what we know now, and where we need to go. *Emerging Adulthood,* 9(3), 179-188. https://doi.org/10.1177/2167696820950884

Oliveira, C., Fonseca, G., Sotero, L., Crespo, C. & Relvas, A. P. (2019). Family dynamics during emerging adulthood: reviewing, integrating, and challenging the field. *Journal of Family Theory & Review,* 12, 350–367.

Parra, A., Oliva, A., Reina, M. & Del, C. (2015). Family relationships from adolescence to emerging adulthood. *Journal Family Issues*, 36, 2002–2020.

Pribesh, S. L., Smith, J., Dufur, M. J. Yue, Y. & Morgan, K. (2020). Family Structure Stability and Transitions, Parental Involvement, and Educational Outcomes. *Social Sciences,* 9, 229, 1-14.

Riquelme, V., Gargallo, B. y Cánovas, P. (2024). La influencia de los factores familiares en el aprendizaje competente universitario: una aproximación mediante el análisis de conglomerados. *European Public & Social Innovation Review*, 9, 1–21. https://doi.org/10.31637/epsir-2024-679

Roksa, J., Deutschlander, D. & Whitley, S.E. (2016). *The role of parents in facilitating belonging and institutional commitment for first-generation and low-income students.* Association for the Study of Higher Education meeting.

Roksa, J & Kinsley, P. (2018). The Role of Family Support in Facilitating Academic Success of Low-Income Students. *Research in Higher Education,* 60, 415-436. https://doi.org/10.1007/s11162-018-9517-z

Santander, C. I. y Rojas, H. M. (2020). El apoyo familiar y la pérdida de la autonomía de los jóvenes universitarios. *Revista de la Educación Superior*, 49, 21-34. https://doi.org/10.36857/resu.2020.195.1249

Sherman, G. L. (2021). Transformative learning and well-being for emerging adults in higher education. *Transformative Education Journal, 19*(1), 29–49.

Strom, R. E. & Savage, M. W. (2014). Assessing the relationships between perceived support from close others and persistence decisions at the college level. *Journal of College Student Development, 55*(6), 531–547.

Su, S., McElwain, A. & Lin, X. (2021). Parenting practices and emerging adult well-being in the United States and China. *Journal of Comparative Family Studies, 53*(1), 5–24. https://doi.org/10.3138/jcfs-2021-00

Tanner, J. L. (2006). *Recentering during emerging adulthood: A critical turning point in Life Span Human Development*. American Psychological Association.

Taylor, Z.E., Doane, L.D. & Eisenberg, N. (2014). Transitioning from high school to college: Relations of social support and maladjustment during emerging adulthood. *Emerging Adulthood,* 2, 105–115.

Torres, F., Zacarés, J. J. y García, O. F. (2020). Convertirse en adulto hoy. La transición interminable. En E. Sandoval-Obando, E. Serra y O. F. García (Eds.), *Nuevas miradas en psicología del ciclo vital.* RIL Editores.

Wider, W., Fauzi, M. A., Gan, S. W., Yap, C. C., Khadri, M. W. & Maidin, S. S. (2023). A bibliometric analysis of emerging adulthood in the context of higher education institutions. *Heliyon*, 9, 1-11. https://doi.org/10.1016/j.heliyon.2023.e16988

Capítulo 11

Acción tutorial inclusiva para la justicia social en Formación Profesional de Grado Básico

Mª Fernanda Chocomeli Fernández y Anna M. Monzó Martínez
Universidad de Valencia

INCLUSIÓN Y JUSTICIA SOCIAL EN LA FORMACIÓN PROFESIONAL DE GRADO BÁSICO

La justicia social y la inclusión educativa han ganado importancia en las políticas educativas actuales. La Formación Profesional de Grado Básico (FPGB) ofrece una alternativa para el alumnado que no ha completado la Educación Secundaria Obligatoria, (ESO) dotándoles de las competencias necesarias para que finalicen su formación básica y continúen su educación o ingresen al mercado laboral. Para gestionar trayectorias profesionales múltiples y cambiantes (Weber et al., 2018) que respondan al futuro incierto producido por los rápidos cambios actuales, la acción tutorial y la orientación profesional son claves para acompañar al alumnado ante este nuevo reto.

Los Ciclos Formativos de Grado Básico (FPGB) están alineados con los estándares de competencia de nivel 1 del Catálogo Nacional de Estándares de Competencias Profesionales. Se dividen en tres ámbitos: Comunicación y Ciencias Sociales, Ciencias Aplicadas, y Ámbito Profesional, además de la Tutoría y el Proyecto anual de aprendizaje. Su duración es de 2000 horas distribuidas en dos cursos. Estos ciclos están destinados principalmente a estudiantes de 15 o 16 años que han cursado tercero de ESO y que, tras no obtener los resultados académicos esperados, son recomendados por su equipo educativo para realizar un ciclo formativo de grado básico. Al completarlo, obtienen el título de

Técnico Básico y el Graduado en Educación Secundaria, permitiéndoles acceder a ciclos formativos de grado medio o al mercado laboral. El Real Decreto 659/2023 regula el Sistema de Formación Profesional, situando a la FPGB en el grado D, correspondiente a ciclos formativos organizados en módulos profesionales de duración variable.

El alumnado de FPGB, forma parte de esa juventud que para Bauman (2008), sufre del "síndrome de la impaciencia", percibiendo la espera como inferioridad. Estos jóvenes, con carencias académicas y problemas emocionales, familiares y sociales (Aramendi-Jauregui *et al.*, 2023), se ha fraguado una identidad pedagógica y un autoconcepto académico en etapas educativas anteriores alimentada por dificultades de aprendizaje no atendidas, faltas de asistencia y problemas de convivencia. En ocasiones, buscan nuevas experiencias, a veces involucrándose en conductas de riesgo que pueden conducir al abandono escolar. La corta duración de la FP es uno de los atractivos que encuentran en esta etapa, que para Vázquez et al. (2019) está destinada a que quienes no han tenido éxito escolar o no cumplen con las expectativas del sistema.

La Ley Orgánica 3/2022 promueve la FPGB como una herramienta esencial para fomentar la inclusión, garantizar la justicia social y prevenir el abandono escolar, ofreciendo oportunidades reales para los/las jóvenes en situaciones de vulnerabilidad como Sarceda-Gorgoso y Barreira-Cerqueiras (2021) que la consideran una medida inclusiva que facilita la reintegración educativa y laboral que mejora la inserción laboral. El alumnado ve la FPB como una segunda oportunidad para acceder a empleos más cualificados, promoviendo la inclusión social y motivándoles a plantearse nuevas metas académicas (Horcas *et al.*, 2015). A continuación, se expone una breve síntesis de los aspectos en los que la FPGB contribuye a la inclusión educativa y la justicia social.

Tabla 1. *Aspectos de la Formación Profesional Básica que contribuyen a la inclusión educativa y la justicia social*

Reorientación profesional	La ley establece la Formación Profesional Básica (FPB) como una vía accesible para los y las jóvenes que no han obtenido el título de la ESO. Este enfoque busca incluir a estudiantes en riesgo de exclusión social, proporcionando una alternativa que les permita adquirir competencias y habilidades necesarias para su futuro laboral.
Compromiso con la Inclusión Social	La FPB está diseñada para atender a estudiantes con diversas necesidades educativas, lo que refuerza el compromiso de la ley con la inclusión social. La norma reconoce la importancia de adaptar la formación a las realidades del alumnado, permitiendo que aquellos con dificultades educativas o sociales tengan acceso a una educación que les empodere y mejore su situación.
Prevención del Abandono Escolar	Al ofrecer una alternativa viable a los y las jóvenes que pueden sentirse desmotivados o desconectados del sistema educativo tradicional, la FPB actúa como un mecanismo de prevención del abandono escolar. La ley busca reducir las tasas de deserción, garantizando que todo el alumnado tenga oportunidades para completar su formación y acceder a opciones laborales que le ayuden a construir un futuro esperanzador.
La orientación profesional contribuye a la inclusión social	Proporciona información actualizada sobre el mercado laboral y las oportunidades de formación, ayudando a las personas a elegir itinerarios educativos y profesionales que se ajusten a sus intereses y capacidades. Fomenta la equidad al asegurar que todo el alumnado tenga acceso a recursos y apoyo para su desarrollo profesional, independientemente de sus circunstancias personales, sociales o culturales. El proceso de acompañamiento personalizado para la toma de decisiones profesionales se realiza valorando el bienestar y la opinión de sus protagonistas, lo que contribuye a una experiencia educativa más inclusiva y significativa.
Formación profesional básica dual.	Combina la formación teórica en el centro educativo con la formación práctica en una empresa permitiendo al alumnado aplicar lo aprendido en un entorno real de trabajo, facilitando así una transición más efectiva al mercado laboral, mejorando su empleabilidad y fortaleciendo la relación entre el sistema educativo y el tejido empresarial.

Nota: Elaboración propia a partir de la Ley Orgánica 3/2022, de 31 de marzo, de ordenación e integración de la Formación Profesional

La educación inclusiva en Formación Profesional es un derecho que busca la presencia, participación y éxito de todo el alumnado, eliminando barreras culturales y actitudinales que puedan generar exclusión Echeita & Ainscow (2011). La visión positiva y abierta para evitar reproducir problemas pasados es una buena apuesta hacia el futuro de la FPB (Menéndez-Alvarez-Hevia *et al.* 2022).

En referencia a la labor del docente o la docente inclusiva, Monzó *et al.* (2024) y Blasco-Serrano *et al.* (2023) destacan la importancia de la identidad profesional, la actitud crítica y el trabajo en red del profesorado y profesionales de la orientación, y, sin embargo, para Aramendi-Jauregui *et al.*, (2023) es fundamental que los docentes de FPGB sean empáticos y capacitados en didáctica. Para que el/la docente de FPGB se sienta motivado en el diseño de prácticas inclusivas, necesita del apoyo de los equipos directivos, los departamentos de orientación y los equipos multiprofesionales del ámbito comunitario y sociolaboral (López y Manzano-Soto, 2019). En este sentido, el tándem con la tutoría es fundamental para el desarrollo integral del alumnado a nivel académico, personal y social. La función tutorial es inherente a la docencia, y todo el equipo educativo debe participar. Álvarez (2017) sugiere que todo el profesorado asuma un rol tutorial para apoyar el desarrollo integral del estudiantado, incluyendo asesoramiento y coaching. Desde esta perspectiva, se hace necesario el diseño de programas de acción tutorial, que actúen desde la orientación profesional y acompañen al alumnado a afrontar situaciones adversas o dificultades, gestionar sus emociones y comportamientos, adaptarse a situaciones novedosas y que puedan planificar sus trayectorias educativas y laborales, con motivación y una buena autoestima (Ley Orgánica 3/2022). En la misma línea, la orientación profesional debe promover la equidad de género y ayudar al alumnado a tomar decisiones informadas sobre su futuro (Sánchez-Martín *et al.*, 2023).

La literatura científica muestra aspectos que suponen preocupaciones actuales de la docencia: los docentes de FP a menudo carecen de tiempo y formación para desarrollar adecuadamente las tutorías

(Cascales & Gomariz, 2021), la autoestima es crucial para el bienestar y éxito personal, y su fomento puede prevenir problemas de salud mental (Monteiro *et al.*, 2022). La implementación de programas de educación socioemocional puede desarrollar el control de la agresividad, el autocontrol emocional, y la conciencia social, Tur et al. (2021). Se ha de tener en cuenta que con anterioridad a la FPB se ha producido la desconexión educativa que Olmos *et al.* (2019) identifican como perfiles de desconexión conductual, cognitiva y emocional.

Favorecer la construcción de una identidad profesional vinculada a la inclusión educativa, y formar a futuros docentes en educación inclusiva desde su formación inicial es esencial para preparar profesionales comprometidos con la diversidad (Narváez-Olmedo et at., 2024; Álvarez-Molina et al., 2023; Aramendi & Etxeberria, 2021). Albalá *et al.* (2021) encontraron que las creencias positivas hacia la inclusión educativa se asocian con actitudes favorables hacia la justicia social, incluyendo la redistribución de recursos, el reconocimiento de la diversidad y la representación de todos los grupos en la toma de decisiones. Sanz *et al.* (2023) identifican tres dificultades principales en la enseñanza en Secundaria: la relación con las familias, la organización del tiempo en clase y la gestión del aula. En FPGB, la acción tutorial implica a todo el equipo docente y es clave para mantener la colaboración de las familias, organizar las clases y mantener un ambiente positivo. La percepción de los estudios en el entorno sociofamiliar influye en la actitud del estudiantado hacia el estudio (Conde *et al.*, 2023). En la misma línea, Vélez *et al.* (2023) muestran que las características sociofamiliares son cruciales en la formación de actitudes hacia la educación, destacando la importancia de la relación con el entorno familiar en la acción tutorial en FPGB, asimismo Martínez et al. (2022) destacan el rol primordial de la cultura familiar en la construcción del itinerario académico-profesional.

OBJETIVOS

1. Valorar la percepción que tienen los equipos directivos y docentes de los centros de Formación Profesional acerca de las aportaciones y beneficios de la FPGB con respecto a la acción tutorial, así como su relación con las actitudes que presentan hacia la justicia social.
2. Descubrir la percepción del profesorado sobre la acción tutorial en FPGB y evaluar su nivel de formación para implementarla.

METODOLOGÍA

El diseño de esta investigación es de carácter cuantitativo, no experimental y descriptivo. El estudio se ha realizado a través de un cuestionario elaborado *ad hoc.* Se ha seleccionado este tipo de diseño porque ofrece la oportunidad de establecer un marco en el que se produce una relación dialógica entre los diversos actores sociales que participan en el estudio; equipo de investigadores y participantes. De este modo, se lleva a cabo una mejor comprensión de las percepciones que tienen los profesionales de la educación en cuanto a los beneficios y contribuciones que aporta la Formación Profesional de Grado Básico desde la acción tutorial.

La muestra participante del presente estudio está conformada por profesionales involucrados de forma directa en el desarrollo y organización de los ciclos formativos de grado básico, equipos directivos de centros de secundaria, tanto públicos como privados, y centros públicos integrados de FP. Concretamente, en el estudio, han participado un total de 103 profesionales de la educación que trabajan en centros vinculados a la Formación Profesional de Grado Básico. Entre la muestra se encuentran profesionales de diversas comunidades autónomas y de diversas familias profesionales. Las variables sociodemográficas de la muestra se pueden observar en la Tabla 2.

Tabla 2. *Variables sociodemográficas de la muestra*

Variables	n	%
Género		
Mujeres	75	73%
Hombre	28	27%
Régimen		
Público	99	96%
Privado	1	1%
Concertado	3	3%
Tipo de centro		
Instituto de educación secundaria	61	59%
Centro Integrado Público de Formación Profesional	35	34%
Centro educativo solo de formación profesional	5	5%
Otros	2	2%

Las personas participantes fueron invitadas a colaborar en el estudio mediante el correo corporativo del centro y a través del contacto telefónico directo. Se trató de una selección intencionada no aleatoria. Se procuró, no obstante, que el grupo de profesorado fuera heterogéneo en cuanto a: tipo de centro, titularidad, género, tipo de profesorado, cargo de representación.

RESULTADOS

El primer aspecto que se quiso investigar fue la percepción que tenía el profesorado y los equipos directivos sobre la presencia de la FPGB en sus centros. Los resultados muestran que la mayoría de los participantes (59%) está de acuerdo o muy de acuerdo en que la implementación de la FPGB mejora la imagen del centro. Pero, sobre todo, consideran que aumenta la diversidad formativa del centro (el 90% están de acuerdo o muy de acuerdo).

La atención educativa al alumnado de FPGB desde una perspectiva inclusiva requiere, como hemos señalado en la introducción, de determinadas competencias. Sin embargo, la formación del profesorado continúa siendo una asignatura pendiente, ya que el 66% considera que la formación del profesorado de su centro en materia de inclusión es inadecuada e insuficiente.

La Ley Orgánica 3/2022 señala la FPGB como una herramienta esencial para fomentar la inclusión, garantizar la justicia social y prevenir el abandono escolar. Aun así, solo la mitad del profesorado de este estudio (52%) considera que mejora el compromiso del alumnado, y solo el 7% se encuentra muy de acuerdo con esta afirmación. Sin embargo, el 89% está de acuerdo o muy de acuerdo en que este grado supone una nueva oportunidad para que el alumnado pueda continuar sus estudios en etapas superiores (el 44% se muestra muy de acuerdo).

La función de la acción tutorial era otro de los aspectos que pretendía analizar este estudio. Esta parece estar bien valorada por los y las participantes: el 93% de participantes está de acuerdo o muy de acuerdo (76% muy de acuerdo) en que esta es esencial para el desarrollo del alumnado. El 89% está de acuerdo o muy de acuerdo en que este grado supone una nueva oportunidad para que el alumnado pueda continuar sus estudios en etapas superiores (el 44% se muestra muy de acuerdo). Promueve la colaboración entre el centro educativo y las familias, según el 86% y el 77% confirma que la relación con las familias facilita la resolución de conflictos y problemas académicos. Aun así, solo el 10% de participantes señala que la formación recibida para desempeñar esta función es suficiente y adecuada.

Por lo que respecta al papel del profesorado tutor el 98% está de acuerdo o muy de acuerdo en que este es fundamental en la identificación de las necesidades educativas del alumnado. Aunque el 67%

considera que la formación recibida para desempeñar esta función es insuficiente e inadecuada.

Finalmente, en cuanto a la forma en la que se realiza este acompañamiento, el 76% de participantes está de acuerdo o muy de acuerdo con la consideración de que se realizan actividades de orientación profesional desde la acción tutorial, el 78% con que se realiza un acompañamiento personal para el desarrollo emocional y social del alumnado, y el 88% está de acuerdo o muy de acuerdo con que este acompañamiento personal contribuye a reducir el abandono escolar en los ciclos formativos de grado básico.

DISCUSIÓN Y CONCLUSIONES

El avance de la regulación normativa, adaptada a las demandas sociales, ha cambiado la percepción de la FPGB como generadora de injusticia social institucionalizada (Abietar et al., 2015), que legitima la desigualdad o que no prepara al alumnado para enfrentarse a desafíos fuera de entornos seguros (Horcas et al., 2015). La nueva Ley de FP (Ley Orgánica 3/2022), favorece la pasarela directa de FPGB a FP de Grado Medio, incorpora la FP Dual desde 1º y amplia la dedicación horaria de la acción tutorial.

Los resultados del estudio señalan que la buena percepción e imagen que aporta la FPGB a los centros y la importancia que se le otorga a la figura del tutor o tutora, contrasta con la falta de formación (González, 2018) y de tiempo para el desempeño de la acción tutorial en los mismos, esta última coincide con los resultados obtenidos por Cascales, & Gomariz (2021).

Diferentes autores coinciden en la importancia que tienen las expectativas en los procesos educativos de tipo compensatorio, para Abietar et al. (2021), las expectativas que se tienen sobre los estudios son un factor clave para que el alumnado de FP finalice sus estudios. De manera que, para Horcas et al., (2015), las bajas expectativas que los diferentes agentes comunican a los estudiantes afectan directamente a sus decisiones sobre el itinerario educativo a seguir. Por eso llama la atención que solo la mitad de los participantes considere que la FPGB mejora el compromiso del alumnado, aunque sean conscientes de que esta supone una oportunidad para poder continuar los estudios en etapas superiores.

Es importante resaltar que la relación educativa que se establece con el alumnado y sus familias en el Grado Básico ha de ser cordial, positiva y ha de conllevar tareas comunes que modifiquen el autoconcepto académico y profesional y la percepción negativa que pueda tener la familia con respecto al centro y las expectativas de cara al futuro académico y profesional de su hijo o hija.

Para dar respuesta a las necesidades socioeducativas del alumnado de la FPGB, los planes de acción tutorial han contemplar habilidades transversales o genéricas que contribuyan a completar el perfil profesional que se demanda tanto en la *Formación en empresa* como en el mundo del trabajo. El profesorado demanda una mayor formación en inclusión educativa y aspectos clave de la acción tutorial como pueden ser las habilidades sociales, el emprendimiento, el bienestar emocional, la prevención de adicciones, la resolución los conflictos, la estructura empresarial, los itinerarios personalizados y toma de decisiones, la gestión y ocupación del tiempo y acciones solidarias. Los objetivos de la acción tutorial se alcanzan también a través de la metodología y en los ciclos formativos de grado básico se ha de producir un cambio con respecto a etapas anteriores. El trabajo por retos, mediante Aprendizaje Basado en Proyectos, Aprendizaje cooperativo, el desarrollo de acciones solidarias con Aprendizaje Servicio, y actuaciones que se centren en los objetivos de desarrollo sostenible son una buena oportunidad.

Finalmente, en futuras investigaciones en este ámbito sería interesante tratar temas como el apoyo del equipo directivo, la asignación de la tutoría a profesorado definitivo y el diseño de planes de acción tutorial específicos para FPGB.

REFERENCIAS

Albalá, M. A., Etchezahar, E.D.& Maldonado, A. (2021). Creencias sobre la inclusión y la justicia social en la educación: factores implicados. *Revista Prisma Social, 33*, 162-182. https://revistaprismasocial.es/article/view/4258

Álvarez, M., & Rodríguez, J. (2023). Incorporación de indicadores de inclusión educativa en la formación inicial del profesorado. *Revista De Estudios Y Experiencias En Educación, 22*(48), 358-376. https://doi.org/10.21703/0718-5162.v22.n48.2023.021

Álvarez, M. (2017). Hacia un modelo integrador de la tutoría en los diferentes niveles educativos. *Educatio Siglo XXI, 35*(2 Jul-Oct), 21–42. https://doi.org/10.6018/j/298501

Aramendi, P. & Etxeberria, J. (2021). Construcción y validación del cuestionario para la medición del compromiso hacia la atención a la diversidad en la Formación Profesional Básica (COMAD). *Revista Complutense de Educación, 32*(4), 557-568. https://doi.org/10.5209/rced.70827

Aramendi-Jauregui, P., Cruz-Iglesias, E., Altuna-Urdin, J., & Luzarraga-Martín, J. M. (2023). Sensibilización docente y atención a la diversidad en la formación profesional básica: cooperar para incluir. *Siglo Cero, 54*(1), 25-42. https://doi.org/10.14201/scero202354128592

Bauman, Z. (2008). *Los retos de la educación en la modernidad líquida.* Gedisa

Blasco-Serrano, A. C., García-Goncet, D. & Pérez-Castejón, D. (2023). La construcción de la identidad profesional en la formación inicial de la orientación educativa. Revista Española de Orientación y Psicopedagogía, 34(3), 108-125. https://doi.org/10.5944/reop.vol.34.num.3.2023.38888

Cascales, A., & Gomariz, M. A. (2021). Acción Tutorial en Formación Profesional: perspectiva del profesorado. *Revista Electrónica Interuniversitaria de Formación del Profesorado, 24*(2), 51-65. https://doi.org/10.6018/reifop.453461

Conde, S., García, M. D. P., & Toscano, M. D. L. O. (2023a). Riesgo de abandono escolar: ¿cómo influyen las características sociofamiliares percibidas por los estudiantes sobre sus actitudes y comportamiento en el aula? *Educación XX1, 26*(2), 267. https://doi.org/10.5944/educxx1.33279

Echeita, G. & Ainscow, M. (2011). La educación inclusiva como derecho. Marco de referencia y pautas de acción para el desarrollo de una revolución pendiente. TEJUELO. Didáctica de la lengua y la literatura. *Educación, 12,* 26-46. https://tejuelo.unex.es/tejuelo/article/view/2497

González, M. (2018) La función tutorial en Formación Profesional. *Espiral. Cuadernos del Profesorado,11* (23), 130-140. https://doi.org/10.25115/ecp.v12i23.1942

Horcas, V.,Bernad, J. C. & Martínez, I. (2015). ¿Sueña la juventud vulnerable con trabajos precarios? La toma de decisiones en los itinerarios de (In/Ex)clusión educativa. P*rofesorado: Revista de currículum y formación del profesorado, 19* (3), 210-225.

Jefatura del Estado. Ley Orgánica 3/2022, de 31 de marzo, de ordenación e integración de la Formación Profesional, *Boletín Oficial del Estado* nº 78.

Martínez, M. E., Pérez, M. H., & Burguera, J. L. (2022). Orientación para el desarrollo de la carrera en educación secundaria: Una revisión sistemática. *Revista de Investigación Educativa, 40*(1), 107–126. https://doi.org/10.6018/rie.431491

Monteiro, R. P., Coelho, G. L. d. H., Hanel, P. H. P., de Medeiros, E. D., & da Silva, P. D. G. (2022). The Efficient Assessment of Self-Esteem: Proposing the Brief Rosenberg Self-Esteem Scale. *Applied Research in Quality of Life, 17*(2) https://doi.org/10.1007/s11482-021-09936-4

Monzó, A., Martínez-Agut M.P, & Chocomeli M.F. (2024). Formación del profesorado y el empoderamiento docente ante el reto de una educación inclusiva. En Sánchez-Pérez, Y., Bara, F. E., & Fuentes, J. L. (Ed.), Ideas *y propuestas para pensar la universidad en tiempos de incertidumbre.* 229-232. Octaedro

Narváez-Olmedo, G., Pabón-Ponce, K., León-Ron, V., Guzmán-Torres, C, & Haro-Chávez, Y. (2024). Construcción de la Identidad de Profesionales Vinculados con la Inclusión Educativa. *Revista latinoamericana de educación inclusiva, 18*(1), 195-212. https://dx.doi.org/10.4067/s0718-73782024000100195

Olmos, P., Mas, Ó., Salvà, F. (2019). Perfiles de desconexión educativa: una aproximación multidimensional en la formación Profesional Básica. *Revista de Educación, 389*. 69-94. https://doi.org/10.4438/1988-592X-RE-2020-389-455

Sánchez-Martín, M., Corral-Robles, S., Llamas-Bastida, M. C., & González-Gijón, G. (2023). Determinantes académicos y motivacionales en función del género del alumnado de Formación Profesional. *Revista De Educación, 399*, 11–37. https://doi.org/10.4438/1988-592X-RE-2023-399-560

Sanz, J. R., Giménez, J. A., García, P., & López, E. (2023). Dificultades de enseñanza. Un análisis de las percepciones de los estudiantes del Máster del Profesorado. *Profesorado, Revista de Currículum y Formación del Profesorado, 27*(3), 197-218. https://doi.org/10.30827/profesorado.v27i3.28005

Sarceda-Gorgoso, M.C., Barreira-Cerqueiras, E.M. (2021). La Formación Profesional Básica y su contribución al desarrollo de competencias para el reenganche educativo y la inserción laboral: percepción del alumnado. *Educar, 57*, 319-332. https://doi.org/10.5565/rev/educar.1239

Vázquez, R., López-Gil, M., & Calvo-García, G. (2019). El currículum oculto del fracaso escolar y del abandono educativo temprano. Razones interseccionadas. *Investigación En La Escuela*, (98), 16–30. https://doi.org/10.12795/IE.2019.i98.02

Tur, A. M., Llorca, A., Escrivá, M. V., (2021). Agresividad, inestabilidad y educación socioemocional en un entorno inclusivo. *Comunicar 29*, 67, 45-55. https://doi.org/10.3916/C66-2021-04

Vélez, S., Rodríguez, M., & Cruz, M. (2023). Riesgo de abandono escolar: ¿cómo influyen las características sociofamiliares percibidas por los estudiantes sobre sus actitudes y comportamiento en el aula? *Educación XX1, 26*, 267-298. https://doi.org/10.5944/educxx1.33279

Weber, P.C. et al. (2018). European Research Agenda for Career Guidance and Counselling. In: Cohen-Scali, V., Rossier, J., Nota, L. (eds) *New perspectives on career counseling and guidance in Europe*. Springer, Cham. https://doi.org/10.1007/978-3-319-61476-2_14

Capítulo 12

Aprendizaje Servicio en la universidad. Ampliando las capacidades del alumnado para el Desarrollo Humano

Gemma Cortijo Ruiz y Camila Moldes Ángel
Universitat de València

INTRODUCCIÓN

La Educación Superior actual se enfrenta al desafío de ofrecer una formación profesional de calidad al mismo tiempo que promueve el Desarrollo humano del estudiantado (Boni y Walker, 2016; Cortijo et al., 2023; MacKenzie y Chiang, 2023). Durante décadas, los modelos educativos han priorizado la adquisición de competencias técnicas específicas, relegando en ocasiones la importancia de valores éticos y habilidades sociales necesarias para un mundo en constante cambio (Bicocca, 2018). Sin embargo, la creciente complejidad de los problemas globales —como la desigualdad, el cambio climático y la irrupción de la inteligencia artificial— demanda una educación que forme ciudadanos activos, capaces de influir positivamente en su entorno, y en la línea de la responsabilidad social universitaria (en adelante RSU) y el Desarrollo humano (Hernández, 2021).

Cuando se pregunta por la misión central de la universidad se tiende a pensar en la idea de formar a futuros y futuras profesionales en diversas áreas de conocimiento con el fin de que estén preparados para desempeñar competentemente una profesión (Suleman, 2016). Sin embargo, autores como Vallaeys y Álvarez-Rodríguez (2022) sostienen que vivimos una época en la que nuestra comprensión sobre la responsabilidad debe evolucionar. En la actualidad somos los propios seres humanos quienes tenemos la opción de o bien erradicar nuestra existencia, por ejemplo, agravando la situación climática actual, o bien haciendo todo lo contrario, asumiendo nuestra responsabilidad para con el planeta desde todos los ámbitos (individual, institucional, estatal...) (UNESCO, 2015).

Esto pone de manifiesto que es necesario, además de incluir un conjunto de competencias transversales que promuevan estos comportamientos, incidir en una perspectiva más humanista de la educación universitaria, que se centre en el valor del bien común (global) y en la capacidad para transformar la realidad (Walker, 2022), poniendo también el foco en cuestiones éticas y morales.

Desde esta perspectiva, la universidad se concibe como un agente generador de una ciudadanía reflexiva y crítica, comprometida, participativa y solidaria en la construcción de una sociedad democrática y justa (Ruiz-Corbella y Bautista, 2016). Sin embargo, en trabajos como el de Martínez et al. (2017) se evidencia la falta de prácticas educativas que promuevan la responsabilidad social en la universidad en la línea del Desarrollo humano.

Sin lugar a duda, para hacer frente a los desafíos del siglo XXI se requiere de la participación y el compromiso de las universidades. De hecho, la universidad como institución social de referencia debe educar a futuras y futuros ciudadanos para que, desde una perspectiva ética y social, sean capaces de desarrollar un papel transformador en las sociedades actuales, emprendiendo acciones a favor de la justicia social (García-Aracil et al., 2014). El alumnado necesita estar preparado, además de para ejercer bien su profesión, para pensar y actuar como ciudadanos y seres humanos justos. Estas ideas confluyen tanto en el principio de RSU como en los principios que se derivan de la idea de Desarrollo humano y también en el Enfoque de las Capacidades (en adelante EC).

LA TEORÍA DE LAS CAPACIDADES Y LOS VALORES DEL DESARROLLO HUMANO: BASE DE INSPIRACIÓN PARA EL DISEÑO DE NUEVAS POLÍTICAS UNIVERSITARIAS

Concebir la Educación Superior como una plataforma para el Desarrollo humano significa reconocerla como un elemento esencial para fomentar el progreso social, político y cultural, fortalecer las capacidades individuales y colectivas, garantizar los derechos humanos, promover el desarrollo sostenible, y consolidar la democracia y la paz, todo ello en un marco de justicia (Zlateva, 2017). Con base en esto, se propone la articulación de un nuevo enfoque educativo en clave humanista en el que los valores del Desarrollo humano constituyan las bases de todo propósito educativo, para, a partir de ahí, formar profesionales. Se trata pues de saber que debemos preparar al alumnado universitario para desempeñar su labor profesional, pero también como ser humano para que pueda vivir una vida próspera y también como ciudadano para que pueda contribuir con lo aprendido al bien común (Walker, 2012).

De acuerdo con autores como Robeyns (2017) y Monge et al. (2020) el EC proporciona un marco conceptual valioso, que alineado con los valores del Desarrollo humano permite evaluar y diseñar tanto el bienestar individual como las políticas de bienestar implementadas por instituciones, incluyendo las universidades. Nussbaum, en su obra *Crear capacidades. Propuestas para el desarrollo humano* (2012), presenta una lista de 10 capacidades centrales, entendidas estas como un conjunto de condiciones mínimas que la persona necesita desarrollar para poder vivir dignamente. Se trata de un acuerdo que presenta las bases para una teoría sobre justicia social a nivel global (Fascioli, 2011), que van desde el poder vivir libremente; tener una buena salud e integridad corporal; poder emplear los sentidos, la imaginación, el pensamiento, las emociones y la razón práctica; poder convivir con los demás; tener la posibilidad de disfrutar del ocio, entre otras. De este modo, el EC ofrece argumentos teóricos que nos permiten reflexionar sobre la educación, para que esta contribuya a que las personas puedan realmente hacer y ser lo que deseen (Sen, 2000) y lograr así una vida digna (Nussbaum, 2012).

Como primera idea clave de este enfoque, se propone analizar las capacidades y funcionamientos de las personas, entendidos como las libertades reales (capacidades) y los logros (funcionamientos) que permiten a cada individuo ser y hacer aquello que considera valioso (Sen, 2000). En este sentido, las capacidades representan el conjunto de combinaciones de funcionamientos que las personas pueden alcanzar aquello que valoran en su vida (Sen, 2000). Esto invita a reflexionar sobre lo que las personas, en este caso el estudiantado, considera importante ser y hacer en sus vidas, promoviendo a través del currículo y las prácticas pedagógicas un incremento en sus libertades (o capacidades) para alcanzar sus aspiraciones y lograr avances en lo que perciben como valioso para su bienestar (Wilson-Strydom y Walker, 2015).

La segunda idea central del enfoque es la agencia, concepto que primero Sen (2000) y más tarde Nussbaum emplean para referirse al poder o la capacidad de actuar en función de lo que la persona valora, persiguiendo así sus propios objetivos de vida (Fraile, 2023). Es más, hacer uso de la libertad de agencia permite alcanzar lo que Sen denomina "logros de agencia" y que hacen referencia al éxito de la persona en el camino hacia la consecución de sus propios objetivos vitales (Toboso y Arnau, 2008).

En tercer lugar, cabe prestar atención a los denominados factores de conversión, los cuales determinan en qué medida una persona puede transformar un recurso en un funcionamiento. Estos hacen referencia a nuestras circunstancias personales (género, edad...) y contextuales (sociales, políticas y económicas) por lo tanto, pueden ser personales, sociales y/o medioambientales (Flores et al., 2017). Para explicar en qué consiste, Robeyns (2017) apunta que no es el mismo grado de funcionamiento el que puede alcanzar una persona con una diversidad funcional física cuando trata de montar en bicicleta, que el de una persona que tiene una completa movilidad física.

Así pues, el alumnado que desarrolla sus capacidades y su faceta de agencia tiene más libertad para actuar y cuenta con más oportunidades para construir un plan de vida mejor, uno que además influya positivamente en el entorno (Walker, 2012). Cualquier plan de estudios basado en los valores del Desarrollo humano debe promover el desarrollo de las capacidades esenciales para que el estudiantado pueda reevaluar sus objetivos en la vida y crecer como persona.

Por otro lado, pensando en todo lo que el constructo sobre Desarrollo humano puede ofrecer en la reflexión sobre la misión de las universidades, Boni y Gasper (2011) y Boni y Walker (2013) analizan los valores clave que se desprenden de él. Un conjunto de valores que pretende servir de inspiración para el diseño de las políticas universitarias (Véase Figura 1). Todo ello con el objetivo de proporcionar herramientas para reflexionar sobre la investigación, la docencia y la co-creación de conocimientos en colaboración activa con la comunidad.

Figura 1. *Valores del Desarrollo humano: una base de inspiración para el diseño de políticas universitarias*

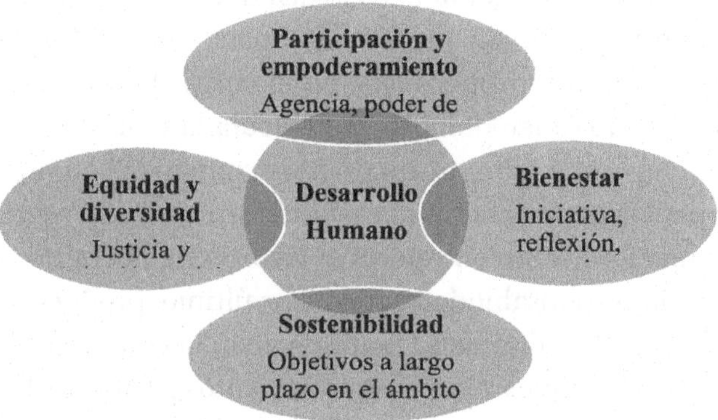

Nota. Adaptado de Monge et al. (2019).

El resultado es una base normativa sólida compuesta por unos valores universales y compartidos por el EC. Una base que permite evaluar prácticas y políticas relacionadas con la enseñanza, la investigación y la gestión universitaria, orientándolas hacia el Desarrollo humano de los participantes. Así pues, en la línea de este objetivo, la teoría de las capacidades ofrece un escenario idóneo (Cortijo et al., 2023). Siempre que asumamos un compromiso ético, político y pedagógico, es posible configurar los objetivos curriculares de la Educación Superior, en aras del bienestar social y del bien común, para enseñar al alumnado a vivir de un modo realmente humano (Walker, 2012).

EL APRENDIZAJE SERVICIO COMO UNA OPORTUNIDAD PARA DESPLEGAR LAS CAPACIDADES DEL ALUMNADO UNIVERSITARIO

El Aprendizaje Servicio (en adelante ApS) surge como una metodología educativa innovadora que combina el aprendizaje académico con el servicio comunitario. Según Zayas et al. (2019), este método no solo mejora el aprendizaje del alumnado, sino que también contribuye al desarrollo de una ciudadanía responsable, un objetivo esencial en las sociedades contemporáneas.

El ApS es una herramienta pedagógica que además de incrementar la motivación del alumnado genera un impacto positivo principalmente en tres ámbitos. En primer lugar, en el currículum universitario, ya que se trata de una metodología que vincula la teoría con la práctica al mismo tiempo que permite adaptar los contenidos en función de la profesión para la que el alumnado se está formando. En segundo lugar, promueve una formación en valores al favorecer en el estudiantado actitudes para la responsabilidad social. Por último, produce un cambio en la relación que el alumnado mantiene con la comunidad ya que, al intervenir en ella empleando sus conocimientos profesionales para solventar una problemática social y real, el vínculo se ve fortalecido significativamente, promoviendo una juventud más consciente y comprometida con lo que ocurre en el ámbito social (Rodríguez, 2014).

Adicionalmente, el ApS se alinea perfectamente con el EC para el Desarrollo humano al proporcionar al alumnado oportunidades reales para desarrollar y ejercitar sus capacidades en contextos prácticos. Tal y como sostienen Monge et al. (2018), al involucrarse en proyectos de servicio comunitario, el estudiantado no solo adquiere competencias técnicas, sino que también desarrolla habilidades sociales, éticas y emocionales, esenciales para su desarrollo integral. El hecho de que el alumnado ponga en práctica experiencias de ApS les empodera y les proporciona la oportunidad de tomar decisiones sobre su aprendizaje y de ver el impacto tangible de sus acciones en la comunidad. Este empoderamiento contribuye a la autonomía personal y a la autoeficacia, aspectos clave en el EC que buscan preparar a los estudiantes para enfrentar los desafíos del siglo XXI con confianza y responsabilidad.

DESCRIPCIÓN DE DOS EXPERIENCIAS UNIVERSITARIAS

Experiencias como las implementadas en la Universidad del Estado Libre de Sudáfrica y en la Universidad Nacional de Costa Rica evidencian que la metodología ApS contribuye a la ampliación de capacidades en el alumnado universitario (Monge et al., 2019, 2020). Ambos casos fueron seleccionaron por cumplir los siguientes tres criterios: poseen una trayectoria significativa de colaboración constante con las comunidades, implementan estrategias para abordar problemáticas sociales en su entorno, y promueven la participación activa del estudiantado.

En ambas investigaciones, para analizar si se han ampliado o no las capacidades del alumnado se han empleado tres técnicas de corte cualitativo: revisión documental, observación participante y entrevistas semiestructuradas. Además, el desarrollo de ambas experiencias también ha permitido la detección de algunos factores de conversión que apuntan principalmente hacia la falta de financiamiento constante y de apoyo institucional, lo que pone en riesgo la continuidad del proyecto. Aspectos sobre los que se debe actuar si se desean desarrollar otros proyectos de estas características en el futuro.

Caso 1. Experiencia implementada en la Universidad del Estado Libre de Sudáfrica

La Universidad del Estado Libre de Sudáfrica, ubicada en la provincia de Free State, cuenta con aproximadamente 4.200 empleados y 34.000

estudiantes (UFS, 2015). En ella la metodología ApS se ha integrado en el currículum con el fin de ampliar 8 capacidades esenciales, una experiencia que ha sido recogida en los trabajos de Monge et al. (2020) y (2020). En dicha experiencia han participado estudiantes de diferentes grados, más concretamente, alumnado de primer y tercer curso del Grado de Enfermería (N = 120), estudiantes de primero del Grado de Terapia Ocupacional (N = 5) y un tercer grupo de estudiantes pertenecientes a distintos grados del área de las Humanidades (N = 5).

Las y los futuros enfermeros se centraron en aquellas necesidades relacionadas con la prevención de enfermedades, alimentación saludable y aspectos sobre medicación en general. En el caso del alumnado que estudia el Grado de Terapia Ocupacional, se han ocupado de desarrollar tareas relacionadas con la salud mental y la higiene básica en el trabajo y el hogar. Finalmente, el tercer grupo, ha realizado trabajos de sensibilización abordando tareas de prevención sobre drogadicción y bullying en centros educativos de primaria ubicados en zonas vulnerables.

Figura 2. *Lista de 8 capacidades a desarrollar por el alumnado universitario*

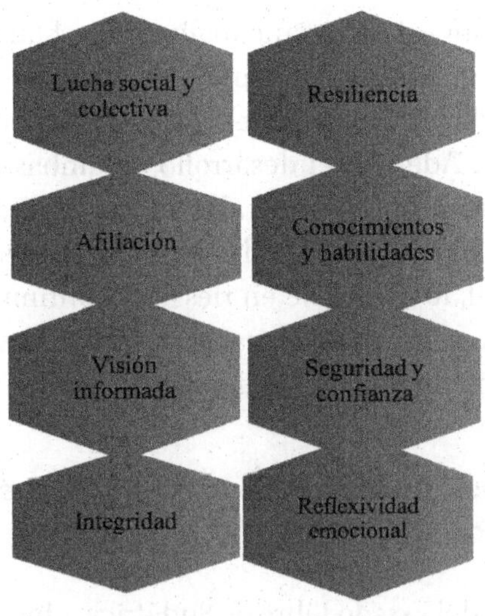

Nota. Adaptación de Monge et al. (2020).

Los resultados de la investigación han mostrado que el ApS ha contribuido a expandir un conjunto de capacidades esenciales en las y los estudiantes, especialmente la visión informada, la resiliencia, y el liderazgo social.

Caso 2. Experiencia implementada en la Universidad Nacional de Costa Rica

La Universidad Nacional de Costa Rica ubicada en la provincia de Heredia cuenta con alrededor de 18.000 estudiantes. Entre 2011 y 2025 (UNA, 2015), en la universidad se llevaron a cabo 240 proyectos. De acuerdo con Monge et al. (2019), entre 2011 y 2015, según datos de la UNA (2015), se llevaron a cabo anualmente un total de 240 proyectos, de los cuales 180 estuvieron integrados en diversas áreas: Salud y calidad de vida (25%), Ambiente y conservación (13%), Producción alimentaria (13%) y Sociedad y Desarrollo Humano (13%). Además, se desarrollaron otros 60 proyectos no integrados, distribuidos en áreas como: Educación y desarrollo integral (32%), Humanismo, arte y cultura (22%) y Sociedad y Desarrollo Humano (15%).

En el caso de esta experiencia, y a diferencia de la primera, no se elabora a priori un listado de capacidades, si no que, tras el desarrollo de los proyectos ApS, se analizan las entrevistas, y a partir de las mismas y de la revisión documental junto con la observación de los participantes, se deducen qué capacidades se han ampliado en el alumnado, en relación con los valores del Desarrollo Humano. A modo de síntesis, cabe subrayar que la mayoría del alumnado percibió una ampliación de las siguientes capacidades: Resiliencia y reflexividad emocional, manejo de grupos y comunicación asertiva, conciencia y sensibilidad ante los problemas sociales, análisis crítico de la realidad, activismo, liderazgo y participación comunitaria y autoestima y seguridad en sí mismos (Monge et al., 2018).

CONCLUSIONES

En la actualidad, se precisa una redefinición de la misión universitaria, acorde con el siglo XXI, una que impulse al alumnado a desarrollar acciones a favor de la cooperación social y la transformación mientras aprende un conjunto de competencias y desarrolla un conjunto de capacidades esenciales para el Desarrollo humano. Esto implica incidir en una formación ético-cívica en la que, a partir del reconocimiento de la dignidad del otro, se promueva el desarrollo de una ciudadanía crítica y comprometida con el bien común, empoderando al alumnado y ampliando el número de oportunidades que tiene para vivir la vida que desea.

Tal y como muestran las dos experiencias recogidas en las que se ha empleado el ApS en el contexto universitario, se concluye que dicha metodología ha resultado ser una herramienta efectiva para la transformación social y profesional, reforzando el vínculo entre la universidad y la sociedad en la línea del Desarrollo humano. Sin embargo, las experiencias también revelan desafíos significativos, como la necesidad de un apoyo institucional constante y un financiamiento adecuado para garantizar la sostenibilidad de estos proyectos. Abordar estos factores de conversión es crucial para que el ApS pueda consolidarse como una práctica pedagógica transformadora en el ámbito universitario.

El ApS, por tanto, no solo contribuye a ampliar las capacidades del alumnado, sino que también lo empodera para actuar como agente de cambio. Este modelo pedagógico invita a una transformación de la Educación Superior y apunta hacia una universidad renovada y comprometida con la sociedad. Además, al integrar la práctica profesional con la responsabilidad social, el ApS contribuye al desarrollo de sociedades más democráticas, críticas y participativas. Su coherencia con las prioridades del Espacio Europeo de Educación Superior refuerza su posición como una metodología esencial para una educación universitaria alineada con los desafíos y demandas actuales.

REFERENCIAS

Bicocca, M. (2018). Competencias, capacidades y Educación Superior. Repensando el desarrollo humano en la universidad". *Estudios sobre Educación*, 34, 29-46. https://dadun.unav.edu/handle/10171/50017

Boni, A. y Gasper, D. (2011). La Universidad como debiera ser. Propuestas desde el desarrollo humano para repensar la calidad de la Universidad. *Sistema: Revista de Ciencias Sociales*, 220, 99-115. http://hdl.handle.net/10251/63100

Boni, A. y Walker, M. (2013). Human development, capabilities and universities of the twenty-first century. En A. Boni y M. Walker (Coords.), *Human Development and Capabilities Re-imagining the university of the twenty-first century* (pp. 1-11). Routledge.

Boni, A. y Walker, M. (2016). *Universities and global human development: theoretical and empirical insights for social change*. Routledge.

Cortijo, G., Riquelme, V. y Galvis, M. J. (2023). La educación superior como plataforma para el desarrollo humano. *Revista latinoamericana de estudios educativos*, 53(2), 367-383.https://doi.org/10.48102/rlee.2023.53.2.548

Fascioli, A. (2011). Justicia social en clave de capacidades y reconocimiento. *Areté*, 23(1), 53-78. http://www.scielo.org.pe/scielo.php?pid=S1016-913X2011000100003&script=sci_abstract Flores, F., Cruz, A. y Jauregui, J. A. (2017). Los factores de conversión y los recursos de la vivienda de interés social en la determinación de la calidad de vida. *Revista Nicolaita de Estudios Económicos*, 13(2), 49-83. https://biblat.unam.mx/es/buscar/los-factores-de-conversion

Fraile, C. (2023). Más allá de la economía del bienestar. El enfoque de las capacidades de Amartya Sen y Martha C. Nussbaum. *Dilemata*, 40, 121-141. https://www.dilemata.net/revista/index.php/dilemata/article/view/412000536

García-Aracil, A., Neira, I. y Lozano, J. F. (2014). The Challenges of Higher Education: Improving Graduates, Employability and Social Cohesion. *Journal of the European Higher Education Area*, 4, 15-32. http://hdl.handle.net/10261/132067

Hernández, J. M. (2021). ¿Qué Universidad para el siglo XXI? *Revista Lusófona de Educação*, 52(52), 133-152. https://revistas.ulusofona.pt/index.php/rleducacao/article/view/7972

MacKenzie, A. y Chiang, T. (2023). The human development and capability approach: A counter theory to human capital discourse in promoting low SES students agency in education. *International Journal of Educational Research*, 117, 2-11. https://doi.org/10.1016/j.ijer.2022.102121

Martínez, M. J., Lloret, C. y Mas, S. (2017). Responsabilidad Social Universitaria (RSU): Principios para una universidad sostenible, cooperativa y democrática desde el diagnóstico participativo de su alumnado. *Archivos Analíticos de Políticas Educativas*, 25(75), 1-22. https://doi.org/10.14507/epaa.25.2769

Monge, C., Boni, A. y Wilson, M. (2020). Análisis de las contribuciones del aprendizaje-servicio al estudiantado de una universidad sudafricana desde el enfoque de las capacidades. *Revista Electrónica Educare*, 24(3), 1-24. https://doi.org/10.15359/ree.24-3.3

Monge H., C., Gamboa C., R. P Mena G. (2018). Resultados de la interacción con la comunidad en la formación universitaria desde el enfoque de las capacidades. Un estudio de caso en la Universidad Nacional de Costa Rica. *Revista +E*, 8(8).

Monge, C., Zlateva, P. y Boni, A. (2019). Extensión universitaria y aprendizaje-servicio. Análisis de dos casos en Sudáfrica y Costa Rica desde el enfoque de las capacidades para el desarrollo humano. *Revista Interamericana de Educación de Adultos*, 41(1), 112-137. http://hdl.handle.net/10251/157774

Nussbaum, M. (2012). *Crear capacidades. Propuesta para el desarrollo humano*. Paidós.

Robeyns, I. (2017). *Wellbeing, Freedom and Social Justice: The Capability Approach Re-Examined*. Open Book Publisher.

Rodríguez, M. (2014). El Aprendizaje-Servicio como una estrategia metodológica en la Universidad. *Revista Complutense de Educación*, 25(1), 95-133. https://doi.org/10.5209/rev_RCED.2014.v25.n1.41157

Ruiz-Corbella, M. y Bautista-Cerro Ruiz, M. J. (2016). La responsabilidad social en la universidad española. Teoría De La Educación. *Revista Interuniversitaria*, 28(1), 159–188. https://doi.org/10.14201/teoredu2016281159188

Sen, A. (2000). *El desarrollo como libertad*. Planeta.

Suleman, F. (2016). Employability skills of higher education graduates: Little consensus on a much-discussed subject. *Procedia-Social and Behavioral Sciences*, 228, 169-174. https://doi.org/10.1016/j.sbspro.2016.07.025

Toboso, M. y Arnau. M. S. (2008). La discapacidad dentro del enfoque de capacidades y funcionamientos de Amartya Sen. Araucaria. *Revista Iberoamericana de Filosofía, Política y Humanidades*, 10(20), 64-94. http://hdl.handle.net/11441/46027

Universidad Nacional (2015). *Extensión universitaria: Construcción conjunta para el bien común*. Heredia, Costa Rica. Vicerrectoría de Extensión.

UNESCO (2015). *Replantear la educación. ¿Hacia un bien común mundial?* https://unesdoc.unesco.org/ark:/48223/pf0000232652_spa

University of the Free State. (2015). *Strategic plan 2015-2020*. https://www.ufs.ac.za/docs/default-source/all-documents/ufs-strategic-plan-2015—-2020.pdf?sfvrsn=0

Vallaeys, F., y Álvarez-Rodríguez, J. (2019). Hacia una definición latinoamericana de Responsabilidad Social Universitaria: Aproximación a las preferencias conceptuales de los universitarios. *Educación XX1*, 22(1), 93-116. https://doi.org/10.5944/educXX1.19442

Walker, M. (2012). Universities and a Human Development Ethics: a capabilities approach to curriculum. *European Journal of Education*, 47(3), 448-461. https://www.jstor.org/stable/23272466

Walker, M. (2022). A capabilitarian approach to decolonising curriculum. *Education, Citizenship and Social Justice*, 19(1), 110-123. https://doi.org/10.1177/17461979221123011

Wilson-Strydom, M. y Walker, M. (2015). A capabilities-friendly conceptualisation of flourishing in and through education. *Journal of Moral Education*, 44(3), 310-324. http://doi.org/10.1080/03057240.2015.1043878

Zayas, B., Gozálvez, V. y García, J. (2019). La Dimensión Ética y Ciudadana del Aprendizaje-Servicio: Una apuesta por su institucionalización en la Educación Superior. *Revista Complutense de Educación*, 30(1), 1-15. https://doi.org/10.5209/RCED.55443

Zlateva, P. (2017). La contribución de la extensión universitaria al desarrollo humano y a la expansión de las capacidades. Análisis de proyectos de la Universidad Nacional de Costa Rica. (2017). *Universidad En Diálogo. Revista De Extensión*, 7(2), 37-71. https://doi.org/10.15359/udre.7-2.3

Capítulo 13
Derecho a la Educación y Pedagogía Hospitalaria: La acción inclusiva del voluntariado y las ONGs

Patricia Asensio-Ramón
Universitat de València

INTRODUCCIÓN

La educación es un derecho humano fundamental, garantizado por la Convención sobre los Derechos del Niño de 1989 de Naciones Unidas y respaldado por organismos internacionales como es, la UNESCO. Este derecho es esencial para el desarrollo integral de los individuos, proporcionando herramientas para la construcción de un futuro equitativo y sostenible. Para los niños, niñas y adolescentes hospitalizados, la educación adquiere un significado aún más profundo, ya que además de su función académica, actúa como un puente hacia la normalidad, mitigando el impacto emocional y psicológico de la hospitalización.

Estos niños y niñas enfrentan múltiples desafíos, como la interrupción de su trayectoria educativa, el aislamiento social y el estrés emocional asociado con su condición médica. En este contexto, la intervención de las organizaciones no gubernamentales (ONG), voluntarios y voluntarias es crucial. A través de programas de aulas hospitalarias, actividades educativas y recreativas adaptadas, y el uso de tecnologías que facilitan la conexión con sus escuelas de origen, estas organizaciones no solo aseguran el acceso continuo a la educación, sino que también promueven el bienestar emocional y social de los niños.

El objetivo de este estudio es profundizar en el impacto positivo del voluntariado y las ONG en la educación de niños, niñas y adolescentes hospitalizados. A través de una revisión de programas y estrategias implementadas por estas entidades, se pretende demostrar cómo su intervención no solo facilita el acceso a una educación de calidad, sino que también contribuye significativamente al bienestar emocional y al desarrollo integral de los niños y niñas en situación hospitalaria. Nos vamos a centrar en la evaluación de casos de éxito, el análisis de datos cualitativos y la reflexión sobre las mejores prácticas para resaltar la importancia de la colaboración entre voluntariado, ONG y el sistema educativo formal en la construcción de un entorno educativo inclusivo y equitativo para todos sus estudiantes.

Por esta razón, la UNESCO reconoce que cada estudiante posee el mismo valor y derecho a recibir educación, aunque millones de personas alrededor del mundo continúan siendo excluidas debido a factores como el género, la orientación sexual, el origen étnico o social, la lengua, la religión, la nacionalidad, la condición económica o la discapacidad (Unesco, 2023). La educación inclusiva tiene como objetivo identificar y eliminar las barreras que dificultan el acceso a la educación, abarcando todos los aspectos, desde el contenido curricular hasta las estrategias pedagógicas. Las acciones de la UNESCO en este ámbito se guían por la Convención de 1960 contra la Discriminación en la Educación, así como por el Objetivo de Desarrollo Sostenible 4 y el Marco de Acción de Educación 2030, los cuales promueven la inclusión y la equidad como principios fundamentales para asegurar una educación de calidad.

SITUACIÓN ACTUAL DE LAS AULAS HOSPITALARIAS

La Pedagogía Hospitalaria como disciplina ha experimentado una notable evolución en las últimas décadas. Inicialmente, su propósito principal era proporcionar apoyo escolar a niños y niñas hospitalizados, mitigando así el absentismo escolar causado por la enfermedad. Sin embargo, con el tiempo los objetivos de dicha norma se han ampliado considerablemente. Hoy en día, es un método con un enfoque científico, académico y profesional, que estudia e integra intervenciones educativas y psicoeducativas de calidad dirigidas a personas con problemas de salud y a sus familias. Su objetivo es garantizar el cumplimiento de sus derechos, responder a sus necesidades biopsicosociales, desarrollar sus potencialidades y mejorar su calidad de vida (Molina, 2020).

Por otra parte, continuando con Molina (2017), la UNESCO respalda con numerosos informes el derecho universal a la educación, subrayando la importancia de proporcionar oportunidades educativas a todos. Esta disciplina no solo previene impactos negativos asociados con la enfermedad, sino que también mejora la calidad de vida de los pacientes hospitalizados. Los niños y niñas enfermos, a pesar de su condición mantienen su necesidad de jugar, reír, llorar y soñar. Por ello, en todos los hospitales españoles se implementa un Programa de Humanización de la Atención Pediátrica, cuyo objetivo es hacer más llevadera su estancia hospitalaria (Molina, 2017).

La necesidad imperiosa de incrementar los recursos y el personal especializado en las aulas hospitalarias es un aspecto importante a destacar. Además, es crucial adaptar los contenidos educativos a las necesidades de salud de los estudiantes, asegurando que reciban una educación de calidad y equitativa que considere sus circunstancias particulares. Este enfoque no solo facilitaría el proceso de aprendizaje, sino que también mejoraría significativamente la calidad de vida y el bienestar emocional del alumnado hospitalizado.

ROL DEL VOLUNTARIADO Y LAS ONGS EN LAS AULAS HOSPITALARIAS

El voluntariado y las ONG desempeñan un papel crucial en el apoyo a las aulas hospitalarias, proporcionando una amplia gama de recursos y servicios que enriquecen la experiencia educativa y emocional de los estudiantes hospitalizados. A través de sus esfuerzos, estos voluntarios y entidades ofrecen desde material didáctico adaptado con clases personalizadas, hasta actividades lúdicas que promueven la creatividad y el bienestar emocional. Estas iniciativas no solo facilitan la continuidad educativa, sino que también contribuyen al desarrollo integral y al bienestar de los estudiantes durante su estancia en el hospital. En este apartado reflejaremos ejemplos específicos con recursos que podemos encontrar en las instituciones sanitarias.

Calvo (2017), señala que es crucial la labor de las ONG y sus voluntarios en los hospitales españoles. Los niños y niñas enfermos, como cualquier otro infante, desean jugar, reír, llorar y soñar. Por esta razón, dicho autor señala que se ha implementado un programa de humanización en todos los hospitales españoles para hacer así más llevadera su estancia. Es esencial recordar que estos jóvenes necesitan ser escuchados así y sentirse valorados y felices, con el humor desempeñando un papel clave en su recuperación y educación.

Por otra parte, es fundamental no subestimar las actividades que se dan en estas instituciones de animación hospitalaria, ya que tienen un impacto significativo en los pacientes pediátricos y sus familias. Existe una notable carencia de equipos multidisciplinarios dentro del ámbito educativo sanitario; por lo tanto, el personal voluntario lleva a cabo estas actividades, proporcionando experiencias enriquecedoras para los pacientes y manteniendo un vínculo con la vida cotidiana fuera del hospital, Bermúdez y Torío (2012).

A continuación, es el momento de detallar recursos que podemos encontrar en dichas instituciones no gubernamentales que dan apoyo en los hospitales españoles:

Recursos educativos:

Estas instituciones juegan un papel crucial en la educación del alumnado hospitalizado, ofreciendo una variedad de recursos que les permiten continuar con su aprendizaje a pesar de las dificultades de salud. Estos recursos incluyen (Fundacion Aladina, s.f):

- Programas de enseñanza personalizada: voluntarios y profesionales de las ONG desarrollan programas educativos adaptados a las necesidades individuales de cada estudiante, asegurando que puedan seguir el currículo escolar a pesar de su estancia en el hospital.
- Material didáctico y tecnológico: las ONG proporcionan libros, computadoras, tabletas y otros materiales educativos esenciales que facilitan la continuidad de la educación formal de este alumnado durante su hospitalización.
- Un ejemplo destacado de estas iniciativas es la Fundación Aladina, una organización que ofrece recursos educativos a estudiantes hospitalizados, ayudándoles a mantenerse al día con sus estudios a través de herramientas tecnológicas y materiales didácticos.

Actividades lúdicas

Las ONG también desempeñan un papel vital en la mejora del bienestar emocional de estos jóvenes, a través de la organización de actividades lúdicas que fomentan la creatividad y ofrecen momentos de esparcimiento. Entre estas actividades se destacan, (FundaciónJuegaterapia, s.f.):

- Talleres creativos: las ONG organizan talleres de arte, manualidades, música y teatro, que no solo estimulan la creatividad de los niños, niñas y adolescentes, sino que también les proporcionan un valioso escape emocional durante su hospitalización.
- Juegos y recreación: se implementan programas de juego estructurado y no estructurado que permiten disfrutar de momentos de diversión y mantener un sentido de normalidad dentro del entorno hospitalario.

Un ejemplo de este tipo de iniciativas es la Fundación Juegaterapia, que se dedica a mejorar la calidad de vida de los enfermos hospitalizados mediante la organización de actividades recreativas, como talleres de manualidades y sesiones de juego.

Apoyo emocional:

Estas instituciones ofrecen un apoyo emocional fundamental tanto para los jóvenes hospitalizados como para sus familias, ayudándoles a enfrentar la difícil experiencia de la enfermedad y la hospitalización. Este apoyo se manifiesta a través de diversas iniciativas, entre las que destacan (FundacionTheodora, s.f.):

- Acompañamiento psicológico: psicólogos y terapeutas voluntarios brindan apoyo emocional y psicológico a los niños y sus familias, ayudándoles a gestionar el impacto emocional de la enfermedad y a afrontar la hospitalización de manera más llevadera.
- Programas de apoyo a la familia: las ONG también ofrecen servicios específicos para las familias, proporcionando orientación y acompañamiento durante todo el proceso de hospitalización, lo que les permite sentirse más apoyados y comprendidos.

Un ejemplo destacado en este ámbito es la Fundación Theodora reconocida por sus "Doctores Sonrisa", quienes realizan visitas regulares a hospitales y ofrecer apoyo emocional y entretenimiento a los niños, niñas y jóvenes hospitalizados y a sus familias.

IMPACTO DE LAS INTERVENCIONES DE ONG Y VOLUNTARIOS

Las ONG son entidades independientes y sin fines de lucro que emergen a partir de iniciativas de la sociedad civil. Estas organizaciones se enfocan principalmente en proyectos sociales, culturales y de desarrollo, y buscan provocar cambios significativos a nivel estructural en diversas áreas, como comunidades, regiones y países.

Siguiendo a Florez (2015), estas Fundaciones trabajan en colaboración con los hospitales, y su misión suele estar encaminada a aliviar el sufrimiento y aburrimiento, a hacer más llevadera su enfermedad y alegrar a los niños que se encuentran ingresados en el hospital.

La finalidad de llevar la humanización a los hospitales ha supuesto formar e implicar a todos los profesionales que rodean al paciente creando equipos interdisciplinares y garantizando la calidad de los servicios y la calidad de vida del paciente. Por ello, hay que formar no solo a los docentes sino a los profesionales en pedagogía, educación social y al personal sanitario, como a su vez el personal de enfermería y fisioterapia (Calvo, 2017).

Haciendo una descripción de ejemplos de fundaciones y ONG anteriormente citadas podríamos indicar como casos de éxito:

La Fundación *Juegaterapia*, creada en 2010 y cuya misión es alegrar la vida de los niños y niñas hospitalizados. Su enfoque se basa en reconocer la importancia del juego para los escolares que enfrentan largas estancias en hospitales, ya que están en un entorno desconocido y rodeados de personas ajenas puede generar en ellos altos niveles de estrés, ansiedad y angustia, especialmente en los más jóvenes. A través de los videojuegos donados por la Fundación, estos niños encuentran una vía esencial para desconectarse de su situación hospitalaria y sentirse más conectados con el mundo. Además, los jardines instalados en las azoteas de algunos hospitales ofrecen una oportunidad para que los niños vuelvan a experimentar el mundo exterior. El papel del voluntariado en este contexto es fundamental, ya que facilita estas experiencias que mejoran significativamente su bienestar (Juegaterapia, s.f.).

Un segundo ejemplo de éxito lo encontramos en la Fundación Theodora. Desde sus inicios, ha centrado su labor en aliviar el sufrimiento y el aburrimiento de los niños hospitalizados, devolviéndoles la ilusión a través de actividades lúdicas, imaginativas, artísticas y divertidas. Su objetivo es hacer que su estancia en el hospital sea lo más agradable posible, considerando las difíciles circunstancias que enfrentan (Fundaciontheodora, s.f.).

La AECC es una Organización sin Ánimo de Lucro (ONL) de carácter benéfico-asistencial reúne a pacientes, familiares, voluntarios y profesionales que colaboran estrechamente para prevenir, sensibilizar, acompañar a las personas y financiar proyectos de investigación oncológica. Estos esfuerzos están orientados a mejorar el diagnóstico y tratamiento del cáncer. Su enfoque se basa fundamentalmente en (AECC,s.f.):

- Informar y concienciar: Educar a la sociedad sobre las diversas medidas y mecanismos disponibles para prevenir la enfermedad.
- Apoyar y acompañar: Brindar apoyo emocional y estar cerca de los enfermos y sus familias, ofreciendo consuelo para reducir su sufrimiento.
- Fomentar la investigación oncológica: Promover una investigación de excelencia que sirva como puente entre la sociedad y la comunidad científica, impulsando avances en el tratamiento del cáncer.

La Fundación Pequeño Deseo tiene como misión de esta organización se centra en hacer realidad los deseos de niños que padecen enfermedades de pronóstico grave, brindándoles un apoyo emocional que hace más llevadera su situación. Además, se esfuerzan por humanizar el entorno hospitalario, haciendo que la estancia de estos niños sea más agradable y cercana a la normalidad. Para lograrlo, organizan actividades como la decoración de aulas hospitalarias, salidas al exterior, visitas a pacientes pediátricos y la presencia de personajes especiales en los hospitales, entre otras iniciativas (PequeñoDeseo,s.f.).

Finalmente, La Fundación Ronald McDonald, tiene como misión a nivel mundial crear y mantener programas que mejoren la salud y el bienestar de los niños, partiendo de la convicción de que todos los niños y niñas merecen un entorno seguro y protector en el que puedan crecer junto a sus familias. En España, su labor se enfoca en ofrecer "un hogar fuera del hogar" a las familias con niños gravemente enfermos que deben someterse a tratamientos de larga duración lejos de su lugar de residencia. Durante 40 años, han asumido con responsabilidad este servicio, brindando apoyo crucial a niños, niñas y familias en situaciones difíciles (RonaldMcDonald, s.f.).

EL FUTURO DE LAS AULAS HOSPITALARIAS Y LA INCLUSIÓN EDUCATIVA

La educación inclusiva es un enfoque que busca garantizar el acceso y la calidad de la educación para todos los estudiantes, respetando la diversidad y eliminando las barreras que puedan impedir la participación plena de cada individuo en el entorno escolar. Este modelo está estrechamente vinculado con los derechos del niño, específicamente el derecho a una educación equitativa y de calidad, como lo establece la Convención sobre los Derechos del Niño de 1989 de Naciones Unidas. Dentro de este contexto, es fundamental prestar atención al alumnado enfermo y hospitalizado, asegurando que estos estudiantes reciban el apoyo necesario para continuar su educación a pesar de las circunstancias adversas. Esto implica adaptar los contenidos y métodos de enseñanza, así como proporcionar recursos tecnológicos y apoyo emocional, para que estos niños no se vean privados de sus oportunidades educativas y puedan reintegrarse a su vida escolar con normalidad.

Según la UNESCO, la educación inclusiva busca identificar y eliminar todas las barreras que impiden el acceso a la educación, abordando todos los aspectos, desde el currículum hasta las metodologías de enseñanza. Las iniciativas de la UNESCO en este campo están orientadas por la Convención de 1960 sobre la Lucha contra la Discriminación en la Educación, así como por el Objetivo de Desarrollo Sostenible 4 y el Marco de Acción de Educación 2030, que destacan la inclusión y la equidad como pilares fundamentales para una educación de calidad (Unesco, 2023).

A partir de la Declaración de Salamanca, la educación inclusiva ha adoptado distintos enfoques y los mismos han ido evolucionando a lo largo del tiempo. Hay autores como Ainscow y Miles (2008), que nos señalan que el elemento de inclusión ha pasado por varias etapas, como:

> a) la inclusión referida a la discapacidad y a las necesidades educativas especiales; b) la inclusión entendida como respuesta a las exclusiones disciplinarias;

c) la inclusión orientada a todos los grupos vulnerables a la exclusión; d) la inclusión como promoción de una escuela para todos; e) la inclusión como la Educación Para Todos (p.22).

La Agenda 2030 para el Desarrollo Sostenible y en particular, el Objetivo 4 han ahondado en el concepto de inclusión, destacando que los sistemas educativos deben:

> Garantizar una educación inclusiva y equitativa de calidad y promover oportunidades de aprendizaje permanente para todos, es decir, garantizar un enfoque educativo que busca que todos los estudiantes, tengan igual acceso y oportunidades para aprender, participar y prosperar en el entorno educativo, es decir accedan a una educación de calidad en ambientes acogedores, saludables y seguros (Unesco, 2023, p. 7).

Se ha reforzado con gran énfasis en la Declaración Mundial sobre la Educación para Todos donde se fomenta la promoción de escuelas inclusivas, respondiendo à una dimensión educativa: en función de la cual las escuelas deben brindar educación a todos los niños juntos; en esos espacios se deberán desarrollar formas de enseñar pertinentes con las diferencias individuales denominado actualmente "nuevas formas de enseñar". Y por otra parte, hacia una dimensión social: las escuelas inclusivas tienen que fomentar un cambio actitudinal frente a "la diferencia" para impedir discriminaciones, y por supuesto, fomentar unas sociedades más justas.

El futuro de las aulas hospitalarias y la inclusión educativa presenta retos y oportunidades que requieren atención continua y mejoras estratégicas. Entre las necesidades futuras que se han podido detectar se encuentran la actualización constante de los recursos tecnológicos y pedagógicos, así como la formación especializada de los docentes para atender a estudiantes con diversas condiciones de salud. Por ello es fundamental desarrollar estrategias que aseguren la expansión y sostenibilidad de estas iniciativas, como la creación de redes de colaboración entre hospitales, instituciones educativas y ONGs, así como el fomento de políticas públicas que garanticen financiamiento y apoyo institucional. En conclusión, el apoyo continuo a las aulas hospitalarias es esencial para garantizar que todos los estudiantes, independientemente de su situación de salud, tengan acceso a una educación de calidad y puedan desarrollar su potencial. Estas iniciativas no solo promueven la igualdad de oportunidades, sino que también contribuyen al bienestar integral de los niños y jóvenes en la sociedad actual.

CONCLUSIÓN

La educación inclusiva es una necesidad vigente en la construcción de una sociedad más justa y equitativa, es decir no es solo un ideal. Las aulas hospitalarias representan un enlace crucial en esta cadena de inclusión, ofreciendo una segunda oportunidad educativa a aquellos niños, niñas y adolescentes que, debido a su condición de salud, se encuentran alejados de su entorno escolar convencional. Sin embargo, la efectividad de estas aulas depende también en gran medida del trabajo que en ellas desarrollan diversos actores sociales.

El rol de las ONGs y los voluntarios que desarrollan en ellas sus funciones ha demostrado ser indispensable en la superación de las barreras que enfrentan las aulas hospitalarias. Como hemos podido observar, a través de la provisión de recursos educativos, apoyo emocional y actividades recreativas, estas organizaciones no solo han contribuido a la mejora de la calidad educativa de los estudiantes hospitalizados, sino que también han favorecido su bienestar integral, facilitando un sentido de normalidad y pertenencia durante su proceso de recuperación.

Para asegurar la continuidad y expansión de estos esfuerzos, es fundamental que se fortalezca la colaboración entre el sector público, las ONGs y los voluntarios. Solo a través de un esfuerzo conjunto será posible garantizar que todos los niños, independientemente de su estado de salud, puedan ejercer plenamente su derecho a la educación. El camino hacia una educación verdaderamente inclusiva requiere de nuestro compromiso continuo y de la construcción de puentes sólidos que conecten a cada estudiante con las oportunidades que merecen.

REFERENCIAS

ACNUR-Comité Español. (1993-2017). ¿Cómo funciona una ONG? https://eacnur.org/blog/una-ong/

Ainscow, M., & Miles, S. (2008). Por una educación para todos que sea inclusiva: ¿Hacia dónde vamos ahora? *Perspectivas: Revista Trimestral de Educación Comparada, 38*(1), 15-34.

Asociación Española Contra el Cáncer (AECC). (2018). Asociación Española contra el Cáncer. https://www.aecc.es/es

Bermúdez, M. T., & Torío, S. (2012). La percepción de las familias ante la animación hospitalaria: Estudio realizado en el hospital materno infantil de Oviedo. *Revista Interuniversitaria de Pedagogía Social, 20*, 233-242.

Calvo, I. (2017). La pedagogía hospitalaria: Clave en la atención al niño enfermo y hospitalizado y su derecho a la educación. *Aula, 23*, 33-47.

Flórez, L. E. (2015). *Pedagogía hospitalaria y de la salud: Hacia la concreción de la inclusión educativa.* Red Educativa Mundial-REDEM.

Fundacion Juegaterapia. (s.f.). *Juegaterapia.org*. https://www.juegaterapia.org/

Fundación Theodora. (s.f.). La risa les hace fuertes. https://es.theodora.org/es

Molina Garuz, M. C. (2017). La pedagogía hospitalaria contribuye a la humanización de la atención sanitaria. *Revista de Educación*. https://www.revistadeeducacion.cl/felipe-ramirez-director-y-docente-de-la-escuela-hospitalaria-de-puerto-montt-este-es-un-trabajo-desde-el-corazon/

Molina Garuz, M. C. (2020). *Pedagogía hospitalaria: Claves teóricas y enfoques para la práctica.* Octaedro Editorial.

Naciones Unidas. (1960). Convención relativa a la lucha contra las discriminaciones en la esfera de la enseñanza. https://www.unesco.org/en/legal-affairs/convention-against-discrimination-education

Naciones Unidas. (1989). Convención sobre los Derechos del Niño. https://www.ohchr.org/es/instruments-mechanisms/instruments/convention-rights-child

Ronald McDonald House Charities (RMHC). (s.f.). Fundación Infantil Ronald McDonald -España. Mantenemos a las familias cerca. http://fundacioninfantilronaldmcdonald.com

Unesco (2000). Declaración Mundial sobre la Educación para todos. https://unesdoc.unesco.org/ark:/48223/pf0000262438_spa

Unesco (2016). *Educación 2030: Declaración de Incheon y Marco de Acción para la realización del Objetivo de Desarrollo Sostenible 4: Garantizar una educación inclusiva y equitativa de calidad y promover oportunidades de aprendizaje permanente para todos.* Organización de las Naciones Unidas para la Educación, la Ciencia y la Cultura. https://unesdoc.unesco.org/ark:/48223/pf0000245656

Unesco (2023). Una mirada sobre la educación inclusiva. https://unesdoc.unesco.org/ark:/48223/pf0000385847

Capítulo 14

¿Cómo combatir a la Extrema Derecha? *Fact Checking* como medida pedagógica en Educación Superior

Cristina Pulido-Montes y Javier Molina-Pérez
Universidad de Valencia

REFLEXIONES TEÓRICAS A MODO DE INTRODUCCIÓN SOBRE LA ULTRADERECHA

La ultraderecha actual, como movimiento político e ideológico, aún no tiene una definición consensuada en los niveles académico, divulgativo, político y periodístico. Cass Mude (2021), un destacado historiador en estudios sobre la ultraderecha, ha dividido este concepto en dos categorías: extrema derecha y derecha radical populista. La extrema derecha rechaza la soberanía popular, mientras que la derecha radical populista opera dentro de las reglas de la democracia, pero ataca sus valores fundamentales, como los derechos de las minorías. Sin embargo, Acha Ugarte (2021) critica esta categorización, argumentando que estas derechas no pueden considerarse democráticas ya que rechazan la democracia liberal en algunas formas.

Steven Forti (2021), en su obra "Extrema Derecha 2.0", señala la inoperatividad de conceptos como fascismo, neofascismo, posfascismo, derecha radical y derecha radical populista para definir la ultraderecha actual. Forti destaca que la Extrema Derecha 2.0 es un movimiento nuevo con elementos de continuidad con el pasado, pero que no encaja completamente en las definiciones tradicionales de fascismo. Emilio Gentile (2019) define el fascismo como un movimiento con partido milicia y fuerzas paramilitares, que busca encuadrar a las masas en grandes organizaciones y presenta una revolución palingenésica. Urbán (2019) y Forti (2021) afirman que los partidos de Extrema Derecha 2.0 no cumplen con estas características.

El término "populista" también resulta inadecuado para definir inequívocamente a la extrema derecha, ya que se aplica tanto a la izquierda como a la derecha. Mudde y Rovira-Kaltwasser (2017) argumentan que el populismo puede ser performativo y subversivo, pero no es una característica propia de la nueva Extrema Derecha. Del mismo modo, el término "derecha radical" se aplica tanto a la izquierda radical como a la derecha radical, y Damiani (referenciado en Forti, 2021) enfatiza que la radical left busca llenar de contenido social las reformas políticas, mientras que la *radical right* busca vaciar dicho contenido.

Por lo tanto, siguiendo a Forti (2021), Acha-Ugarte (2021) y Urbán (2019), la categoría más adecuada para entender a la nueva extrema derecha es llamarla simplemente "extrema derecha". Las autoras de este capítulo se adhieren al concepto "Extrema Derecha 2.0" por su operatividad para analizar las nuevas formaciones políticas en el Parlamento Europeo y en gobiernos nacionales y autonómicos en Europa. La Extrema Derecha 2.0 se define por su globalidad, convergencias internacionales y elementos comunes como valores ultraconservadores, ley y orden, antiintelectualismo, provocación mediante discurso y ultranacionalismo. Aunque existen divergencias en sus agendas económicas y valores socioculturales, estas características permiten una mejor comprensión del fenómeno.

EXTREMA DERECHA 2.0: REDES SOCIALES, NUEVAS TECNOLOGÍAS Y *FAKE NEWS*

Además de definir la Extrema Derecha 2.0, es interesante observar su uso de redes sociales, internet y nuevas tecnologías para difundir sus ideas y agendas políticas de manera parasitaria. La era de la posverdad no es un fenómeno iniciado por las nuevas extremas derechas, sino que acompaña al posmodernismo y la caída de grandes instituciones

(Sennett, 2000). La Real Academia de la Lengua Española (RALE) define posverdad como la "distorsión deliberada de una realidad que manipula creencias y emociones con el fin de influir en la opinión pública y en actitudes sociales" (RALE, 2022), constituyendo un problema epistemológico en la modernidad. Las *fake news*, definidas por Buckingham (2019, p.214) como "noticias inventadas y deliberadamente destinadas a inducir a error o engaño", buscan confundir deliberadamente para beneficiar al emisor.

Aunque las *fake news* han existido desde la invención de la prensa, su difusión es mayor en la era del capitalismo digital (Morozov, 2018), alcanzando diversas audiencias a través de redes sociales como Facebook, Twitter, Instagram, TikTok y YouTube (Rodrigo-Alsina y Cequeira, 2019). Las *fake news* pueden tener intenciones políticas o de lucro mediante "*clickbait*" (Lönnqvist, 2021). La Extrema Derecha 2.0 utiliza *fake news* para fortalecer sus políticas y presentar una realidad distorsionada del establishment, fomentando la adhesión a sus líneas estratégicas. Este parasitismo ideológico (Forti, 2021) es una característica común, junto con discursos transgresores y provocadores, utilizando redes sociales, medios digitales y algoritmos que generan información a la carta (Rodríguez-Gordo y Sarrión-Andaluz, 2019; Magallón y Campos, 2021).

Forti (2022) señala que los algoritmos y la inteligencia artificial están evolucionando rápidamente, mejorando la precisión en la difusión de información. La Extrema Derecha 2.0 se denomina así por su capacidad de entender y optimizar nuevas tecnologías para difundir sus ideas y estrategias, generando escándalos en la política actual. Ejemplos notables incluyen *Cambridge Analytica* en las elecciones de Estados Unidos y el Brexit, utilizando microfocalización conductual para influir en los procesos electorales (Zebouff, 2020). Rodríguez-Ferrándiz (2019) destaca la influencia de *bots* y *fake news* en Twitter, equiparando su volumen al de noticias profesionales, y recomienda medidas como autorregulación de contenidos, *fact checking*, supervisión de algoritmos y alfabetización digital para combatir las *fake news*.

MEDIDAS CORRECTORAS PARA COMBATIR LAS *FAKE NEWS*: LA ALFABETIZACIÓN DIGITAL Y LA COMPETENCIA INFORMACIONAL

En la era actual, caracterizada por la abundancia de información, se ha intensificado la propagación tanto de conocimiento como de información falsa, *fake news* o posverdades (Carrera, 2018). En este contexto, es esencial abordar la alfabetización informacional en las aulas, entendida como el desarrollo de habilidades para evaluar, sintetizar y analizar la información de diversas fuentes digitales e impresas (Moreno Rodríguez et al., 2018). Esta capacidad está relacionada con la competencia informacional, definida como "la habilidad para localizar, analizar y utilizar la información de manera efectiva" (Fernández Marcial, 2008, p.23). Según Cortes Vera (2019), la competencia informacional es un pilar de resistencia en la era de la posverdad.

En 2018, la Unión Europea desarrolló el Plan de Acción contra la desinformación, instando a las instituciones educativas a apoyar la educación y la alfabetización mediática. En España, se publicó en 2020 un plan contra la desinformación que no incluía la educación como herramienta clave.

A pesar de la escasez de normativa y planes pedagógicos para identificar *fake news*, existen iniciativas privadas como Neutral.es y Maldita, y herramientas de grandes empresas tecnológicas como Google, Twitter, Facebook y WhatsApp para combatir la desinformación.

En educación, se han desarrollado propuestas pedagógicas para mejorar la competencia informacional. Enguix (2022) aplicó herramientas de *fact-checking* en un curso de la Universidad de Valencia, logrando resultados positivos en la competencia informacional del alumnado. Adjin-Tettey (2022) encontró que la educación en alfabetización mediática e informacional mejora las competencias de análisis y difusión de información veraz. Auberry (2018) sugiere cursos universitarios ofrecidos por bibliotecas para mejorar estas competencias, destacando el programa del *Indian River State College*. Mussgrove et al. (2018) describen cómo identificar noticias falsas y enseñar habilidades de alfabetización informacional utilizando recursos diversos. Pulido-Montes (en prensa) desarrolló una propuesta pedagógica basada en el Modelo Gavilán para trabajar la competencia informacional en la Universidad de Valencia.

En síntesis, aunque la regulación sobre la desinformación es limitada, en la educación superior existe una creciente preocupación por trabajar la competencia informacional y la alfabetización digital como respuesta a la era de la posverdad y las *fake news*.

PROPUESTA DE INNOVACIÓN PARA EL TRABAJO DE LA COMPETENCIA INFORMACIONAL: *FACT CHECKING* MEDIDA CORRECTORA SOBRE LAS *FAKE NEWS* DE VOX EN REDES SOCIALES

La presente propuesta pedagógica ha sido diseñada para las materias: Política de la Educación de 2º de Grado de Pedagogía y Política y Legislación Educativa de 3º de Grado de Pedagogía del plan de estudios de la Universidad de Valencia. No obstante, puede ser readaptada en otros planes de estudios de otras instituciones educativas de Educación Superior.

La problemática principal para abordar serán las políticas de la Extrema Derecha 2.0 española representada por el partido político VOX en relación con las *fake news* emitidas por la formación política.

La agenda política e ideológica de VOX está caracterizada por: ultranacionalismo; valores ultraconservadores; anti-intelectualismo; ley y orden; discurso y lenguaje provocador; islamofobia; política migratoria dura; antifeminismo y no reconocimiento de la comunidad LGTBI; y ultraliberalismo (Ferrerira, 2019; Forti, 2021; Guinot, 2021).

Se ha desarrollado una línea de investigación emergente sobre los discursos y estrategias mediáticas de VOX en redes sociales. Castro-Martínez y Díaz-Morilla (2021) analizaron la comunicación de VOX en Facebook, Twitter, Telegram, Flickr, YouTube, Instagram, TikTok y Gab, concluyendo que, aunque varía en formato y estilo según la audiencia, el contenido sigue patrones discursivos consistentes. Destacan su uso de un lenguaje directo y provocador para desacreditar a opositores y enaltecer a sus líderes, con una notable presencia en plataformas dirigidas a jóvenes, como YouTube, Instagram y TikTok. Su actividad en Gab, una red social sin restricciones de contenido que atrae a usuarios de extrema derecha, también es significativa. VOX proporciona contenido no transmitido en medios tradicionales para reforzar su estrategia política.

Lava Santos (2021) analizó 51 noticias de Telediarios nocturnos en Televisión Española y Telecinco, y 264 tweets de VOX, concluyendo que su discurso en Twitter es populista y difiere del emitido en informativos televisivos. López-Rabadán y Doménech-Fabregat (2021) realizaron un análisis exhaustivo de 189 videos en cinco cuentas de Instagram asociadas a VOX, identificando tres elementos recurrentes: discurso populista, desacreditación de políticos de otras formaciones y tres niveles operativos de transmisión de información (operativo, visual y expresivo).

En este caso, la propuesta pedagógica se desarrolló en torno a cuatro actividades principales:

1. Seleccionar una red social por grupos de entre 4-6 personas (Instagram, TikTok, Grab, Flickr, Youtube, Facebook, Twitter, Telegram)
2. Seleccionar al menos 5 noticias, videos, chats en cadena, imágenes, etcétera; que contengan datos o información simbólica sobre una realidad o mensaje.
3. Delimitar las categorías derivados de los problemas o temas planteados por la formación de Extrema Derecha 2.0.
4. Aportar a los grupos una plantilla para que integren los discursos y una serie de ítems y recursos de fuentes documentales y bases de datos para contrastar las noticias.
5. Realizar un *fact checking* de cada una de las noticias seleccionadas.

6. Presentar en formato video o podcast los resultados de su investigación.

La citada actividad tenía por objetivo principal desarrollar la competencia informacional siguiendo las etapas y fases del Modelo Gavilán (selección, análisis, síntesis y difusión de resultados) (Fundación Gabriel Piedrahita Uribe, 2014).

Tabla 1. *Fases Modelo Gavilán para el desarrollo de la competencia informacional adaptado*

FASES	OBJETIVOS
Fase 1. Selección, delimitación y categorización del problema	
1. Selección de discursos.	Seleccionar información sobre 5 discursos emitidos por VOX en la red social seleccionada.
1.1 Identificación de categorías	Poner título a categorías según las problemáticas presentadas (inmigración, anti-intelectualismo, etc.).
1.2 Análisis de contenido.	Crear palabras clave a partir de las que más se repitan identificada por el alumnado.
1.3 Análisis mediante plantilla	Analizar en la plantilla de los discursos según las categorías creadas
Fase 2. Análisis de la información	
2.1 *Fact checking*	Aplicar el listado Verificat para el análisis de las noticias.
2.2 *Fact checking*: contraste noticias	Contrastar los datos mediante bases fiables y válidas.
Fase 3. Síntesis resultados	
3.1	Sintetizar los resultados a modo de informe y por temáticas, ponerlo en relación con la teoría.
Fase 4. Difusión	
4.1 Difusión de resultados	Crear un podcast o video con los principales resultados del *fact checking*

Nota. Adaptado de Modelo Gavilán para el trabajo de la competencia informacional (Fundación Gabriel Piedrahita Uribe, 2014)

Se aplicó la metodología del *fact checking* cómo medida moderadora frente a las *fake news* emitidas por la formación de la Extrema Derecha 2.0 española. Atendiendo a los Objetivos de Desarrollo Sostenible (Naciones Unidas, 2030) se buscó potenciar la educación para la paz y el fomento de la ciudadanía mundial a través de acciones y propuestas pedagógicas en el alumnado de las materias de Política y Legislación Educativa (3º Grado en Pedagogía) y Política de la Educación (Grado en Educación Social).

La metodología del *fact checking* está viviendo un boom en medios de comunicación y desde el campo periodístico desde hace una década (Graves, 2017). El *fact check*, lejos de ser simplemente una herramienta que comprueba la fiabilidad y consistencia de los datos difundidos en los mas media, puede ser una metodología que aglutine técnicas de recogida de información, análisis de datos (contenido y crítico del discurso), análisis contextual y puesta en relación entre la subjetividad del analista y las teorías fundamentadas. Para el caso del desarrollo de las actividades que se llevaron a cabo se emplearía una lista de verificación aportada por la empresa de *fact checking* Verificat (s.f.):

- *Verdadero:* Se reafirma tras consultar las distintas fuentes.
- *Verdad a medias:* El grueso de la información es correcto, pero obvia detalles contextuales de modo que puede inducir a una interpretación errónea de la realidad.
- *Engañoso:* Contiene alguna información verídica, pero esconde hechos relevantes. Los datos son insuficientes para comunicar la realidad o la manipulan.
- *Falso:* Las fuentes oficiales y las investigaciones no respaldan la afirmación.
- *No comprobable:* Los datos oficiales disponibles o las investigaciones realizadas no son suficientes para probar si es verdadero o falso.

A la par, se adjuntaron bases de datos y fuentes primarias y secundarias por temáticas para que el alumnado pudiera acceder a fuente fiable y válida para realizar la comprobación de los discursos en redes sociales posteados por la formación política VOX.

RESULTADOS PRINCIPALES DE SU APLICACIÓN EN EL AULA

Para la evaluación de la propuesta pedagógica desarrollada se envió un cuestionario de satisfacción con el trabajo grupal desarrollado de manera individualizada que constaba de sietes preguntas, dos de ellas abiertas, para recoger los discursos del alumnado. De los 65 cuestionarios rellenados los principales resultados fueron: en torno al 74,1% del alumnado decía conocer la existencia de las *fake news*, pero no cómo aplicar medidas correctoras; el 100% del alumnado destacó la importancia de desarrollar en las aulas de educación superior la competencia informacional cómo medida correctora frente a las *fake news*, entendiéndolo cómo una necesidad formativa; el 92,3% creía que el trabajo grupal desarrollado había cumplido con sus objetivos y estaba bien estructurado; el 96,2% consideraba que esta propuesta pedagógica debía extenderse a otros niveles educativos y planes de estudio; y el 100% del alumnado decía haber cambiado su opinión sobre cómo se informaban y reonocía la necesidad de chequear toda aquella información que les llegaba.

De los discursos del alumnado se destilan ciertas apreciaciones sobre la necesidad primigenia de desarrollar proyectos y propuestas pedagógicas para combatir las *fake news*, ya que identificaban este problema cómo principal en la polarización de la sociedad y el crecimiento de la violencia. Cómo se puede apreciar en el siguiente fragmento:

> A través del avance tecnológico, la mayoría de la población obtiene información por redes sociales, lo que dificulta la veracidad de la información. Muchas veces puedes llegar a ver discursos de la extrema derecha donde son falsos aquellos argumentos que utiliza y nos lo creemos, simplemente porque es un partido político. Es importante empezar a chequear todos los mensajes que realizan para llegar a construir un pensamiento crítico y objetivo (Alumno/a 1).

En la misma línea argumentativa el alumnado destaca el valor de aplicar trabajos que fomenten su formación en competencias informacionales:

> Pensamos muchas veces que todo lo que vemos y oímos es cierto, sin ni siquiera comprobar la información antes. No solo es un trabajo, es una lección (Alumno/a 2).
>
> Ahora ya sé cómo analizar si una noticia es real o falsa, así que tengo las herramientas necesarias para hacerlo cuando me sale alguna por tiktok, twitter, instagram. Este trabajo me ha hecho ser consciente de la importancia de comprobar la información que nos llega (Alumno/a 3).

A MODO DE CONCLUSIÓN

Nos encontramos en la era de la desinformación y las *fake news* dentro del paradigma de la posverdad. A causa de la globalización y el impacto de las nuevas tecnologías se han erigido varias tendencias en el mundo de la comunicación y las respuestas intencionales, una que destaca por los esfuerzos de desarrollar una ciudadanía mundial y global basada en el proyecto pedagógico por la paz para amortiguar la polarización de la sociedad y los conflictos, otra, de carácter lucrativo y asociada al poder que economiza la información para alcanzar objetivos utilitaristas.

En la primera tendencia destacan los esfuerzos centralizados en la Agenda de Desarrollo Sostenible (ODS) 2030 de Naciones Unidas en sus objetivos 4.7, destinado a generar sociedades basadas en una ciudadanía mundial global; y en el objetivo 16, dedicado a crear instituciones fuertes y sólidas para el fomento de la paz en el que se hace especial hincapié a la transparencia informacional (Naciones Unidas, 2017). La segunda tendencia, estaría capitalizada por las grandes empresas con fines lucrativos y las interacciones con sus noticias, *bots*, y *fake news* por parte de formaciones políticas y líderes.

Atendiendo a los objetivos 4.7 y 16 de la Agenda de los ODS, la presente propuesta pedagógica aborda el objetivo de la educación para la paz y de una ciudadanía global mundial que cada vez más se encuentra dividida y atomizada en la individualización provocado por los algoritmos, la información a la carta, los mensajes distorsionados o que desdibujan la realidad que derivan en el fomento del odio y la violencia.

Por ello, trabajar la competencia informacional va más allá de los planes de estudios de periodismo, y puede ser una estrategia o herramienta para aplicar en cualquier temática sobre la que se vierten *fake news*. La competencia informacional, en los estudios de Educación Superior, es fundamental para desarrollar ciudadanos críticos y que se cuestionen la información que reciben, sin caer en avatares *conspiranoicos* o carentes de fiabilidad y validez, por lo que se considera el Modelo Gavilán pertinente para estructurar una formación categorizada en etapas para: delimitar un problema, extraer información, analizarla, sintetizarla y difundirla.

Trabajar los discursos de la Extrema Derecha 2.0 en el contexto español, ya que esta propuesta pedagógica ha sido desarrollada para el alumnado del citado país, se torna relevante en un momento en el que el terreno político y las crisis de la gobernabilidad pueden suponer grietas para que las *fake news* en una sociedad polarizada y hastiada por el momento económico y estructural, terminen calando y, por tanto, alcanzando el poder formaciones políticas que pretenden vaciar de contenido social a las democracias actuales.

FINANCIACIÓN

La presente investigación parte de los resultados de una estancia posdoctoral realizada por Cristina Pulido-Montes en la University of Gävle (Suecia) sobre el Impacto de la Ultraderecha en educación: los casos de España y Suecia en el marco CIBEST-Subvenciones para estancias de personal investigador doctor en centros de investigación radicados fuera de la Comunidad Valenciana en el curso 2022-2023.

REFERENCIAS

Acha-Ugarte, B. (2021). *Analizar el auge de la ultraderecha*. Gedisa.

Adorno, T. W. (2022). *Aspectes de la nova extrema dreta*. Editorial Afers.

Auberry, K. (2018) Increasing students' ability to identify fake news through information literacy education and content management systems, The Reference Librarian, 59(4), 179-187. https://doi.org/10.1080/02763877.2018.1489935

Carrera, P. . (2018). Estratagemas de la posverdad. *Revista Latina De Comunicación Social*, (73), 1469–1481. https://doi.org/10.4185/RLCS-2018-1317

Cortes Vera, J. D. J. (2019). *La alfabetización informacional, bastión en tiempos de la posverdad*. Instituto de Ciencias Sociales y Administración.

Fernández Marcial, V. (2008). La gestión de la información y las habilidades informacionales. Reencuentro. *Análisis De Problemas Universitarios*, (51), 19-27. https://reencuentro.xoc.uam.mx/index.php/reencuentro/article/view/645

Ferreira, C. (2019). Vox como representante de la derecha radical en España: un estudio sobre su ideología. *Revista Española de Ciencia Política, 51*(51), 73-98. https://doi.org/10.21308/recp.51.03

Forti, S. (2021). *Extrema Derecha 2.0: Qué es y cómo combatirla*. Siglo XXI.

Fundación Piedrahita Uribe (2014,, February 4). *Modelo Gavilán, propuesta para el desarrollo de la Competencia para Manejar Información(CMI)*. Https://eduteka.icesi.edu.Co/Articulos/Modelo-Gavilan-Desarrollo-Cmi

Graves, L. (2017). Anatomy of a Fact Check: Objective Practice and the Contested Epistemology of Fact Checking. *Communication, Culture and Critique, 10*(3), 518–537. https://doi.org/10.1111/cccr.12163

Guinot, H. (2021). Neoconservadurismo, contramovimientos y estrategias para posicionar la agenda antifeminista. El caso de VOX en España. FEMERIS: *Revista Multidisciplinar De Estudios De Género*, 6(3), 101-122. https://doi.org/10.20318/femeris.2021.6406

Lava Santos, D. (2021). El discurso populista de VOX en las Elecciones Generales de 2019: análisis comparativo de las agendas temáticas en televisión y Twitter. Dígitos. *Revista de Comunicación Digital, 7*, 37-65. https://doi.org/10.7203/rd.v1i7.200

López-Rabadán, P. y Doménech-Fabregat, H. (2021). Nuevas funciones de Instagram en el avance de la "política espectáculo: Claves profesionales y estrategia visual de Vox en su despegue electoral. *Profesional de la información, 30*(2), e300220. https://doi.org/10.3145/epi.2021.mar.20

Lönnqvist, O. (2021). *Fake news, clickbait och konkurrens. En kvantitativ studie om nyhetsorganisationers etiska samhällsansvar*. Uppsala universitet.

Rodríguez, M. D. M., Méndez, V. G., & Martín, A. M. R. M. R. (2018). Alfabetización informacional y competencia digital en estudiantes de magisterio. Profesorado, *Revista de currículum y formación del profesorado, 22*(3), 253-270. https://doi.org/10.30827/profesorado.v22i3.8001

Morozov, E. (2018). *Capitalismo Big Tech: ¿Welfare o neofeudalismo digital?* Enclave de Libros Ediciones.

Mudde, C. (2021). *La ultraderecha hoy*. Paidós Ibérica.

Mudde, C. y Rovira-Kaltwasser, C. (2017). *Populismo: una breve introducción*. Alianza Editorial.

Musgrove, A.T., Powers, J.R., Rebar, L.C. y Musgrove, G.J. (2018). Real or fake? Resources for teaching college students how to identify fake news. *College & Undergraduate Libraries, 25*(3), 243-260. https://doi.org/10.1080/10691316.2018.1480444

Naciones Unidas (2017). *Objetivos y metas de desarrollo sostenible. Desarrollo Sostenible*. https://www.un.org/sustainabledevelopment/es/objetivos-de-desarrollo-sostenible/

Newtral.es (2019). *El fact-checking y el proyecto de Newtral Educación, según los estudiantes*. Youtube. https://www.youtube.com/watch?v=lwnAz92HOZA

RALE (2022). *Posverdad*. https://dle.rae.es/posverdad?m=form

Rodríguez-Ferrándiz, Raúl (2019). "Posverdad y fake news en comunicación política: breve genealogía". El pro-fesional de la información, v. 28, n. 3, e280314.https://doi.org/10.3145/epi.2019.may.14

Rodrigo-Alsina, M., y Cequeira, L. (2019). Periodismo, ética y posverdad. *Cuadernos.info, 44*, 225-239. https://doi.org/10.7764/cdi.44.1418

Sennett, R. (2000). *The Corrosion of Character: The Personal Consequences of Work in the New Capitalism*. W. W. Norton & Company.

Adjin-Tettey, T.D. (2023). Combating fake news, disinformation, and misinformation: Experimental evidence for media literacy education. *Cogent Arts & Humanities*, 9(1), 2037229 . https://doi.org/10.1080/23311983.2022.2037229

Urbán, M. (2019). *La emergencia de VOX: Apuntes para combatir a la extrema derecha española.* Colección crítica alternativa.

Verificat. (s.f.). *Metodologia.* https://www.verificat.cat/es/metodologia

Zavaglia, J. (2022). *Instrumentos de odio: fake news sobre inmigración en la campaña de Vox en Cataluña* [Trabajo Final de Máster]. Universidad de Sevilla.

Capítulo 15

Casos prácticos de cooperación para un aprendizaje sostenible basado en los ODS: una visión multidisciplinar

Ana Sales Ten y Javier Serrano Lara
Instituto Interuniversitario de Desarrollo Local – IIDL (Universitat de València)

LA AGENDA 2030 COMO MARCO DE ACCIÓN EN COOPERACIÓN AL DESARROLLO

La Agenda 2030 y los ODS han supuesto un cambio de paradigma en todos los sentidos, estamos ante una nueva forma de trabajar que incorpora todas las dimensiones del desarrollo sostenible, superando con grandes creces el ámbito de influencia de la política tradicional de cooperación al desarrollo, así como su alcance temático y geográfico, tal y como venía implementándose en tiempos anteriores. Debemos ser conscientes que a pesar de que estamos ante un acuerdo que no es jurídicamente vinculante, crea incidencia e incentivos políticos, y su implementación es responsabilidad última de los gobiernos, reduciendo así el carácter voluntario de la cooperación, tal y como venía interpretándose hasta ese momento, e incrementando la responsabilidad política; de hecho, uno de sus primeros retos es trasladar a otros ámbitos de decisión la necesidad de implementar los ODS en todo el abanico de políticas públicas. Es por ello por lo que cuando hablamos de garantizar un adecuado desarrollo de la Agenda, es necesario adoptar un enfoque multidimensional e integrador, en el cual se aborden las diversas dimensiones de la pobreza y la exclusión que afectan al desarrollo pleno de las personas. En consecuencia, debemos comprender que los ODS van más allá del ámbito de la cooperación al desarrollo, pues no solo ponen en valor el papel de la cuestiones locales y globales, sino que además igualan la pertinencia de su abordaje.

Este análisis implica concebir que las políticas de cooperación al desarrollo, especialmente en su dimensión más internacional, deben ir más allá de la ayuda oficial al desarrollo, reconocer que el mundo de la cooperación se ha vuelto más heterogéneo, y que los ámbitos sociales y políticos en los que se ejecutan dichas políticas se encuentran en un contexto en transformación continua y sometidos a cambios y tensiones, donde lo local repercute de manera directa en lo global e inversamente. En este sentido, consideramos que la cooperación internacional debe ser entendida como una estrategia para la gestión de las políticas públicas y la solidaridad ciudadana ante las desigualdades e injusticias que sufren los países. Por ello, resulta pertinente que la formación universitaria de posgrado en cooperación al desarrollo se vincule de forma clara y directa a los parámetros de la Agenda 2030 y los Objetivos de Desarrollo Sostenible (ODS) planteados por la Naciones Unidas. Este planteamiento está avalado por numerosas publicaciones científicas, aun siendo conscientes de la prolijidad en esta temática dada la pertinencia y la necesidad, señalaremos dos que en nuestro caso han sido significativas: la guía para las universidades realizada por la *Sustainable Developement Solutions Network* en colaboración con la red española para el desarrollo sostenible (SDSN Australia/Pacific, 2017) y el Proyecto EDINSOST, con el que se ha pretendido incluir los ODS en la educación superior, en este caso presentando alguno de los primeros resultados del proyecto en un conjunto de grados (Sánchez, F. et al., 2017).

Somos conscientes que desarrollamos nuestra docencia en un ámbito profesional complejo y multidisciplinar, que requiere de una formación universitaria de excelencia, capaz de transmitir conocimiento, al tiempo que desarrolla competencias curriculares en sus diferentes niveles, pero que a la vez no está exenta ni de miradas críticas desde los diferentes ámbitos de la gestión política, ni tampoco de las evaluaciones académicas, y que desde ambos contextos, en muchas ocasiones, supeditan los resultados cualitativos a los cuantitativos, relegando los factores de viabilidad de estos. Por ello, y desde el Título oficial de posgrado de la Universitat de València *Máster en Cooperación al Desarrollo,* propusimos la implementación de un proyecto de innovación docente multidisciplinar, diseñado como un modelo de enseñanza aprendizaje, que capacita al estudiantado a actuar en el ámbito de la cooperación internacional, con una mirada crítica y reflexiva, abogando por la justicia social y fomentando una mayor concienciación y empoderamiento de las comunidades. El proyecto se enmarca en combinación con dos líneas de acción de la propia universidad. La primera de ellas es la que promueve el Servicio de Formación permanente e innovación educativa, a través de la cual se impulsa la realización de proyectos de innovación docente para promover la calidad, la innovación en el diseño, las metodologías de enseñanza, el aprendizaje y la evaluación de la docencia. Y lo hace con la voluntad de enfocar la docencia desde el punto de vista del aprendizaje transformador en el ámbito de la cooperación al desarrollo, apostando por incrementar la calidad y excelencia de la docencia. Y la segunda línea en la que se enmarca, es en el compromiso de la universidad para contribuir al cumplimiento de la Agenda 2030 para el desarrollo sostenible y el plan de acción mundial a favor de las personas, el planeta y la prosperidad, el cual también tiene la intención de fortalecer la paz universal y el acceso a la justicia.

OBJETIVOS Y METODOLOGÍA

En la línea de los cursos anteriores, el proyecto aboga por una docencia de excelencia que al tiempo que es capaz de transmitir conocimiento garantiza el desarrollo de competencias curriculares en sus diferentes niveles (Sales y Serrano, 2023). Es una experiencia que se implementa desde un enfoque multidisciplinar, a través del análisis de la Agenda 2030 y los ODS, entendida esta como una agenda de transformación del mundo en que vivimos, pero que requiere tener interconexión de conocimientos, de actores y de principios basados en el respeto a la diferencia y la justicia social, que es lo que permite transformar problemas y/o necesidades en soluciones y/o resultados.

Desde esta perspectiva planteamos como Objetivo General integrar en la formación de postgrado un proyecto de innovación docente transdisciplinar, diseñado como un modelo de enseñanza aprendizaje, que capacite al estudiantado a actuar en el ámbito de la cooperación internacional, con una mirada crítica y reflexiva, abogando por la justicia social y fomentando una mayor concienciación y empoderamiento de las comunidades.

En consecuencia, se garantiza que:

> En la formación de postgrado en cooperación para el desarrollo se integre, de manera natural en sus currículos formativos, mecanismos complementarios que permitan al estudiantado adaptarse a nuevos contextos y situaciones a las que se enfrentan cuando trabajan con países en vías de desarrollo; planteada como una formación complementaria en valores con enfoque transversal de los ODS en una docencia interdisciplinar, abordada como una propuesta de utilidad social, mediante la incidencia crítica y abogando por la justicia social (Sales y Serrano, 2022).

Como Objetivos Específicos el PID asume los siguientes:

- Profundizar en el conocimiento de los ODS y sus metas específicas en el ámbito de la cooperación internacional.
- Analizar los ODS desde el análisis de problemas en los países receptores de ayuda oficial al desarrollo.
- Diseñar, en la medida de las posibilidades, soluciones (reales) para lograr que esos problemas se reduzcan o resuelvan y los países o regiones se encaminen a la consecución de los ODS.
- Reflexionar como se puede contribuir al logro de los ODS a través de la Cooperación al desarrollo.

La metodología utilizada tiene como finalidad fomentar en el estudiantado la capacidad para integrar los ODS en la realización de diagnósticos. Su propósito parte de los criterios básicos propuestos en la configuración del espacio europeo de educación superior (EEES), y cual requiere las universidades se transformen en instituciones competitivas, pero también en las que haya espacio para la formación de una ciudadanía global cosmopolita (Mesa, 2019), maridada con un alto nivel de calidad, innovación, excelencia y responsabilidad social (Martínez-Usarralde et al., 2018). En este contexto el Aprendizaje Servicio (ApS) se ha ido configurando con un modelo de referencia que permite que el conocimiento de una realidad social se traslade al contexto del aula donde será cuidadosamente analizada y reprogramada. El resultado se plasmará en un proyecto de intervención que se entregará a la comunidad y a quien tenga la oportunidad de apropiarse del mismo y llevarlo a la práctica, para posteriormente poder extraer las conclusiones y consideraciones oportunas para todos los implicados en el proyecto tras la evaluación de su implementación. El interés que suscita esta metodología docente es fruto de la combinación de elementos relevantes en el actual sistema de educación superior, como son: el enfoque participativo, la comunicación continua entre los participantes (profesorado, estudiantado y comunidad), la necesidad de integrar la reflexión, la revisión de los conceptos teóricos y la asunción de responsabilidades por parte del estudiantado (Sales, 2023). Pero a diferencia de la denominada ApS tradicional que tiene un enfoque circular en el que se aprende y se experimenta a través de un servicio a la comunidad, se apuesta por el ApS crítico que centra la atención en la reflexión y la acción ante situaciones injustas (Mitchell, 2008), como son las que se abordan desde el ámbito de la cooperación al desarrollo. En este contexto, caminar hacia la justicia social, con una mayor concienciación y empoderamiento de las comunidades, requiere apostar por una educación más crítica y reflexiva (Grau-Vidal, R. et al, 2020), aspectos que perfectamente pueden enmarcarse en una pedagogía crítica conforme refieren Martínez-Usarralde y Chiva-Bartoll:

De la mano de la pedagogía crítica refrendada por múltiples autorías se forja un ApS experiencial, activo y reflexivo, en el que tanto profesorado como alumnado y agentes sociales adquieren una co-responsabilidad protagónica en el proyecto desempeñado, desde la consideración del cambio, de la justicia social, de la deliberación y de la concienciación. El modelo crítico pretende, de este modo, llegar más lejos y establecer las bases para la reconstrucción de las relaciones de poder que generan la injusticia social" (Martínez-Usarralde y Chiva-Bartoll, 2018).

El planteamiento responde a una estrategia docente que promueve trabajar con un conjunto de problemas los cuales son vinculados a los ODS, con el fin de realizar un diagnóstico integral aportando, en la medida de lo posible, soluciones reales. La hoja de ruta que establecemos para el logro de los objetivos es la siguiente:

- Selección del problema por parte del profesorado y posterior análisis en el aula. La acción lleva implícitas dos elementos relevantes, el primero es el trabajo de reflexión y análisis sobre situaciones injustas, la cual se realiza desde el marco de referencia de la Agenda 2030 y con incidencia territorial. Y el segundo hace referencia a la participación del alumnado en búsqueda de soluciones coherentes, lógicas y acordes a los metas establecidas en los ODS.
- Realización DAFO (puesta en común) web MCAD.
- Evaluación (profesorado y estudiantes) Google Cuestionario.

Toda la información analizada se plasma en dos plantillas (figuras 1 y 2). En la primera se recogen los elementos esenciales del diagnóstico: la identificación del problema y su vínculo con la materia; la relación del problema con los ODS; el análisis de cómo el problema puede contribuir a la consecución de sus metas.

FIGURA 1. Diagnóstico Integral de la Cooperación al Desarrollo y los ODS: Análisis del Problema

DIAGNÓSTICO INTEGRAL DE LA COOPERACIÓN AL DESARROLLO Y LOS ODS. *- Especialidad Planificación integral del desarrollo local (PIDL)-UV-SFPIE_PID-2736577*	Título de la asignatura: _ Profesor/a: ______ Identificación del Problema ______
Identificación del problema y vínculo con la materia:	
Relación del problema identificado para el desarrollo y con los ODS:	
¿Cómo puede contribuir el problema identificado a los ODS?:	

Fuente: Elaboración propia.

En la segunda se recoge la información sistematiza sobre la viabilidad de la potencial intervención a través de un DAFO que permite al estudiantado tomar conciencia de la dimensión real.

FIGURA 2. *Análisis DAFO del problema y líneas de actuación en relación a los ODS*

DIAGNÓSTICO INTEGRAL DE LA COOPERACIÓN AL DESARROLLO Y LOS ODS. *- Especialidad Planificación integral del desarrollo local (PIDL)-UV-SFPIE_PID-2736577*	Título de la asignatura: ______ Profesor/a: ______ Título del problema: ______
DEBILIDADES:	**AMENAZAS:**
FORTALEZAS:	**OPORTUNIDADES:**
Línea/s de actuación/es:	Mead UV *ODS de referencia:*

Fuente: elaboración propia.

RESULTADOS Y DISCUSIÓN

Los resultados de este Proyecto de Innovación Docente (PID) ha sido posible gracias a la participación de un total de 74 estudiantes durante los últimos tres cursos académicos (21/22–26; 22/23–23; 23/24–25) y 10 profesores adscritos a 7 áreas de conocimiento, a quienes agradecemos su interés y colaboración. La contribución más significativa ha sido la elaboración de un total de 27 diagnósticos (21/22–9; 22/23–10; 23/24 – 8) que integran un análisis de problemas, posibles actuaciones de mejora y soluciones reales, acompañados de su correspondiente análisis DAFO.

Entre las temáticas abordadas referimos las trabajadas en el último curso (23/24):

Creación de instancias de equidad, igualdad de oportunidades y perspectiva de género en las regiones de La Oriental y Tánger Tetuán Alhucemas

Analiza el proceso de reivindicación ante las desigualdades y la discriminación que sufren los colectivos más vulnerables, especialmente las mujeres y las personas con necesidades específicas, y la pertinencia de avanzar en el desarrollo legislativo e institucional.

Cambio climático en Centroamérica: el Corredor Seco

El cambio climático es una amenaza creciente que afecta sobremanera a los países del Sur Global; es necesario tomar conciencia que la promoción de un desarrollo humano y sostenible pasa, necesariamente, por el abordaje de las múltiples causas y consecuencias asociadas a la destrucción del medio, entre las que se encuentra el modo de vida desarrollado occidental.

Esquistosomiasis, malaria, geohelmintos y malnutrición, en población infantil y mujeres en edad reproductiva del distrito de Tulear (Madagascar)

Analiza cómo el binomio que se da entre parásitos y desnutrición infantil es el problema más común y persistente en los países en vías de desarrollo; y cómo su afectación física y cognitiva en la infancia deja secuelas permanentes que, en el adulto, dificultarán su papel en el desarrollo de la comunidad y país.

Globalización y salud pública

Analiza cómo la globalización puede exacerbar las disparidades en el acceso a la atención médica entre países y comunidades, así como la creciente dependencia entre naciones para el suministro de suministros médicos esenciales.

La falta de oportunidades para un desarrollo sostenible de las mujeres de Lamu, Kenia

Identifica los principales frenos a los que se enfrentan las mujeres como son: la falta de formación en temas básicos de alimentación e higiene impide a la comunidad mantener una buena salud; la escasez de recursos económicos limita el acceso a alimentos y servicios esenciales; las responsabilidades familiares significativas restringen el tiempo y los recursos disponibles para mejorar su situación; y el alto riesgo de desnutrición afecta especialmente a los niños, impidiendo su crecimiento y desarrollo adecuado.

Y como ejemplos de buenas prácticas se trabajan:

Desarrollo rural: estudio de caso de Aras de los Olmos

Analiza el proceso de desarrollo sostenible implementado en una Comarca rural mediante el impulso de acciones creativas e innovadoras que ponen en valor el patrimonio y los recursos propios a la vez que promueven actividades económicas, culturales y sociales enfocadas hacia el desarrollo sostenible.

Las redes sociales y el capital social en los procesos de desarrollo rural

evalúa si el proceso de desarrollo rural a partir de las políticas de desarrollo rural LEADER se puede considerar una buena práctica.

El siguiente esquema que recoge de manera resumida las áreas de conocimiento implicadas, los temas abordados y los ODS en los que se profundizó a lo largo del curso.

GRÁFICO 1. Esquema de las temáticas analizadas durante el curso 2023-2024

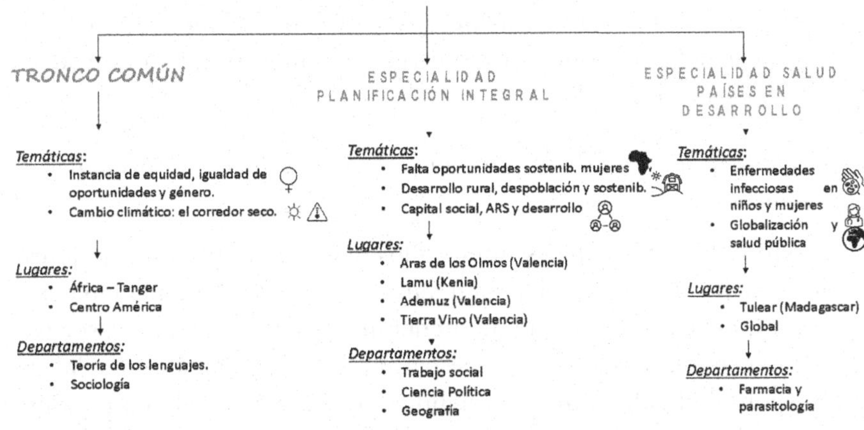

Fuente: elaboración propia.

Para contrastar las impresiones de los investigadores principales sobre los resultados, decidimos pasar una encuesta de evaluación del proyecto tanto a estudiantes como a profesores. Las evaluaciones realizadas por ambos colectivos han sido muy positivas. Se formularon preguntas similares a ambos grupos y en todos los ítems la puntuación ha ido incrementándose, siendo superior a 4 en todos ellos. Especialmente destacable es la valoración de la selección de los casos de estudio, que obtuvo una puntuación superior a 4,5 sobre 5, así como el seminario y la conferencia final. Además, tanto el profesorado como el estudiantado valoraron positivamente el PID, con calificaciones de 9,5 y 8,85 respectivamente. En las gráficas siguientes se detalla la evolución de las valoraciones en las tres anualidades (incluido el curso 23/24) tanto de estudiantes como de profesores.

TABLA 1. Resultados de las encuestas de valoración ESTUDIANTADO (escala 1-5)

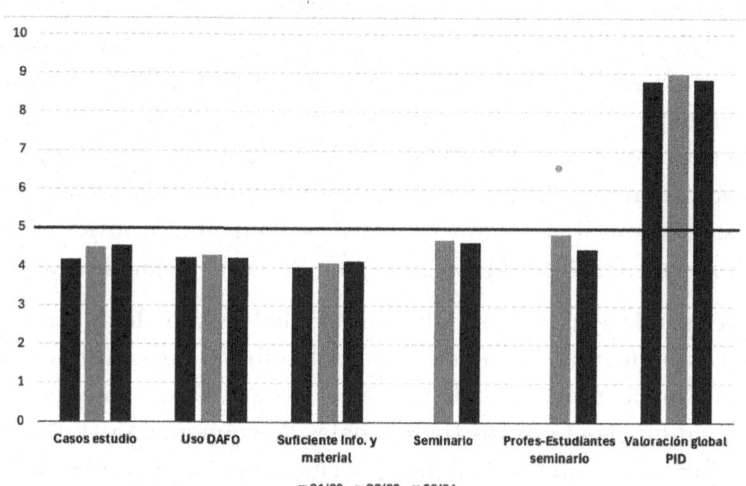

Fuente: elaboración propia

TABLA 2. Resultados de las encuestas de valoración PROFESORADO (escala 1-5)

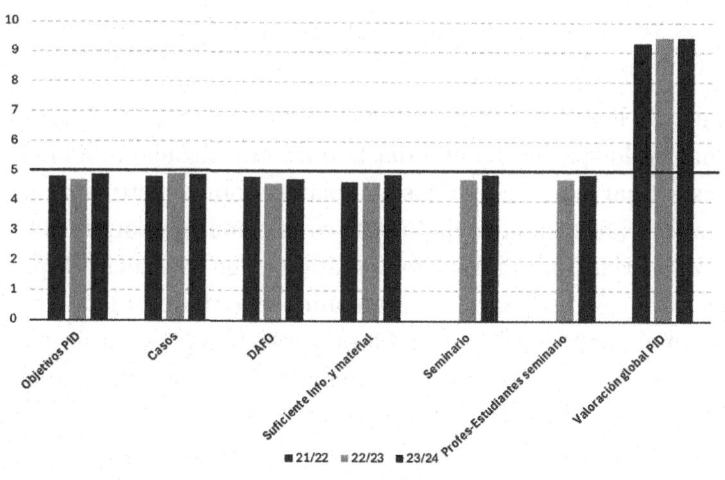

Fuente: elaboración propia

Los resultados nos brindan consideraciones clave en el contexto actual, donde es fundamental transformar problemas y necesidades en soluciones efectivas. Para lograrlo, es necesario implementar índices de medición y políticas que aborden las desigualdades, buscando soluciones que trasciendan la focalización sectorial y territorial. Esto implica utilizar datos desagregados (por sexo, edad, etnia, región, etc.) para entender las realidades y desafíos de cada comunidad, así como mejorar la medición de resultados y la evaluación de las propuestas implementadas. Es esencial aumentar los registros, fomentar la investigación y profesionalizar la intervención, integrando la evaluación de resultados.

La Agenda 2030 reconoce la complejidad de la realidad y promueve un enfoque universal, desafiando la dicotomía Norte-Sur y considerando el papel emergente de los países del Sur. Desde su inicio, se ha señalado que los modelos tradicionales de cooperación al desarrollo (CD) Norte-Sur son insuficientes para alcanzar los Objetivos de Desarrollo Sostenible (ODS). Este nuevo enfoque requiere impulsar iniciativas como la cooperación Sur-Sur y la cooperación triangular, donde los países en desarrollo se convierten en proveedores de cooperación, aportando en términos de intercambio de conocimiento, transferencia de tecnología y recursos. Esto resalta la importancia de los Diagnósticos Territoriales Participativos, que consideran el territorio de manera integral.

Además, los ODS nos invitan a reflexionar sobre las desigualdades internas en los países y a abordar la nueva localización de la pobreza, sin desestimar la atención a los países más pobres, pero también reconociendo las necesidades de los países intermedios con altas tasas de pobreza y exclusión. El cambio climático exige una revisión profunda de las políticas de desarrollo, integrando el enfoque medioambiental como un elemento transversal. La preservación del entorno es crucial no solo para la estabilidad local, sino para el bienestar del planeta, convirtiéndose en una responsabilidad compartida. Asimismo, la igualdad de género debe ser un requisito en todos los ámbitos del desarrollo, reconociendo el papel fundamental de las mujeres. Es vital que todas las intervenciones busquen fomentar la cohesión social, mejorar la calidad institucional, acceder a la innovación tecnológica y capacitar a las personas y comunidades en igualdad de condiciones.

Los Objetivos de Desarrollo Sostenible (ODS) trascienden el ámbito de la cooperación al desarrollo, resaltando su importancia tanto a nivel local como global. Esto implica que las políticas de cooperación deben ir más allá de la simple ayuda oficial, reconociendo la creciente diversidad en el mundo de la cooperación y el contexto social y político en constante cambio en el que se implementan estas políticas. En este sentido, la Organización para la Cooperación y el Desarrollo Económicos (OCDE) ha instado a los países a revisar sus mecanismos políticos e institucionales para avanzar de manera coherente hacia políticas de desarrollo sostenible. Este enfoque promueve la integración de diversas políticas, buscando un equilibrio entre las dimensiones medioambiental, económica y social. Además, se enfatiza la necesidad de transversalidad y participación de diferentes sectores de las políticas públicas, que hasta ahora han operado de manera independiente. Este cambio de paradigma es esencial para abordar los desafíos actuales y garantizar un desarrollo más inclusivo y sostenible para todos.

CONCLUSIONES

El PID contribuye a mejorar el conocimiento de la Agenda 2030 y al reconocimiento de la importancia que tiene su vinculación con la cooperación al desarrollo, apostando por el aprendizaje en valores, con un enfoque transversal de los ODS en la docencia universitaria de segundo ciclo. Su implementación el trabajo coordinado entre profesores de diferentes áreas de conocimiento y promueve la generación de sinergias entre los mismos.

La identificación y el análisis de casos es crucial para su desarrollo. Abordar las cuestiones desde una perspectiva social y territorial, teniendo en consideración su aplicabilidad real y práctica, ha sido y es un aspecto esencial para garantizar una formación integral y preparatoria del alumnado; tanto para su desarrollo personal como su futura intervención profesional en el ámbito de la cooperación al desarrollo.

El componente interdisciplinar tanto del profesorado como del alumnado ha enriquecido la indagación de los problemas, lo que ha permitido no solo alcanzar los objetivos planteados en el proyecto, sino también avanzar hacia un aprendizaje más crítico y reflexivo, que a su vez contribuye a que los futuros agentes de la cooperación al desarrollo, y sobre quienes recaerá la responsabilidad de diseñar las futuras políticas públicas en este ámbito, sean capaces de abogar por la justicia social.

Es fundamental que los ODS tengan una perspectiva transversal en su formación, sin importar su disciplina de formación previa, el trabajo cooperativo, holístico e interdisciplinar entre el estudiantado y el profesorado, ha sido una herramienta fundamental para el éxito de este proyecto (Sales y Serrano, 2023).

REFERENCIAS

OCDE (2019). *Recomendación del consejo sobre coherencia de las políticas para el desarrollo sostenible.* OECD/LEGAL/0381.

Martínez-Usarralde, M.J. y Chiva-Bartoll, Ó. (2018). Cuando el aprendizaje-servicio crítico abre la ventana al desarrollo de nuevas capacidades. Hariak, 5. Monográfico de las competencias a las capacidades, 4-10. HEGOA, Universidad del País Vasco. https://publicaciones.hegoa.ehu.eus/uploads/pdfs/393/hariak_5_cast.pdf?154884128 (Consultado 09/06/2022).

Martínez-Usarralde, M.J., Álvarez-Castillejo, J.L., Macías, D., y Zayas, B. (2018). Aprendizaje-servicio en las Universidades del Estado español. En O. Chiva y J. Gil (Eds.) *Aprendizaje-servicio universitario: Modelos de intervención e investigación en la formación docente* (pp. 49-58). Octaedro.

Mesa, M. (2019). La educación para la Ciudadanía Global y los Objetivos de Desarrollo Sostenible: Una Agenda para la Transformación Social. *Revista Internacional de Educación para la Justicia Social* (*RIEJS*), 8 (1), 7-11.

Mitchell, Tania (2008). R. Traditional vs critical service learning: engaging the literature to differenciate two models. *Michigan Journal of Community Service-Learning,* 2, 50-65.

Naciones Unidas (2015). Resolución de la Asamblea General, A/RES/70/1 de 25 de septiembre. *Transformar nuestro mundo: la Agenda 2030 para el Desarrollo Sostenible.*

Sales Ten, A. y Serrano Lara, J. (2023). Cooperación y Agenda 2030. Una apuesta en la formación de posgrado basada en APS crítica. En: *Sembrando el futuro: la revolución en la formación y desarrollo de competencias.* Editorial Dykinson S.L.

Sales Ten, A. y Serrano Lara, J. (2022). Integrando los objetivos de desarrollo sostenible como hoja de ruta complementaria a la formación de posgrado en cooperación al desarrollo. En: I.C. Carvajal, J.L. Mateu Gordon y C. Méndez Domínguez. (Coord..), *Innovación educativa para el desarrollo sostenible, la economía y la empresa.* Mc Graw Hill. Aula Magna.

Sales Ten, A. (2023). El proyecto social como oportunidad del aprendizaje-servicio. En: F.J. Amador, J. García-Gutiérrez y A. Cano (Coord..), *El aprendizaje-servicio universitario ante los retos de la Agenda 2030*. UNED.

Sánchez, F., Segalàs, J., Cabré, J., Climent, J., López, D., Martín, C., Vidal, E. (2017). El proyecto EDINSOT: Inclusión de los ODS en la educación superior. *Revista española de desarrollo y cooperación,* 41, 67-81.

SDSN Australia/Pacific (2017): Getting starter with the SDGs in universities: A guide for universities, higher education institutions, and the academic sector. Australia, New Zealand and Pacific Edition. Sustainable Development Solutions Network-Australia/Pacific, Melbourne.

Capítulo 16

La situación educativa de la mujer en Yemen ante el Derecho Internacional y los Proyectos Educativos de Aplicación Internacional

Virginia Serrano Cialente y Amanda María Martínez Gutiérrez
Universitat de València

INTRODUCCIÓN

La situación de la mujer en Yemen es compleja y está marcada por múltiples desafíos, entre los cuales destaca la discriminación estructural en diversas áreas, incluida la educación.

Yemen es uno de los países más afectados por el conflicto armado en la región, lo que ha exacerbado la difícil situación de las mujeres y niñas, quienes ya enfrentaban barreras significativas para acceder a una educación de calidad antes del estallido de la guerra. Este trabajo pretende abordar la situación educativa de las mujeres en Yemen, analizando las leyes nacionales y los compromisos internacionales que, en teoría, buscan garantizar la igualdad de acceso a la educación, pero que, en la práctica, se ven profundamente limitados por el contexto sociopolítico y el conflicto armado. Además, se explorará cómo los proyectos educativos de aplicación internacional intentan mejorar esta situación, destacando tanto los logros como las dificultades persistentes.

El conflicto bélico en Yemen ha generado una crisis humanitaria sin precedentes que ha afectado a toda la población, pero especialmente a las mujeres, quienes ya enfrentaban desigualdad en el acceso a la educación antes de la guerra (Al-Madhaji, 2020). La violencia de género, el matrimonio infantil, la escasez de recursos y la destrucción de infraestructuras educativas han tenido un impacto devastador en el acceso de las mujeres a la educación. En este contexto, los compromisos internacionales, como la Convención sobre los Derechos del Niño (CDN) de 1989, el Pacto Internacional de Derechos Económicos, Sociales y Culturales (PIDESC) de 1976 y la Convención sobre la Eliminación de Todas las Formas de Discriminación contra la Mujer (CEDAW) de 1979, juegan un papel fundamental. No obstante, la implementación de estas normativas se ve limitada por la situación interna del país y por las restricciones impuestas por la interpretación local de la ley islámica (sharía).

La guerra en Yemen, que comenzó en 2015 como parte de los efectos de la Primavera Árabe y la lucha entre diferentes facciones políticas y militares, ha llevado al país a una crisis humanitaria de proporciones masivas. Según estimaciones de la Organización de las Naciones Unidas (ONU), aproximadamente 20.000 civiles han muerto desde el inicio del conflicto, y más de 4,5 millones de personas han sido desplazadas (Suárez, 2018). De estos desplazados, más de 2 millones son niños, muchos de los cuales se encuentran fuera del sistema educativo debido a la destrucción de infraestructuras y la falta de acceso a escuelas.

Las niñas, en particular, han sido las más afectadas por esta crisis educativa, ya que, además de la violencia directa del conflicto, enfrentan barreras adicionales debido a las normas de género y las restricciones sociales que limitan su acceso a la educación.

La situación económica y social en Yemen ha empeorado significativamente debido al conflicto, lo que ha creado condiciones de pobreza extrema. De acuerdo con la ONU, más de 21 millones de personas necesitan ayuda humanitaria, y el 80% de la población vive en condiciones de extrema pobreza (Suárez, 2018). Las mujeres y niñas son especialmente vulnerables en este contexto, ya que muchas de ellas se ven obligadas a abandonar la escuela para trabajar o para casarse a una edad temprana, lo que perpetúa el ciclo de pobreza y desigualdad de género. La escasez de alimentos, agua potable y atención médica ha afectado aún más a las comunidades más empobrecidas, y la educación ha quedado en un segundo plano en las prioridades del gobierno yemení y de la comunidad internacional.

Además de la crisis económica y humanitaria, Yemen ha sido testigo de un aumento en las violaciones a los derechos de las mujeres y niñas, como el reclutamiento infantil, los secuestros, la violencia sexual y la denegación de acceso a la ayuda humanitaria (Al-Madhaji, 2020). Estos abusos, que violan las leyes nacionales e internacionales, han tenido un impacto directo en el acceso de las mujeres a la educación, ya que muchas de ellas no pueden asistir a la escuela debido al miedo, la inseguridad o la falta de recursos.

DERECHO NACIONAL: ARTÍCULOS DE LA CONSTITUCIÓN YEMENÍ RELACIONADOS CON EL DERECHO A LA EDUCACIÓN DE LA MUJER

La Constitución de Yemen, promulgada en 1991, contiene disposiciones que, en teoría, garantizan los derechos de las mujeres, incluidos los derechos a la educación y a la igualdad de género. Sin embargo, la implementación de estas disposiciones ha sido muy limitada debido a los factores socioculturales y la interpretación de la ley islámica en el contexto yemení.

El Artículo 31 de la Constitución establece que "las mujeres son las hermanas de los hombres" y tienen "derechos y deberes, que están garantizados y asignados por la ley sharía y estipulados por la ley" (Constitución de la República de Yemen, 1991). Si bien este artículo parece promover la igualdad, la referencia a la ley islámica (sharía) introduce una ambigüedad que ha sido utilizada para restringir los derechos de las mujeres, especialmente en áreas como la educación. La interpretación tradicional de la sharía ha limitado el acceso de las mujeres a la educación, especialmente en las zonas rurales, donde las normas patriarcales prevalecen.

Por otro lado, el Artículo 54 de la Constitución establece que "la educación es un derecho para todos los ciudadanos" y que el Estado debe garantizar el acceso a la educación básica. A pesar de este mandato constitucional, las niñas en Yemen siguen enfrentando grandes obstáculos para acceder a la educación debido a las barreras socioculturales, la pobreza extrema y la violencia relacionada con el conflicto armado. El acceso a la educación en Yemen sigue siendo desigual, y la tasa de analfabetismo entre las mujeres es significativamente más alta que la de los hombres, especialmente en las zonas rurales.

A pesar de estos desafíos, algunos avances han sido realizados en la legislación en los últimos años para mejorar la situación educativa de las mujeres. Sin embargo, la implementación de estas leyes ha sido inconsistente, y las dificultades estructurales siguen siendo una barrera importante para que las mujeres puedan acceder a una educación de calidad.

EL DERECHO INTERNACIONAL Y SU IMPACTO EN LA EDUCACIÓN DE LA MUJER EN YEMEN

A pesar de los avances en materia de derechos humanos y de los compromisos asumidos por Yemen en el marco del Derecho Internacional, la implementación de estos derechos ha sido insuficiente en relación con la educación de las mujeres. Yemen es signatario de varios tratados internacionales que buscan garantizar la igualdad de acceso a la educación, incluyendo la Convención sobre los Derechos del Niño (CDN), la Convención sobre la Eliminación de Todas las Formas de Discriminación contra la Mujer (CEDAW) y el Pacto Internacional de Derechos Económicos, Sociales y Culturales (PIDESC).

1. La Convención sobre los Derechos del Niño (CDN)

La CDN, que Yemen ratificó en 1991, establece en su artículo 28 que todos los niños deben tener acceso a la educación, sin discriminación de ningún tipo, incluyendo el género. Este tratado internacional implica que el gobierno de Yemen tiene la obligación de garantizar el acceso a la educación básica para todos los niños y niñas, lo que incluye asegurar que las niñas tengan la misma oportunidad de acceder a la educación que los niños. No obstante, a pesar de este compromiso legal, las niñas en Yemen siguen enfrentando obstáculos importantes para acceder a la educación. La crisis del conflicto armado ha provocado la destrucción de escuelas y la interrupción de programas educativos, lo que ha afectado gravemente el acceso a la educación para las niñas (Naciones Unidas, 2014).

Según un informe de UNICEF (2019), alrededor de 2 millones de niños, de los cuales más de la mitad son niñas, están fuera de la escuela en Yemen. La violencia, el desplazamiento y las normativas culturales restrictivas han aumentado las barreras para la educación de las niñas, dificultando su acceso y permanencia en el sistema educativo.

2. La Convención sobre la Eliminación de Todas las Formas de Discriminación contra la Mujer (CEDAW)

Yemen ratificó la CEDAW en 1984, lo que obliga al país a eliminar todas las formas de discriminación basadas en el género, incluido el acceso a la educación. La CEDAW establece que los Estados parte deben asegurar la igualdad de oportunidades en la educación, garantizando que las mujeres tengan acceso a todos los niveles de formación, desde la educación primaria hasta la terciaria. A pesar de este marco legal, las mujeres en Yemen siguen siendo víctimas de discriminación en diversos aspectos de la vida, incluyendo la educación (Naciones Unidas, 2021).

Uno de los principales obstáculos que enfrentan las mujeres y niñas en Yemen es el matrimonio infantil, una práctica arraigada que afecta a muchas jóvenes, interrumpiendo su educación y perpetuando la pobreza y la desigualdad de género. Según un informe de Save the Children (2019), Yemen es uno de los países con la mayor tasa de matrimonios infantiles en el mundo, y muchas niñas se ven obligadas a abandonar la escuela a una edad temprana para casarse.

3. El Pacto Internacional de Derechos Económicos, Sociales y Culturales (PIDESC)

El PIDESC, ratificado por Yemen en 1987, establece en su artículo 13 que la educación debe ser dirigida a la plena realización del potencial humano y al fortalecimiento del respeto a los derechos humanos y las libertades fundamentales.

Sin embargo, el acceso a la educación en Yemen sigue siendo muy desigual debido a las dificultades estructurales, políticas y sociales que enfrentan las mujeres y niñas.

Aunque Yemen ha firmado estos acuerdos, la falta de recursos, la inseguridad y las restricciones culturales continúan limitando el acceso de las mujeres a una educación de calidad (Naciones Unidas, 2012).

PROYECTOS EDUCATIVOS DE APLICACIÓN INTERNACIONAL

En un esfuerzo por mitigar las desigualdades en el acceso a la educación en Yemen, se han implementado una serie de programas y proyectos de ayuda educativa a nivel internacional.

Estos programas son cruciales no solo para proporcionar acceso a la educación básica, sino también para garantizar la protección y la rehabilitación de las niñas y mujeres afectadas por la crisis. A continuación, se revisan algunos de los proyectos más relevantes que han tenido un impacto significativo en la educación de las mujeres en Yemen.

1. El Programa de Educación de Emergencia de UNICEF

Desde el inicio del conflicto, UNICEF ha liderado varios programas de educación de emergencia en Yemen, con el objetivo de asegurar que los niños y niñas puedan acceder a la educación, incluso en medio del conflicto. UNICEF ha proporcionado material educativo, apoyo a las escuelas y ha implementado programas de educación alternativos para las niñas que no pueden asistir a las escuelas convencionales debido al conflicto o las barreras culturales.

En 2017, UNICEF lanzó una campaña para ayudar a recuperar el sistema educativo en Yemen, con énfasis en las niñas y en las comunidades afectadas por la guerra (UNICEF, 2017). Uno de los logros de esta iniciativa fue la construcción de aulas temporales en áreas de desplazamiento, permitiendo que las niñas pudieran continuar sus estudios, a pesar de las dificultades. Además, UNICEF trabajó en colaboración con organizaciones locales para proporcionar material educativo a más de 1 millón de niños y niñas en todo el país.

2. El Programa de Educación para la Paz de la UNESCO

La UNESCO ha desarrollado en Yemen el programa *Empowering Yemeni Youth Towards Peace*, una iniciativa orientada a fortalecer el papel de la juventud —con especial énfasis en las mujeres— como agentes activos en la construcción de paz, mediante el acceso a la información y la participación cívica. Este programa surge como respuesta a la necesidad de ofrecer a los jóvenes herramientas para ejercer su derecho a la información, combatir la desinformación y participar en procesos de toma de decisiones que afectan a sus comunidades (UNESCO, 2023).

Una de las líneas de acción más relevantes ha sido la promoción de la igualdad de género en el acceso a medios de comunicación y espacios de diálogo. En este contexto, se han creado plataformas digitales inclusivas para que las jóvenes mujeres puedan expresar sus opiniones, participar en debates sobre paz y adquirir habilidades críticas en materia de comunicación. La UNESCO ha enfatizado que garantizar el acceso equitativo a la información es fundamental para prevenir la radicalización y fomentar una ciudadanía activa e informada.

A pesar del impacto positivo del programa, su implementación enfrenta limitaciones derivadas de la inseguridad, la fragmentación del territorio y la débil infraestructura educativa del país, lo cual restringe el alcance de estas iniciativas en ciertas regiones afectadas por el conflicto.

3. Iniciativas de ONGs locales e internacionales

Además de los organismos internacionales como UNICEF y la UNESCO, numerosas ONGs locales e internacionales han implementado proyectos educativos en Yemen con un enfoque específico en la educación de las mujeres. Estas organizaciones incluyen Save the Children, World Vision y CARE, entre otras. Estas organizaciones han proporcionado acceso a la educación a través de la construcción de escuelas temporales, la formación de maestros, la distribución de kits educativos y el apoyo psicológico a las niñas y mujeres afectadas por el conflicto.

Un ejemplo de éxito es el proyecto de educación para las niñas en el norte de Yemen, en el que más de 5,000 niñas recibieron educación en instalaciones temporales mientras las escuelas oficiales estaban cerradas debido a la violencia (Save the Children, 2019). Sin embargo, a pesar de estos esfuerzos, la educación para las niñas sigue siendo un desafío, y muchas de las iniciativas dependen de la financiación internacional, lo que hace que sean vulnerables a los cambios en la política de ayuda.

BARRERAS SOCIALES, ECONÓMICAS Y CULTURALES PARA LA EDUCACIÓN DE LAS MUJERES EN YEMEN

El contexto sociopolítico y económico de Yemen crea múltiples barreras para la educación de las mujeres. Aunque el marco legal internacional favorece la igualdad en el acceso a la educación, las normas sociales y las dificultades económicas estructurales obstaculizan significativamente la implementación de estos derechos. Es fundamental entender estas barreras para abordar eficazmente el problema de la educación de las mujeres en Yemen.

1. Barreras sociales y culturales

En Yemen, las normas culturales y sociales juegan un papel crucial en la determinación del acceso de las mujeres a la educación. Las costumbres profundamente arraigadas dictan las expectativas sobre los roles de género y la educación de las mujeres. En muchas comunidades, especialmente en las áreas rurales, las niñas son vistas principalmente como futuras esposas y madres, lo que lleva a una percepción de que la educación formal no es una prioridad para ellas.

El matrimonio infantil es una de las barreras más graves para la educación de las mujeres en Yemen. La práctica de casar a niñas a una edad temprana sigue siendo prevalente, lo que interrumpe no solo su educación, sino también su desarrollo personal y profesional. Según un informe de Human Rights Watch (2020), el 32% de las niñas en Yemen se casan antes de los 18 años, y en muchas zonas rurales este porcentaje es aún mayor. Esto representa un obstáculo directo a la educación, ya que muchas niñas se ven obligadas a abandonar la escuela para cumplir con sus deberes maritales y familiares. Además, la percepción de que la educación secundaria o terciaria para las niñas es innecesaria en comparación con los niños, debido a la expectativa de que las mujeres se casen y se dediquen al hogar, es común. Esta visión de la educación como una inversión solo para los varones refuerza la discriminación de género y limita las oportunidades de las mujeres para desarrollarse profesionalmente y participar activamente en la economía y la sociedad. A pesar de que las leyes y los tratados internacionales promueven la igualdad de género, las normas tradicionales siguen siendo una barrera significativa para el acceso a la educación para las mujeres en Yemen.

2. Barreras económicas

Yemen enfrenta una crisis económica severa, exacerbada por la guerra civil que ha devastado el país. La escasez de recursos afecta directamente al sistema educativo, especialmente a las niñas, quienes se encuentran en una situación aún más vulnerable.

En muchas familias, la falta de recursos obliga a priorizar la educación de los niños varones, mientras que las niñas son vistas como una carga económica, ya que, según las normas culturales, su educación no se considera una inversión beneficiosa.

La pobreza extrema, que afecta a una gran parte de la población yemení, también impide que las familias puedan costear los gastos asociados con la educación, como uniformes, libros y transporte. Muchas familias se ven obligadas a elegir entre alimentar a sus hijos y pagar la educación, lo que lleva a que las niñas, en muchos casos, se queden fuera del sistema educativo debido a las restricciones económicas. El informe del Banco Mundial (2018) sobre Yemen muestra que, debido al conflicto y la crisis económica, más del 50% de la población vive por debajo del umbral de pobreza, lo que genera un círculo vicioso de pobreza y falta de educación.

El acceso a la educación también se ve limitado por la falta de infraestructura adecuada. La destrucción de escuelas y la falta de recursos para la construcción de nuevas infraestructuras educativas, especialmente en áreas rurales o zonas afectadas por el conflicto, han reducido aún más las oportunidades educativas para las niñas. La escasez de maestros capacitados y de materiales educativos también agrava la situación, haciendo que la educación de calidad sea inaccesible para muchas.

3. El impacto del conflicto armado en la educación de las mujeres

La guerra civil en Yemen, que comenzó en 2014, ha tenido efectos devastadores no solo en la infraestructura física del país, sino también en el sistema educativo. Más de 2,000 escuelas han sido destruidas o están siendo utilizadas para fines militares, lo que ha dejado a millones de niños y niñas sin acceso a la educación (UNICEF, 2019).

La violencia y la inseguridad han desplazado a millones de personas, y muchas niñas se han visto forzadas a abandonar la escuela debido a la falta de seguridad.

La crisis humanitaria también ha afectado la disponibilidad de maestros y la capacidad de las autoridades educativas para mantener el sistema educativo en funcionamiento. El impacto desproporcionado en las mujeres es evidente, ya que muchas de las maestras y educadoras también han sido desplazadas o han huido de las zonas afectadas por el conflicto, lo que limita las opciones para que las niñas reciban una educación formal. A medida que las familias se desplazan hacia zonas más seguras, las niñas a menudo enfrentan nuevas barreras relacionadas con la adaptación a un nuevo sistema educativo, lo que dificulta aún más su acceso a la educación.

IMPACTO DE LA EDUCACIÓN EN EL EMPODERAMIENTO DE LAS MUJERES EN YEMEN

La educación es un factor crucial para el empoderamiento de las mujeres, y en Yemen, su impacto podría ser transformador tanto a nivel individual como comunitario. Sin embargo, las barreras existentes continúan limitando las oportunidades de las mujeres y niñas para acceder a este derecho fundamental. Cuando las mujeres tienen acceso a la educación, los beneficios son múltiples: no solo mejora su calidad de vida, sino que también tiene efectos positivos en la comunidad en general.

1. Beneficios para las mujeres

El acceso a la educación proporciona a las mujeres las herramientas necesarias para mejorar su situación económica, social y política. Las mujeres educadas tienen más posibilidades de acceder a empleos bien remunerados y, por lo tanto, de reducir la pobreza en sus hogares. Además, la educación permite a las mujeres tomar decisiones informadas sobre su salud, su familia y su futuro, lo que aumenta su independencia y autonomía.

En Yemen, el empoderamiento de las mujeres a través de la educación podría contribuir significativamente a la reducción del matrimonio infantil. La educación brinda a las niñas una mayor comprensión de sus derechos, y les permite tener más control sobre su vida y sus decisiones. Según un informe de la Fundación Ford (2018), las mujeres que tienen educación secundaria o superior son mucho menos propensas a casarse de forma temprana y a tener hijos a una edad temprana, lo que a su vez tiene un impacto positivo en la salud y el bienestar de las niñas y las mujeres.

2. Beneficios para la comunidad

Cuando las mujeres reciben educación, los beneficios se extienden más allá de su propio bienestar. Las mujeres educadas tienen más probabilidades de transmitir su conocimiento y habilidades a las generaciones futuras, lo que lleva a una mejora generalizada de la educación en la comunidad. Además, las mujeres educadas son más propensas a participar en la vida cívica y política, contribuyendo a la toma de decisiones en su comunidad y promoviendo el desarrollo local (Senevirathne, 2024).

En Yemen, la educación de las mujeres también podría tener un impacto positivo en la resolución del conflicto y la construcción de paz. Las mujeres desempeñan un papel crucial en la mediación y resolución de conflictos a nivel local, y su participación en el proceso de paz es fundamental para garantizar una paz sostenible. El acceso a la educación podría equipar a las mujeres con las habilidades necesarias para participar activamente en estos procesos y abogar por los derechos y el bienestar de las mujeres en el país.

CONCLUSIÓN

La educación de las mujeres en Yemen es un derecho fundamental que sigue siendo profundamente limitado por barreras sociales, económicas y culturales. Aunque existen marcos legales internacionales que promueven la igualdad de género y el acceso universal a la educación, la situación en Yemen demuestra que estos derechos no siempre se implementan efectivamente en el contexto local. Las mujeres y niñas enfrentan una serie de obstáculos que van desde el matrimonio infantil hasta la pobreza extrema y la violencia derivada del conflicto, que limitan significativamente su acceso a la educación.

Sin embargo, los esfuerzos de organizaciones internacionales, ONGs y gobiernos locales para mejorar la situación son un paso positivo hacia la mejora del acceso a la educación. La educación es clave no solo para el empoderamiento de las mujeres, sino también para el desarrollo de Yemen como nación. A largo plazo, la mejora en la educación de las mujeres podría desempeñar un papel crucial en la reconstrucción de Yemen, contribuyendo a la paz, la estabilidad y el desarrollo económico del país.

REFERENCIAS

Al-Madhaji, M. (2020). A grave road ahead – The Yemen review. Sana'a Center for Strategic Studies. https://sanaacenter.org

Banco Mundial. (2018). Yemen: La crisis humanitaria y los desafíos económicos. Banco Mundial. https://www.bancomundial.org

Biblioteca del Congreso Nacional de Chile. (2023). Constitución de Yemen 1991 | Comparador de Constituciones del Mundo. Biblioteca del Congreso Nacional de Chile. BCN. https://is.gd/bvQRXj

Fundación Ford. (2018). Matrimonio infantil y educación: Un análisis de las políticas en Yemen. Fundación Ford. https://www.fordfoundation.org

Human Rights Watch. (2020). La situación de los derechos de las niñas en Yemen. Human Rights Watch. https://www.hrw.org

Naciones Unidas. (1966). Pacto Internacional de Derechos Económicos, Sociales y Culturales. https://is.gd/xNcnK2

Naciones Unidas. (1979). Convención sobre la eliminación de todas las formas de discriminación contra la mujer. https://is.gd/yPfExW

Naciones Unidas. (1989). Convención sobre los Derechos del Niño. https://is.gd/D558Dm

Naciones Unidas. (2012). Observaciones finales en ámbito educativo del Comité de Derechos Humanos ante el Pacto Internacional de Derechos Civiles y Políticos. https://www.ohchr.org/es/treaty-bodies/ccpr

Naciones Unidas. (2014). Observaciones finales en ámbito educativo de la Convención sobre los Derechos del Niño. https://is.gd/a3rCvR

Naciones Unidas. (2021). Comité para la Eliminación de la Discriminación contra la Mujer. https://www.ohchr.org/es/treaty-bodies/cedaw

Naciones Unidas. (2023). Observaciones finales sobre el Consejo Económico y Social en Yemen. https://unsdg.un.org/sites/default/files/2023-05/ES%20 2023%20UNSDG%20Chair%20Report.pdf

Save the Children. (2019). Educación en tiempos de guerra: La crisis de la educación en Yemen. Save the Children. https://www.savethechildren.org

Senevirathne, D. H. R. (2024). *The impact of education and training on promoting gender equality while simultaneously contributing to sustainable peacebuilding. World Journal of Advanced Research and Reviews,* 24(1), 2450–2463. https://doi.org/10.30574/wjarr.2024.24.1.3237

Suárez, A. (2018). Historia de Yemen: los orígenes de la guerra que ha desatado la peor crisis humanitaria del mundo–Historia. https://is.gd/25VGJB

UNESCO. (2023, mayo 17). *Empowering Yemeni youth towards peace: Ensuring access to information and participation.* https://www.unesco.org/en/articles/empowering-yemeni-youth-towards-peace-ensuring-acces s-information-and-participation

UNICEF. (2017). Recuperando la educación en Yemen: Informe de impacto. UNICEF. https://www.unicef.org

UNICEF. (2019). Situación de la infancia en Yemen: Informe de 2019. UNICEF. https://www.unicef.org

Capítulo 17
Alternativas frente a la crisis ambiental: la soberanía alimentaria, el capitalismo verde, el Buen Vivir y el ecofeminismo

Ivonne Vergara

INTRODUCCIÓN

Nos encontramos en un tiempo de vulnerabilidad ecológica y ambiental. El planeta enfrenta una crisis sin precedentes, caracterizada por la degradación de los ecosistemas, el cambio climático y la pérdida de biodiversidad. Este contexto ha generado un debate profundo e importantes cuestionamientos sobre los modelos de desarrollo tradicionales y las alternativas económicas y sociales que se deben implementar para mitigar los efectos adversos de estos problemas. En este sentido, surgen diversas propuestas que buscan responder al daño ambiental y la explotación desmedida de los recursos naturales. La soberanía alimentaria, el capitalismo verde, el *buen vivir* y el ecofeminismo son propuestas que buscan una solución a los problemas ecológicos y sociales. Cada una de estas alternativas ofrece una visión diferente sobre cómo lograr un equilibrio entre el desarrollo económico y la conservación de los recursos naturales, con énfasis en la justicia social y la equidad. Este capítulo explora algunas propuestas que enfrentamos hoy en día y sus implicaciones para transformar las estructuras de poder y economía en aras de la sostenibilidad y la equidad, en particular en torno al futuro de nuestra relación con la naturaleza y con las formas de organización social y económica.

LA SOBERANÍA ALIMENTARIA: UN CAMBIO PARADIGMÁTICO

La soberanía alimentaria ha sido considerada como un cambio paradigmático en el enfoque hacia la seguridad alimentaria. La "seguridad alimentaria", propuesta por las Naciones Unidas, se centraba en asegurar el abastecimiento global de alimentos, pero sin abordar las causas profundas de la desigualdad y los problemas estructurales del sistema. En contraste, la soberanía alimentaria lleva este concepto un paso más allá, destacando el derecho de las comunidades rurales a controlar y gestionar los alimentos que producen localmente, promoviendo una distribución más equitativa y sostenible de los recursos. Esta idea fue promovida por primera vez por la FAO en 1996, marcando un giro hacia un enfoque que prioriza las relaciones de poder en el sistema global de producción, distribución y consumo de alimentos. La soberanía alimentaria desafía los análisis productivistas de las lógicas de mercado y promueve la autosuficiencia y el respeto por las prácticas agrícolas locales, subrayando la importancia de la justicia y la sostenibilidad. En este sentido se pone el acento sobre las relaciones de poder en las que se basa el sistema de producción, distribución y consumo en la escala global, afirmando que las comunidades rurales tienen el derecho a gestionar los alimentos que producen localmente.

EL CAPITALISMO VERDE

Una de las perspectivas más conocida como "capitalismo verde", está promovida por el Banco Mundial (BM); Fondo Monetario Internacional (FMI); Banco Interamericano de Desarrollo (BID); Comisión Económica para América Latina (CEPAL), con su Área de Recursos Naturales e Infraestructura; Áreas de Naciones Unidas (ONU), entre otros organismos económicos y supranacionales, quienes lo presentan como una solución para los problemas ambientales mediante el mercado y la innovación tecnológica. Esta perspectiva se basa en la creencia de que las soluciones tecnológicas, apoyadas por el mercado libre, pueden mitigar los efectos negativos de la explotación de los recursos naturales sin cuestionar el modelo económico dominante. Sin embargo, este enfoque ha sido criticado por muchos ecologistas y movimientos altermundistas, que lo consideran una forma de seguir perpetuando el modelo neoliberal de crecimiento económico a costa de la naturaleza, sin un verdadero cambio en las relaciones de poder y en la distribución de los recursos.

Según algunos economistas, ambientalistas y altermundistas, el capitalismo verde representa una de las últimas evoluciones conceptuales y prácticas de los sectores más ortodoxos de la ideología neoliberal y de la iniciativa privada. A través de políticas que buscan integrar soluciones tecnológicas y un enfoque de mercado para la gestión de los recursos naturales, el capitalismo verde busca resolver los problemas ambientales sin cuestionar el modelo económico subyacente. Para algunos, esta perspectiva representa una oportunidad de generar empleo y fomentar la innovación tecnológica, pero para otros, se trata de una "ecología superficial" que no pone en cuestión las estructuras de poder y las dinámicas extractivas del capitalismo. El capitalismo verde no cambia el modelo productivo, sino que lo adapta a una lógica de mercado que sigue favoreciendo a las grandes corporaciones y a los consumidores responsables, dejando fuera de la ecuación a las comunidades más vulnerables.

Arne Naess, en 1973, realiza una contribución teórica importante al diferenciar entre ecología superficial y ecología profunda. El capitalismo verde sería un ejemplo de la ecología superficial, descrito por Naess como aquella que está al servicio del estatus quo y sirve a las industrias y modelos políticos y económicos imperantes, que además la financian. De manera que "no cuestiona el egoísmo, el materialismo, el uso de la naturaleza en cuanto *recursos naturales*, sino que pretende buscar soluciones técnicas que permitan la continuidad de este modo de vida" (Rozzi, 2007, pág. 102). Esto contribuyó además al surgimiento de un movimiento social ambientalista llamado por el autor: Movimiento Verde para el cambio social.

EL PARADIGMA LIBERAL Y EL MERCADO

La perspectiva anterior se funda en el paradigma del liberalismo decimonónico, cuyo fundador fue Adam Smith y señala que el hombre actúa en la sociedad motivado por su interés individual, antes que por el bien común; pese a esto, la sociedad funciona perfectamente porque ella opera mediante una mano invisible, que sería el mercado. Éste coordinaría automáticamente los distintos intereses particulares egoístas por el principio de la oferta y la demanda (Estenssoro, 2009).

Producción y consumo, desde esta óptica, no son susceptibles de ser interferidos, sino que, más bien, se renuevan expandiéndose hacia nuevos sectores comerciales, como los que se promueven desde el capitalismo verde, bajo el título de sustentables. Entonces, capitalismo verde sería aquel que, identificando que el modelo de producción extractiva causa problemas serios, confía en que éstos tendrán solución en el mercado y se enfoca en las preferencias de los consumidores, incorporando alternativas de consumo y nuevas tecnologías, esta vez con el título de sostenibles. Así, se atraen a los consumidores por su preocupación por el ambiente, es decir, la responsabilidad finalmente recae en el consumidor, en el individuo, no en la empresa.

EL DECRECIMIENTO Y LA RELOCALIZACIÓN

En oposición al capitalismo verde, surge una propuesta más radical: el decrecimiento. El decrecimiento aboga por una disminución de la producción y el consumo, promoviendo la relocalización de las economías y el fortalecimiento de los mercados locales y ecológicos. Sus defensores argumentan que el modelo de crecimiento económico basado en la especulación financiera y la explotación de los recursos no es sostenible a largo plazo. En lugar de buscar la eficiencia tecnológica, esta visión propone un cambio hacia la suficiencia, la prudencia y la convivencia, basados en una ética comunitaria y ecológica. De esta manera, el decrecimiento busca un mundo más justo y equitativo, donde los recursos sean distribuidos de manera más justa y los límites ecológicos sean respetados.

Propuestas como el decrecimiento y la relocalización abogan por la reducción de la producción y el consumo a escala global y por el fortalecimiento de los mercados locales y ecológicos. Esta visión plantea una alternativa radical al crecimiento económico ilimitado, proponiendo un modelo en el que la suficiencia, la prudencia y la convivencia sustituyen la eficiencia tecnológica y el afán de crecimiento. De acuerdo con pensadores como Latouche y Schneider, el decrecimiento busca promover el bienestar humano y la equidad social, respetando los límites ecológicos del planeta y favoreciendo una redistribución de los recursos. El objetivo es incentivar los mercados locales y ecológicos, reducir la producción y el consumo, reconvirtiendo ecológicamente la actividad económica hacia energías renovables, agricultura biológica[1], comercios justos[2], etc. Estas ideas representan los fundamentos para la vida social, el altruismo y la redistribución de los recursos frente a la propiedad y el consumo ilimitado (Taibo, 2009)[3]. Visto desde esta perspectiva, el actual modelo de crecimiento, basado sobre todo en la especulación financiera, no tiene sustentabilidad en el futuro, al poner en riesgo el sustento que nos da existencia.

---

1 También conocida como agricultura orgánica o ecológica. Se enfoca principalmente en el equilibrio ambiental, esto con semillas libres de adulteración genética, la diversidad de cosechas y de temporada, en oposición a la agricultura industrial que utiliza semillas modificadas genéticamente (OGMs), adultera las tierras con monocultivos, fertilizantes y químicos que dañan el ambiente y la salud de las personas.

2 Es un tipo de comercio alternativo y ético que promueve tipos de producción local con el mínimo de intermediarios, que privilegia a los sectores desfavorecidos con el comercio internacional. Se preocupa por las condiciones de los trabajadores, de la tierra, de los animales, del ambiente, en síntesis, de todos quienes hacen parte del proceso productivo.

3 Politólogo, escritor, profesor de Ciencia Política titular de la Universidad Autónoma de Madrid, activista del Movimiento Antiglobalización y del decrecimiento.

Los partidarios del decrecimiento y la relocalización proponen promover el bienestar humano y mejorar las condiciones ecológicas y la equidad en el planeta, imaginando sociedades que viven dentro de los límites trazados por sus propios medios ecológicos, con recursos distribuidos a través de nuevas instituciones democráticas; donde suficiencia, prudencia y convivencia, sustituyan la eficiencia tecnológica en la escala de los valores comunitarios. Estos son algunos de los postulados de Latouche, Vincent Cheynet, François Schneider y otros, que de manera colectiva siguen aportando a la discusión. Al respecto Latouche dice que el decrecimiento "no es un concepto sino un slogan político con implicaciones teóricas" (Latouche, 2006, pág. 16).

LA ECOLOGÍA POLÍTICA: UN ENFOQUE INTEGRAL PARA REPENSAR LA RELACIÓN CON LA NATURALEZA

Buscando respuestas para aclarar estos análisis, nos encontramos con la perspectiva de la Ecología Política, una de las teorías más influyentes en el debate ambiental, que no ha estado exenta de polémicas. Desde sus inicios, se identifican diversas Ecologías Políticas, que van desde aquellas promotoras de la modernidad, hasta las más actuales que se cuestionan este modo de pensamiento y abren los análisis hacia nuevos sujetos de derecho, como lo es la naturaleza en su conjunto. Su enfoque no solo se centra en los problemas ecológicos, sino que también aborda las relaciones de poder que sustentan las estructuras sociales y económicas. Esta fuente de análisis de la realidad es de gran relevancia para la teoría latinoamericana, puesto que aunque es una teoría que surge en la cuna de occidente, Europa, existe una gran vertiente de estudiosos en Sudamérica que se inscriben dentro de la Ecología Política, como, por ejemplo, Arturo Escobar, Enrique Leff, Eduardo Gudynas y Eduardo Viveiros de Castro, entre muchos otros, que tienen la ventaja de explorar y construir "Ecologías Políticas" del segundo y tercer tipo, identificadas por Gudynas como aquellas que reconocen como sujetos de derechos tanto a humanos como animales, plantas, naturaleza, etc., aportando nuevas ontologías.

La Ecología Política del segundo y tercer tipo buscan un cambio profundo en la forma en que entendemos la naturaleza y los derechos que le corresponden. En lugar de verla como un recurso para el beneficio humano, propone reconocer a la naturaleza como un sujeto de derechos. Esto implica un cambio paradigmático, que descoloniza las narrativas occidentales y ofrece una visión más inclusiva de animales, plantas y ecosistemas, que son considerados sujetos de derechos. A través de esta corriente, no solamente se cuestionan los modelos de desarrollo actuales, sino que también se propone una visión más inclusiva de la naturaleza. En lugar de verla como un objeto de explotación, la ecología política aboga por reconocerla como un sujeto valioso, lo que implica un cambio radical en la forma en que entendemos las relaciones entre los seres humanos y el entorno. Este enfoque es crucial para la teoría latinoamericana, que busca un modelo más justo y equitativo de relación con la naturaleza.

EL ACAPARAMIENTO DE TIERRAS

En las últimas décadas se ha inducido progresivamente a que los gobiernos reduzcan las inversiones públicas reservadas a la agricultura, y sugieren una doctrina económico-política que involucra privatización, desregulación, liberalizaciones y ajustes al gasto social. De esa forma, recursos como el agua, las semillas, la energía y los suelos, se vuelven día a día menos accesibles, haciendo de la autosuficiencia local, un logro siempre más difícil de alcanzar. Alianzas transectoriales de inversionistas, multinacionales de la energía y del agronegocio, fondos de inversión o Hedge Funds[4], están explorando nuevas fronteras de lucro,

4 Si vamos a las estadísticas para ejemplificar, entre 15 y 18% de las emisiones globales de gases con efecto invernadero son producidas por el cambio en el uso del suelo y la deforestación ocasionada por la agricultura industrial (Grain, 2012, pág. 99) en este sentido, si las instituciones insisten en apoyar la iniciativa privada de grandes industriales por sobre las comunitarias de

provocando una explosión significativa del acaparamiento de las tierras. La última recopilación de datos sobre acaparamiento de tierras señala que, desde el año 2007, un promedio anual de 10 millones de hectáreas de tierra han sido acaparadas por compañías extranjeras (Grain, 2012). Esto es un peligro para quienes no intervienen en estos negocios, puesto que en la medida que el mundo se hunde cada vez más en una crisis alimentaria, estos nuevos terratenientes serán quienes tendrán el dominio sobre quiénes comen y quiénes no y sobre quiénes se beneficien y quiénes perezcan en el sistema alimentario (Grain, 2012). La discusión está entre el permitir o no que esto continúe y en generar las propuestas y alianzas que sean necesarias.

Acá se trata de ver cómo surge una acción colectiva que rompe dos lógicas sistémicas: la explotación intensiva y extensiva de los bienes comunes, para abastecer un tipo de mercado, un tipo de desarrollo basado en un tipo de mercado, y segundo, rompe una lógica cultural de apropiación de los bienes comunes ya dichos, proponiendo otras lógicas alternativas a éstas y acá surgen varios modelos, uno de ellos es el del Buen Vivir, inserto en la Ecología Política del segundo y tercer tipo.

EL BUEN VIVIR: UN MODELO ALTERNATIVO DESDE LOS PUEBLOS INDÍGENAS

El concepto del *buen vivir* ha ganado relevancia en los últimos años como un modelo de desarrollo alternativo. Originado en las cosmovisiones de los pueblos indígenas de América Latina, el 'buen vivir' propone

---

los territorios, que como señalan los discursos que estas mismas promueven: "La comunidad empresarial está apoyado por el PNUMA, el cual convoca a la comunidad científica para racionalizar y armonizar la aplicación del SCP, así como de herramientas económicas y comerciales y herramientas basadas en el mercado, como las etiquetas ecológicas" (PNUMA, 2014), es por lo menos imposible revertir la situación actual desventajosa en la que se encuentran las comunidades locales afectadas.

una relación armoniosa con la naturaleza y promueve la vida comunitaria y el respeto por los bienes comunes. En lugar de centrarse en el crecimiento económico y la explotación de los recursos naturales, el *buen vivir* invita a repensar el desarrollo desde una perspectiva ecológica y de bienestar colectivo. Este modelo reconoce la interdependencia entre los seres humanos y el entorno natural y busca un equilibrio que permita una vida digna para todos, respetando los ciclos naturales y las culturas locales. El *buen vivir* se diferencia entre el superficial, que adopta el Estado, y el profundo, que defienden las comunidades, según la diferenciación de Arne Naess sobre la ecología. Uno de los principales desafíos para su construcción es la incorporación de los ciclos de la naturaleza en las actividades y modos de comprensión humana occidentalizados. De este modelo forman parte el campesinado, el indigenismo y la vida comunitaria que contrasta con la perspectiva utilitarista y el crecimiento económico basado en la explotación desmedida de los recursos naturales.

REPLANTEANDO EL CRECIMIENTO ECONÓMICO

El crecimiento económico, concepto vinculado al de desarrollo, debe ser reubicado en otra dimensión, es lo que sugiere Alberto Acosta, y que se plasmó en la Asamblea Constituyente de Ecuador de 2008. Este no debe verse como un medio para otros fines, visto como el gran error de este tipo de desarrollo occidental difundido, basado en la explotación irracional de la naturaleza, en la eficiencia de los resultados, y la acumulación de capital. En estas reglas del juego queda fuera la responsabilidad, lo que importa es la ganancia al menor costo y se crean y recrean fórmulas de todo tipo. Esto hace dudar de estas reglas que se identifican aquí como un problema.

Para solucionar este problema no existen recetas magistrales, por eso, sí es necesario buscar y construir otros caminos, que también resignifiquen el bienestar de todos los seres, y que vaya más allá de lo puramente economicista y arraigado en concepciones políticas de desarrollo extractivistas y de sometimiento, tanto de la naturaleza como de aquellos humanos que, por necesidad, se ven forzados o atraídos a servir a intereses egoístas, renunciando a la identidad, a la libertad y al equilibrio de las relaciones.

CAMBIO DE PARADIGMA

El centro ontológico de este paradigma se basa principalmente en la reflexión sobre la interdependencia con el entorno y en la reflexión sobre los derechos de la naturaleza en sí como sujeto. Es decir, la naturaleza no es un instrumento, un objeto para las necesidades sociales y humanas, desde una concepción utilitarista moderna. Esto constituye un cambio paradigmático, porque rompe con la dualidad entre humano-sujeto y naturaleza-objeto. Se incorpora a la naturaleza como sujeto de derechos a través del reconocimiento de la diferencia, y como señala Escobar (2008), descolonizando las narrativas occidentales. Es decir, deconstruyendo las visiones hegemónicas de la naturaleza y del ambiente, y descartando toda visión esencialista y universalista del desarrollo.

Es relevante presentar argumentos que muestren otras realidades y puntos de vista que contrasten con la palabra hegemónica. La comprensión del *buen vivir* se logra poniendo en contraposición los discursos desarrollistas hegemónicos con los que proponen las comunidades.

Los procesos que se proponen desde la óptica del desarrollo hegemónico y del crecimiento económico son concepciones ajenas a los pueblos ancestrales y a los campesinos. Ninguna de las concepciones tradicionales, comprendidas desde la narrativa hegemónica, vinculadas a la pobreza, escasez, abundancia, entre otras, tiene sentido en esta cosmovisión, ya que se encuentran también en permanente cambio, teniendo una visión integral, a partir de la observación de la naturaleza y del entorno en el que habitan.

La vida humana es parte de la naturaleza, y es necesaria una conciliación de la humanidad con la fuente vital de su existencia. Así, se lograría un cambio en la forma de ver la naturaleza no solo a favor de las personas, sino a favor de la vida en su conjunto. Para ello es igualmente necesaria una nueva reestructuración de la relación entre Estado, Mercado y Sociedad. Esto nos exige alejarnos de la economía regida por el capital, es decir, de la competencia en el mercado libre de bienes y servicios, de la explotación extensiva de los recursos y de la inequidad en la distribución de los mismos.

El *buen vivir* está dividido entre las propuestas que buscan legitimarse a través de las leyes; las posiciones normativistas, como se diría de acuerdo con la Ecología Política, y aquellas postdesarrollistas, que no se identifican con aquel proceso de transformación, ya que consideran que la normatividad no cambia el eje de un modelo de desarrollo basado en la explotación y el extractivismo de la naturaleza.

Desde aquí surgen contra-discursos, que se encargan de mostrar la injusticia, la devastación, los mitos del extractivismo y del desarrollo económico dominante. Se levantan las alternativas comprendiendo que la acción y el discurso construyen la realidad.

Una de las alternativas que destacamos es dirigir la mirada hacia los pueblos indígenas, a las mujeres y también a los hombres rurales que albergan conocimientos arraigados en tradiciones no occidentales, pero también, hacia todos y todas aquellas que habitamos un territorio y que merecemos tener la opción de decidir sobre alternativas multidimensionales.

ECOFEMINISMO: UN ENFOQUE INTEGRAL PARA LA JUSTICIA AMBIENTAL

El ecofeminismo es una corriente de pensamiento que vincula la lucha por la justicia ambiental con la equidad de género. Propone que la explotación de la naturaleza y la opresión de las mujeres están intrínsecamente conectadas, ya que ambas forman parte de un sistema patriarcal que margina y explota tanto a las mujeres como al entorno natural.

En este sentido, promueve una visión que reconoce los derechos de la naturaleza y aboga por un modelo económico y social más equitativo. Las mujeres rurales, las campesinas y las comunidades indígenas desempeñan un papel crucial en la defensa de los recursos naturales y en la preservación de los saberes ancestrales relacionados con la sostenibilidad. También impulsa la reflexión sobre el derecho de las personas a decidir sobre sus propios cuerpos, la protección frente a la contaminación y el riesgo de los agrotóxicos, y la importancia de ser conscientes de lo que comemos y cómo llegamos a ello.

El ecofeminismo juega un papel crucial dentro de las alternativas a los modelos destructivos de desarrollo. Reflexiona sobre la interconexión entre la opresión de las mujeres, la explotación de los recursos naturales y la destrucción del medio ambiente. Propone una visión integral que no solo cuestiona la explotación capitalista de la naturaleza, sino que también destaca cómo las mujeres, especialmente las rurales e indígenas, son las más afectadas por las crisis ecológicas. En este sentido, plantea que la lucha por la justicia social, de género y ecológica deben ir de la mano. Esta perspectiva promueve un desarrollo basado en la equidad, la cooperación y el respeto por todos los seres vivos, destacando la importancia de las voces femeninas en la toma de decisiones políticas y sociales.

Desde esta perspectiva ecofeminista, se abre una alternativa al desarrollo destructivo vigente, que incluye tanto al hombre como a la mujer y la naturaleza, porque involucra a la sociedad en su conjunto. Surge la necesidad en las localidades, especialmente en las zonas rurales, de generar caminos alternativos hacia otro modelo económico, entendiendo que lo establecido no soluciona sus problemas, sino que los agrava.

CONCLUSIÓN

Las alternativas propuestas frente a la crisis ambiental ofrecen diversas perspectivas sobre cómo construir un futuro más sostenible. La soberanía alimentaria, el capitalismo verde, el decrecimiento, la

Ecología Política, el Buen Vivir y el ecofeminismo representan enfoques distintos pero complementarios, que buscan transformar las estructuras de poder, economía y producción responsables de la degradación ambiental. Aunque cada una de estas alternativas enfrenta desafíos y críticas propias, todas coinciden en la necesidad de replantear nuestra relación con la naturaleza y entre nosotros, reconociendo que el futuro de la humanidad depende de la creación de nuevas formas de vida más justas y equilibradas.

En resumen, las propuestas frente a la crisis ambiental, como la soberanía alimentaria, el capitalismo verde, el Buen Vivir y el ecofeminismo, ofrecen una amplia gama de enfoques para abordar los desafíos ecológicos del siglo XXI. Aunque estas alternativas varían en sus métodos y objetivos, comparten un principio común: la urgencia de reconsiderar nuestra relación con la naturaleza y con los recursos que sustentan la vida en el planeta. La transición hacia modelos más justos, sostenibles y equitativos es un reto complejo, pero esencial. Es crucial continuar explorando nuevas formas de organización social y económica que respeten los derechos de la naturaleza y favorezcan un futuro en el que el bienestar humano y ecológico coexistan en armonía.

REFERENCIAS

Acosta, A. (2008). *El Buen Vivir: una oportunidad por construir.* Debate Ecuador n° 75, 33-48.

Acosta, A. (2009). *La maldición de la abundancia.* Quito: Abya Yala y Comité Ecuménico de Proyectos.

Avendaño, O. (2010). *El Buen Vivir: una vía para el desarrollo.* Revista de la Universidad Bolivariana Vol. 9, n° 25, 557-561.

Escobar, A. (2005). *El "postdesarrollo" como concepto y práctica social.* En E. D. (Coord), *Políticas de economía, ambiente y sociedad en tiempos de globalización* (págs. 17-31). Caracas: Facultad de Ciencias Económicas y Sociales, Universidad Central de Venezuela.

Estenssoro, F. (2009). *¿Cuánto Estado y cuánto Mercado en la sociedad? La revitalización de un debate que sigue determinante en la política contemporánea.* En M. S. Presidencia, Economía, Instituciones y Política en Chile (págs. 37-56). Santiago de Chile: LOM Ediciones.

Fleitas, R. (2005). *Género e identidad femenina: las encrucijadas de la igualdad y la diferencia.* En P. Cervantes, Selección de lecturas de Sociología y Política Social de género (págs. 41-56). La Habana: Felix Varela.

Grain (2012). *Qui est derrièrre l'accaparement des terres?* https://grain.org/fr/article/4616-diaporama-qui-est-derriere-l-accaparement-des-terres

Gudynas, E. (2010). *Desarrollo sostenible: una guía básica de conceptos y tendencias hacia otra economía.* Otra Economía–Volumen IV–Nº 6, 58.

Gudynas, E. (2010). *Si eres tan progresista ¿Por qué destruyes la naturaleza? Neoestractivismo, izquierda y alternativas.* Ecuador Debate n° 79, 61-81.

Gudynas, E. (2011). *Buen Vivir: Germinando alternativas al desarrollo.* América Latina en Movimiento n° 462, 1-20.

Lamas, M. (1986). *La antropología feminista y la categoría de género. Nueva Antropología. Estudios sobre la mujer:* problemas teóricos. Ludka de Gortari (coord.), CONACYT/UAM Iztapalapa, 97-121.

Latouche, S. (2006). *La apuesta por el decrecimiento: ¿Cómo salir del imaginario dominante? Barcelona*: Icaria Editorial S.A.

Leff, E. (1995). *Pobreza, gestión participativa de los recursos naturales y desarrollo sustentable en las comunidades rurales del Tercer Mundo. Una visión desde América Latina. Problemas del desarrollo.* Revista Latinamericana de Economía vol. 26 n° 100.

Max-Neef, M. y. (1994). *Desarrollo a escala humana.* Barcelona: Icaria Editorial, S.A.

Meadows, D. L. *Más allá de los límites del crecimiento.* Madrid, El País-Aguilar, 1992.

Mellor, M. (2000). *Feminismo y Ecología.* México: Siglo XXI.

Pimentel, B. M. (2014). Crisis Global y Descolonialidad del Poder: La Emergencia de una Racionalidad Lliberadora y Solidaria. En B. M. (comp.), *Buen Vivir y descolonialidad. Crítica al desarrollo y la razón instrumentales* (págs. 21-60). México: Universidad Nacional Autónoma de México, Instituto de Investigaciones Económicas.

Programa de Naciones Unidas para el Medio Ambiente (PNUMA), 2011. Hacia una economía verde: Guía para el desarrollo sostenible y la erradicación de la pobreza. Síntesis para los encargados de la formulación de políticas. [www.unep.org/greeneconomy]

Puleo, A. H. (2009). *Ecofeminismo: la perspectiva de género en la conciencia ecológica.* En A. H. Puleo, Claves del ecologismo social (págs. 169-174). Madrid: Libros de Acción.

Report of the World Commission on Environment and Development: Our Common Future, [http://upload.wikimedia.org/wikisource/en/d/d7/Our-common-future.pdf]

Capítulo 18

Promoviendo la Paz, la Interculturalidad y la Sostenibilidad como ejes de una justicia social mundial

Patrizia Panarello y Vicent Gozálvez

INTRODUCCIÓN: DEL HOLOCENO AL NOVACENO

El Holoceno, una era pacífica y próspera en la que desde hace 10.000 años nació la civilización: próspera al menos en ese pequeño rincón occidental del planeta que llamamos hogar. Es un tiempo en el que se celebran los derechos humanos, el feminismo avanza, se viaja a Marte y la Inteligencia artificial avanza a pasos agigantados. Sin embargo, junto a estos logros, se libran guerras por el control de los territorios y los recursos, China aspira al liderazgo mundial, EE. UU. vive un periodo de ultranacionalismo, resistente a perder su protagonismo económico y geopolítico, y el neocolonialismo en África escribe nuevos capítulos de viejas historias. Estos desafíos, que acompañan al deshielo de los glaciares, la pérdida de biodiversidad y el crecimiento demográfico descontrolado, son el rostro de una humanidad en desequilibrio. Después del derretimiento de Groenlandia, lo cual despierta ambiciones antes dormidas, nadie puede decir con certeza si la Tierra cambiará de rostro, si una nueva Era Glacial nos espera, o si, como especie, lograremos sobrevivir a la catástrofe ambiental. Tal vez, cuando llegue ese momento y de acuerdo con las peores distopías, nuestro planeta estará gobernado por una forma de inteligencia tan avanzada que reemplazará a los humanos en la comprensión y gestión de los ecosistemas: el Novaceno.

¿En 2050 nuestro mundo podrá seguir existiendo tal y como lo conocemos hoy? ¿Tendrá sentido, en los libros de ciencias, estudiar la huella ecológica de un sistema interconectado, semejante a un organismo vivo, capaz de mantener las condiciones mínimas necesarias para la vida? Según los científicos, la humanidad ya ha sido la fuerza geológica que ha impulsado al planeta desde el Holoceno al Antropoceno. Y ahora nos preguntamos si también seremos testigos de la transición del Antropoceno al Novaceno. Cuando superemos los puntos de no retorno, ¿cuál será el destino del ecosistema global? ¿El colapso total o una evolución inesperada? ¿Serán nuestros hijos los que vivirán estos cambios irreversibles? ¿Habrá un lugar seguro donde refugiarse, donde el agua, los árboles y los alimentos sigan siendo abundantes? ¿O el mundo entero será el escenario de una guerra perpetua, como en una película apocalíptica?

EL PROYECTO DE LA CÁTEDRA UNESCO-UV EDUCACIÓN GLOBAL EN EL MEDITERRÁNEO

La Cátedra UNESCO-UV "Educación Global en el Mediterráneo. Estudios para la Paz, la Interculturalidad y la Sostenibilidad", aprobada en diciembre de 2022, surge en un contexto global donde los desafíos ambientales, sociales y culturales requieren soluciones integrales. Esta iniciativa se alinea con las recomendaciones de las Conferencias del Consejo de Europa, desde Atenas en 1996 hasta Lisboa en 2008, y con los Objetivos de Desarrollo Sostenible (ODS) adoptados en 2015. El Mediterráneo, una región caracterizada por su diversidad cultural, histórica y natural, se presenta como un espacio privilegiado para la implementación de un enfoque de educación global que promueva la paz, la interculturalidad y la sostenibilidad.

La Cátedra tiene como misión contribuir a la creación de una sociedad pluralista en la región mediterránea, integrando a grupos marginados y promoviendo el diálogo interreligioso y la comprensión mutua. La educación global es vista como una herramienta fundamental para formar una "ciudadanía mundial o cosmopolita empoderada", capaz de practicar valores como la empatía, la solidaridad, la equidad y el respeto como ejes de la justicia social a nivel mundial. A través de programas educativos, tanto formales como informales, se busca acercar a los estudiantes y comunidades a los principios de una sociedad global pacífica y sostenible.

PAZ, NO VIOLENCIA Y DERECHOS HUMANOS

La promoción de la cultura de la paz es uno de los pilares fundamentales de la Cátedra. Para ello, se enfoca en la formación de herramientas no violentas que permitan la resolución de conflictos y la promoción de la justicia social. El proyecto propone un análisis crítico del sistema que, en algunos países del Mediterráneo, genera condiciones que conducen a refugiados, inmigración irregular, tráfico de seres humanos y abusos, mientras que en otros perpetúa la estabilidad y la prosperidad.

El enfoque educativo se basa en la enseñanza de la negociación y resolución no violenta de conflictos, integrando la comunicación no violenta y la educación emocional en el currículo académico. Iniciativas como el Aprendizaje servicio (ApS), en las que los estudiantes realizan acciones de servicio a la comunidad, permiten que los jóvenes aprendan de manera experiencial y apliquen los principios de paz y derechos humanos en situaciones reales. La UNESCO estableció explícitamente el uso de la metodología del ApS como unos de los principales objetivos de la Cátedra, objetivo que estamos desarrollando gracias a la colaboración de organizaciones como ACNUR-CV o Save The Children-CV.

INTERCULTURALIDAD EN EL MEDITERRÁNEO: PROMOVIENDO LA DIVERSIDAD Y LA INCLUSIÓN

La interculturalidad es otro de los ejes clave de la Cátedra UNESCO-UV. En un mundo caracterizado por una creciente movilidad humana, es esencial promover la inclusión social y la cohesión entre culturas diversas. A través de proyectos internacionales, se busca crear espacios educativos que fomenten el diálogo entre culturas, utilizando metodologías didácticas avanzadas para permitir una inmersión cultural y pedagógica.

Un ejemplo destacado es el proyecto "El viaje de Penélope en el Mediterráneo", en el que participan profesores de escuelas en Italia y España. A través de la escritura creativa y la creación de cartas didácticas, los participantes desarrollan una comprensión más profunda de la diversidad cultural en la región mediterránea. Este tipo de proyectos no solo busca el entendimiento mutuo, sino que también fomenta la creación de puentes entre diferentes tradiciones culturales y comunidades, con un enfoque específico en el análisis de temas como la paz, la igualdad de género y la interculturalidad.

SOSTENIBILIDAD: PROMOCIÓN DE LA EDUCACIÓN PARA EL DESARROLLO SOSTENIBLE

La sostenibilidad es un tema transversal en todas las actividades de la Cátedra. Su enfoque busca integrar el desarrollo sostenible en los currículos educativos de manera que los estudiantes comprendan los retos globales que enfrenta la humanidad, como el cambio climático, la pobreza y las desigualdades sociales. La educación para la sostenibilidad promueve una conciencia crítica sobre las consecuencias de nuestras acciones en el medio ambiente y cómo estas pueden contribuir a la construcción de un futuro más equilibrado y justo.

La Cátedra pone especial énfasis en la formación de docentes, quienes desempeñan un papel clave en la transmisión de estos valores a las nuevas generaciones. Además, busca que los programas educativos en materias como historia, geografía y educación cívica fomenten una visión global de la cooperación internacional, el respeto por la diversidad y la necesidad de tomar medidas frente a los desafíos ambientales y sociales. En este sentido, desde 2024 nuestra Cátedra forma parte de la Red de Cátedras Universitarias de Sostenibilidad, dentro del grupo de trabajo Acción 2030 para el Desarrollo Sostenible.

RELACIONES NORTE-SUR-SUR: FOMENTANDO LA COOPERACIÓN CON ÁFRICA

Igualmente desde la Cátedra tratamos de promover las relaciones Norte-Sur-Sur, con un enfoque en la cooperación intercultural entre los países del Mediterráneo. Este enfoque busca superar las barreras geográficas y culturales que a menudo separan a los países, promoviendo una ciudadanía global que valore la diversidad y el respeto mutuo. A través de la cooperación científica y educativa, la Cátedra aspira a fomentar el intercambio de conocimientos y mejores prácticas, mejorando así la calidad de vida de las personas en la región.

Además, se pretende analizar los fenómenos migratorios en el Mediterráneo, buscando soluciones a los desafíos que enfrenta la región en términos de desarrollo, paz y justicia social. Uno de los proyectos que se propone en colaboración con el Comune de Monteleone di Puglia y la Red Aminata de Valencia es: "Acción 2024-2025 UNESCO-UV por una sociedad justa". Este proyecto busca contribuir a los Objetivos de Desarrollo Sostenible (ODS) de la Agenda 2030, específicamente en Malí, mediante la creación o reforma integral de una escuela oficial reconocida por la UNESCO. El propósito es establecer la escuela internacional *"Las Leonas de Monteleone"*, una institución que será modelo en educación básica, secundaria y formación profesional para jóvenes y adultos. Esta iniciativa tiene como metas específicas:

1. Empoderar a las niñas y mujeres para combatir la desigualdad de género.
2. Erradicar prácticas nocivas como la Mutilación Genital Femenina (MGF).
3. Promover el derecho a la salud, la educación inclusiva y la igualdad de género (ODS 3, 4 y 5).

EDUCACIÓN PARA LA CIUDADANÍA GLOBAL: PROMOVIENDO UNA SOCIEDAD INCLUSIVA

La educación para la ciudadanía global es otro de los objetivos centrales de la Cátedra. A través de proyectos educativos que promuevan la integración social, la cooperación interreligiosa y la inclusión cultural, se busca formar ciudadanos globales responsables y comprometidos con la construcción de un mundo más justo y pacífico. La Cátedra promueve una educación que no solo se centra en el conocimiento académico, sino también en los valores éticos fundamentales, como la tolerancia, el respeto y la solidaridad. Metodologías pedagógicas innovadoras como el mencionado Aprendizaje Servicio o como la "lección invertida", permiten crear entornos de aprendizaje más inclusivos, donde todos los estudiantes, independientemente de su origen, puedan participar activamente en la construcción del conocimiento y la reflexión colectiva.

EMPODERAMIENTO FEMENINO EN EL MEDITERRÁNEO

El empoderamiento de las mujeres es fundamental para la construcción de una sociedad más justa e inclusiva. La Cátedra UNESCO-UV trabaja para transformar las instituciones educativas en espacios donde se practiquen los derechos humanos, la democracia y la tolerancia, promoviendo la participación activa de las mujeres en todos los ámbitos de la vida política, económica y social. En una región como el Mediterráneo, marcada por desigualdades de género y barreras culturales, la educación se presenta como un medio para combatir los prejuicios y fomentar una mayor inclusión de las mujeres en el desarrollo social.

RED INTERCULTURAL "MUJERES POR LA PAZ EN LOS CINCO CONTINENTES"

La Red Intercultural "Mujeres por la Paz en los Cinco Continentes" es un proyecto dedicado a la memoria de Alberto L'Abate, sociólogo y activista comprometido con la paz y la no violencia. Esta red, formada por mujeres de diferentes partes del mundo, trabaja juntas para promover la paz, la igualdad de género y la sostenibilidad. A través de su manifestación de trabajo conjunto, la red busca sensibilizar a nivel global sobre la importancia de la igualdad de género, la diversidad cultural y la sostenibilidad. Las mujeres de esta red se consideran agentes de cambio que abogan por un mundo sin discriminaciones ni violencias, promoviendo la paz y el desarrollo sostenible en todas sus formas.

PREMIO BIENAL INTERNACIONAL MEDITERRÁNEO DE PAZ

El *Premio Internacional Mediterráneo de Paz–Cátedra UNESCO-UV "Educación Global en el Mediterráneo"* se lleva a cabo en colaboración con la Universidad de Valencia, el Comune de Monteleone di Puglia y el Centro Gandhi Onlus de Pisa. En un contexto global de crecientes desafíos interconectados, como los conflictos, la migración y el cambio climático, este premio destaca la importancia de la educación como herramienta para fomentar la paz, la ciudadanía global y la sostenibilidad, especialmente para la región del Mediterráneo, una zona históricamente caracterizada por su diversidad cultural, social y política.

La primera edición del Premio está dedicada a la memoria de los jueces asesinados por la mafia, Giovanni Falcone y Paolo Borsellino. El tema del 2023-2024 es: "Educación para la Ciudadanía Global: Mujeres, Paz y Políticas Sostenibles en el Mediterráneo". El objetivo principal es sensibilizar a los jóvenes sobre temas fundamentales como la paz, la inclusión social y la sostenibilidad en la región del Mediterráneo, premiando las mejores tesis. Este reconocimiento tiene la intención de promover el intercambio de ideas y el compromiso de las nuevas generaciones con la construcción de un Mediterráneo más pacífico, inclusivo y justo. Un componente clave de este Premio es el uso del acrónimo "PACE en el Mediterráneo" (Participatory, Appropriate, Critically aware, and Ecologically sustainable development), que articula los valores de participación, conciencia crítica y sostenibilidad.

El Premio está abierto a graduados que hayan defendido su tesis de fin de grado, de máster, o doctorado durante los años académicos 2023 y 2024. La ceremonia de premiación se celebrará en Valencia (España) y en Italia, durante la edición 2025 del Eirenefest de los Monti Dauni, un festival dedicado al libro para la paz y la noviolencia, en Monteleone di Puglia (Italia).

CONCLUSIONES

Vivimos en un tiempo de progreso, en el que la defensa de los derechos humanos se erige como estandarte de justicia no solo en países europeos u occidentales, pues tales derechos son un legado ético irrenunciable de toda la humanidad. Sin embargo, aparecen nuevos problemas globales como el cambio climático o nuevos retos como el que plantea la crisis de la democracia o el avance de la Inteligencia artificial como medio para el control o la dominación mental de la ciudadanía, sin negar sus indudables aportaciones en otros campos como el laboral y económico, el científico o el artístico. El feminismo avanza, pero igualmente percibimos que queda todavía un gran trecho por recorrer; se planifican viajes a Marte, al tiempo que el drama de la pobreza continúa atenazando la vida de millones de personas. Sin duda, no todo es perfecto en nuestro planeta. De hecho, parece que no hay nada realmente perfecto. En muchas partes del mundo se libran guerras terribles por el control de territorios y recursos naturales como el petróleo, el cobalto y el gas. La tecnología debería utilizarse para aliviar el sufrimiento humano, no para incrementarlo, pero en lugar de eso, se emplean armas químicas y sistemas tecnológicos destructivos que acaban con vidas humanas como si no tuvieran valor.

La situación mundial parece inestable, como una esfera de reloj de arena, lista para caer y romperse. Mientras tanto, China avanza con rapidez y se prepara para convertirse en la primera superpotencia, posición a la que EEUU no desea renunciar, mientras que en muchos lugares del mundo se repiten viejas historias de conquista, esclavitud y explotación.

Estos son llamados "los grandes desafíos" del siglo XXI, pero para nosotros, no son más que la repetición de los mismos problemas que la humanidad ha enfrentado durante siglos.

Otra preocupación que tenemos es el calentamiento global. Los científicos afirman que el cambio climático es una realidad innegable, y Greta Thunberg ha dicho que "nuestra casa está en llamas". Nos preguntamos si estamos caminando sobre un alambre hacia un futuro catastrófico, y si en el tiempo que nos queda, veremos el paso a la siguiente etapa. ¿Está la Tierra realmente al borde de un abismo? Los datos no son nada alentadores: la pérdida de biodiversidad y el crecimiento descontrolado de la población son factores que no podemos ignorar. Cuando superemos los puntos de no retorno, podrían materializarse las catástrofes apocalípticas de las que hablan las distopías. ¿Qué pasará con nosotros, con la humanidad, y qué ocurrirá con el ecosistema global? Nadie lo sabe, y solo pensar en ello es aterrador. Tampoco sabemos si habrá una nueva Era Glacial, o si lograremos sobrevivir a la catástrofe ambiental.

Lo bien cierto desde nuestra perspectiva es el papel fundamental de la educación global para afrontar los grandes desafíos que tenemos por delante, educación que, junto con la acción política y ciudadana, son el refugio para la esperanza, el motor para evitar lo peor y luchar por lo mejor y más viable. No podemos desprendernos de un optimismo realista y razonable como motivo para la acción –el desánimo es un lujo que no se pueden permitir los agentes sociales y educativos. La educación global nos permite transmitir conocimientos y valores esenciales para construir un mundo más justo, pacífico y sostenible. No solo se trata de enseñar contenidos académicos, sino de formar ciudadanos críticos y comprometidos, dispuestos a enfrentar los problemas sociales y ambientales de nuestro tiempo.

La red de Cátedras UNESCO juega un papel clave en esta misión, y la nuestra pretende ser una plataforma de investigación y formación que promueve la paz, la interculturalidad y la sostenibilidad. Su enfoque interdisciplinario y colaborativo contribuye de manera decisiva a la creación de un futuro más justo y sostenible. A través de acciones concretas, la red de colaboración que se genera ofrece apoyo mutuo y empoderamiento, impulsando la creación de un futuro basado en la igualdad, la inclusión y la justicia para las generaciones venideras.

En resumen, estas iniciativas representan un compromiso colectivo por un futuro mejor para todos, un futuro que solo será posible si trabajamos juntos para empoderar a todos los sectores de la sociedad, especialmente a los más vulnerables. Con un enfoque educativo inclusivo, la educación global es esencial para construir un mundo más justo, equilibrado y pacífico, donde la voluntad de intercambio solidario y de entendimiento internacional sean claves para afrontar debidamente los desafíos globales.

REFERENCIAS

Centro Nord-Sud del Consejo de Europa (2021). *El papel de la educación en la consecución de los Objetivos de Desarrollo Sostenible de la ONU.* Lisboa: Centro Nord-Sud.

Centro Nord-Sud del Consejo de Europa (2020). *Enseñar educación global: Herramientas, estrategias y enfoques.* Lisboa: Centro Nord-Sud.

Centro Nord-Sud del Consejo de Europa (2019). *Directrices de educación global: Concepto y metodologías sobre educación global para educadores y responsables de políticas.* Lisboa: Centro Nord-Sud.

Centro Nord-Sud del Consejo de Europa (2018). *Educación para la ciudadanía global: Una visión compartida para el futuro.* Lisboa: Centro Nord-Sud.

Centro Nord-Sud del Consejo de Europa (2017). *Educación para la interdependencia global y la solidaridad: Directrices clave y metodologías para educadores y responsables de políticas.* Lisboa: Centro Nord-Sud.

Centro Nord-Sud del Consejo de Europa (2016). *Educación global en Europa: Un panorama de políticas nacionales.* Lisboa: Centro Nord-Sud.

Centro Nord-Sud del Consejo de Europa (2015). *La educación global y el papel de la juventud: Promoción de la participación activa y la solidaridad en un mundo cambiante.* Lisboa: Centro Nord-Sud.

Centro Nord-Sud del Consejo de Europa (2014). *Promoción de los derechos humanos a través de la educación global.* Lisboa: Centro Nord-Sud.

Centro Nord-Sud del Consejo de Europa (2013). *Educación para el desarrollo sostenible: Políticas y prácticas en Europa*. Lisboa: Centro Nord-Sud.

Centro Nord-Sud del Consejo de Europa (2013). *Educación global y diálogo intercultural: Construir puentes entre culturas*. Lisboa: Centro Nord-Sud.

ONU (2015). *Transformar nuestro mundo: Agenda 2030 para el Desarrollo Sostenible*. Disponible en: https://unric.org/es/agenda-2030.

ONU (2021). *Informe de Desarrollo Humano 2020: La siguiente frontera, el desarrollo humano y la igualdad de género*. Nueva York: ONU.

ONU (2016). *El Estado de la Población Mundial 2016: Las 10 principales razones por las que deberíamos promover la educación sexual y reproductiva*. Nueva York: ONU.

ONU (2017). *Objetivos de Desarrollo Sostenible: El camino hacia un futuro mejor*. Nueva York: ONU.

UNESCO (2022). *El Informe de Monitoreo Global de la Educación 2022: El estado de la educación para el desarrollo sostenible*. París: UNESCO.

UNESCO (2020). *Repensar la educación: Hacia un bien común global*. París: UNESCO.

UNESCO (2018). *La educación y los Objetivos de Desarrollo Sostenible: El papel del sector educativo para alcanzar los ODS*. París: UNESCO.

UNESCO (2018). *Educación para el Desarrollo Sostenible: Una hoja de ruta*. París: UNESCO.

UNESCO (2017). *Competencias interculturales: Un marco de referencia internacional*. París: UNESCO.

UNESCO (2015). *Educación para los Objetivos de Desarrollo Sostenible: Objetivos de aprendizaje*. París: UNESCO.

UNESCO (2014). *Educación para la ciudadanía global: Preparar a los estudiantes para los desafíos del siglo XXI*. París: UNESCO.

UNESCO (2013). *Dando forma al futuro que queremos: Década de la Educación para el Desarrollo Sostenible de la ONU (2005-2014) Informe final*. París: UNESCO.

UNESCO (2011). *La Agenda Internacional para la Educación para el Desarrollo Sostenible*. París: UNESCO.

UNESCO (2009). *El Kit de Herramientas para la Educación para el Desarrollo Sostenible*. París: UNESCO.